AF568901

Mareile Heiting & Carsten Thiele

Microsoft Excel im Büro

Die besten Tipps & Tricks für effektives Arbeiten

Wir hoffen, dass Sie Freude an diesem Buch haben und sich Ihre Erwartungen erfüllen. Ihre Anregungen und Kommentare sind uns jederzeit willkommen. Bitte bewerten Sie doch das Buch auf unserer Website unter **www.rheinwerk-verlag.de/feedback**.

An diesem Buch haben viele mitgewirkt, insbesondere:

Lektorat Isabella Bleissem
Korrektorat Friederike Daenecke, Zülpich
Herstellung Janina Brönner
Typografie und Layout Christine Netzker
Illustrationen Mai Loan Nguyen Duy
Einbandgestaltung Mai Loan Nguyen Duy
Satz Janina Brönner
Druck Grafisches Centrum Cuno, Calbe

Dieses Buch wurde gesetzt aus der IPM Plex Serif (9,5 pt/14,5 pt) in Adobe InDesign.
Gedruckt wurde es auf chlorfrei gebleichtem Offsetpapier (90 g/m²).
Hergestellt in Deutschland.

Bibliografische Information der Deutschen Nationalbibliothek:
Die Deutsche Nationalbibliothek verzeichnet diese Publikation in der Deutschen Nationalbibliografie; detaillierte bibliografische Daten sind im Internet über *http://dnb.dnb.de* abrufbar.

ISBN 978-3-8421-0790-8

1. Auflage 2021

Vierfarben ist eine Marke des Rheinwerk Verlags. Der Name Vierfarben spielt an auf den Vierfarbdruck, eine Technik zur Erstellung farbiger Bücher. Der Name steht für die Kunst, die Dinge einfach zu machen, um aus dem Einfachen das Ganze lebendig zur Anschauung zu bringen.

Informationen zu unserem Verlag und Kontaktmöglichkeiten finden Sie auf unserer Verlagswebsite **www.rheinwerk-verlag.de**. Dort können Sie sich auch umfassend über unser aktuelles Programm informieren und unsere Bücher und E-Books bestellen.

Liebe Leserin, lieber Leser,

Excel in 132 Tipps zu erklären – das scheint ein Ding der Unmöglichkeit zu sein! Auf meinem Schreibtisch stehen seit Jahren Handbücher, die die komplexeste Bürosoftware von Microsoft auf oft deutlich über 1.000 Seiten darstellen. Um aber ganz ehrlich zu sein: In meinem Büroalltag habe ich bisher nur einen Bruchteil genutzt. Hätte ich Excel von Anfang an mit diesem handlichen Ratgeber kennengelernt, wären mir viele Stunden Nachschlagen, Suchen und erfolgloses Herumprobieren erspart geblieben.

Ob Sie in Excel noch ganz am Anfang stehen oder schon Ihre diversen Erfahrungen damit gemacht haben: In diesem Blitzkurs eignen Sie sich alles Wichtige an leicht nachvollziehbaren Beispielen an – von den allerersten Grundlagen zur Dateneingabe über komplexe Formel-Berechnungen bis hin zum Erstellen eigener Makros. Die Excel-Profis Mareile Heiting und Carsten Thiele kennen die gängigen Aufgaben im Unternehmensalltag und die Probleme, die dabei regelmäßig auftauchen. Ihre in der Praxis erprobten Kniffe und Methoden sind eine echte Goldgrube für alle, die künftig entspannt und effizient mit Excel arbeiten wollen.

Dieses Buch wurde mit größter Sorgfalt geschrieben und hergestellt. Sollten Sie dennoch einmal einen Fehler finden oder inhaltliche Anregungen haben, freue ich mich, wenn Sie mit mir in Kontakt treten. Für Kritik bin ich dabei ebenso offen wie für lobende Worte. Doch nun wünsche ich Ihnen viel Erfolg bei der Umsetzung und so manches Aha-Erlebnis!

Ihre Isabella Bleissem
Lektorat Vierfarben

isabella.bleissem@rheinwerk-verlag.de

Inhalt

Grundlagen: Kleine Helfer für den Excel-Alltag

Komplexe Dateneingabe leicht gemacht

Richtiger Umgang mit Formeln und Funktionen

Daten auswerten und visualisieren

Tabellen veröffentlichen und drucken

Excel kann noch mehr

Schnelle Wege

Übersicht über das Programmfenster von Excel

Die folgende Übersicht über das Programmfenster mit allen wichtigen Elementen dient als kleine Orientierungshilfe für diejenigen, die bisher noch nicht so intensiv mit Excel gearbeitet haben.

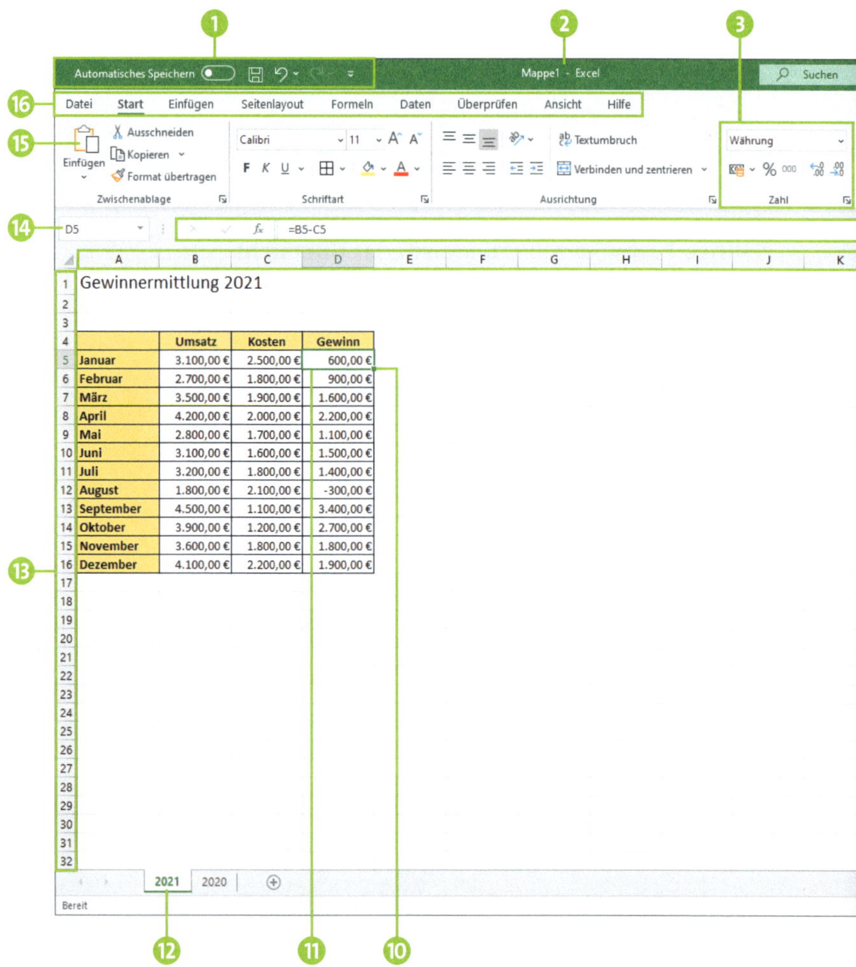

1. Symbolleiste für den Schnellzugriff
2. Titelleiste
3. Gruppe
4. Menüband
5. Bearbeitungsleiste
6. Spaltenköpfe
7. Statusleiste
8. Zoomregler
9. Ansichtssymbole in Statusleiste
10. Ausfüllkästchen
11. Zellmarkierung
12. Blattregister
13. Zeilenköpfe
14. Namensfeld
15. Symbol bzw. Schaltfläche
16. Register

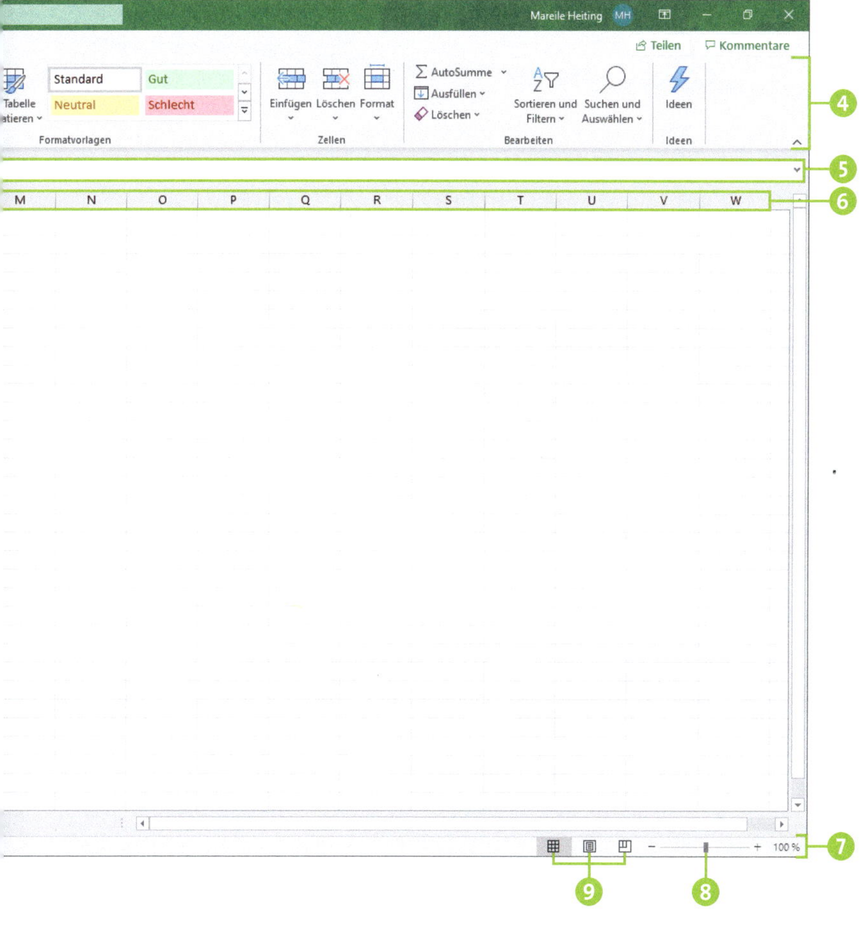

Grundlagen: Kleine Helfer für den Excel-Alltag

Dateneingabe leicht gemacht

In den Zellen eines Tabellenblattes können Sie Text, Zahlen, Formeln, Funktionen und mehr eingeben. Die folgenden Tipps zeigen, wie Sie hierzu vorgehen und mit welchen Tricks Sie sich viel Tipparbeit sparen können.

Das Einmaleins der Dateneingabe

Tipp 001

Bevor Sie in Excel Daten eingeben, müssen Sie die Zelle markieren, in der die Daten erfasst werden sollen:

1. Setzen Sie den Mauszeiger auf die gewünschte Zelle, und drücken Sie dann die linke Maustaste. Die Zellmarkierung in Form eines dickeren Rahmens ❶ zeigt, welche Zelle aktuell markiert ist. Die Adresse dieser Zelle wird auch im *Namensfeld* ❷ angezeigt.
2. Das Namensfeld ist eine praktische Alternative zum Mausklick, um direkt zu einer bestimmten Zelle zu navigieren. Hierzu klicken Sie in das Feld und geben die gewünschte Adresse (z. B. D1) ein. Sobald Sie die Eingabe durch Drücken der [↵]-Taste bestätigen, springt die Zellmarkierung zur entsprechenden Adresse und Sie können Text, Zahlen und mehr eingeben.

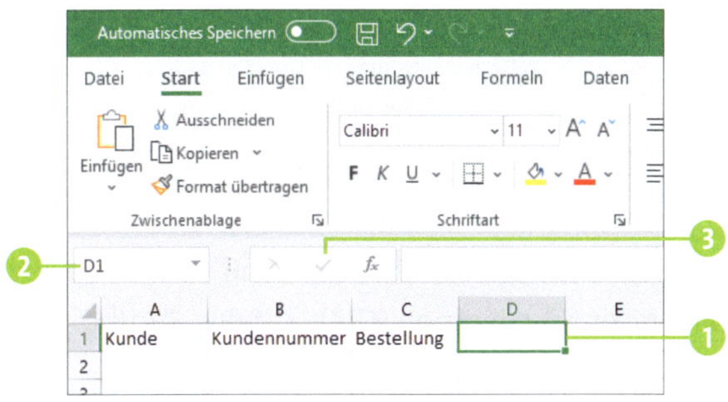

3. Jede Dateneingabe muss bestätigt werden. Klassischerweise wird hierzu die [↵]-Taste gedrückt. Sie können aber auch auf das **Eingeben**-Symbol ✓ ❸ in der *Bearbeitungsleiste* klicken oder eine beliebige andere Zelle anklicken, z. B. die, in der Sie die nächsten Daten eingeben möchten.

Wer lieber mit der Tastatur arbeitet statt mit der Maus, findet in den Tabellen ab Seite 247 einige interessante Tastenkombinationen zum Markieren von Zellbereichen und Bestätigen der Dateneingabe.

Tipp 002

Daten korrigieren

Sie haben sich während der Dateneingabe vertippt oder möchten einen Wert aktualisieren? So korrigieren Sie Ihre Eingabe:

1. Markieren Sie zunächst die entsprechende Zelle. Anschließend können Sie die Daten in der Bearbeitungsleiste ❶ anpassen.
2. Wenn Sie die Korrektur direkt in der Zelle vornehmen möchten, müssen Sie die Zelle ❷ hierfür zuvor doppelt anklicken.

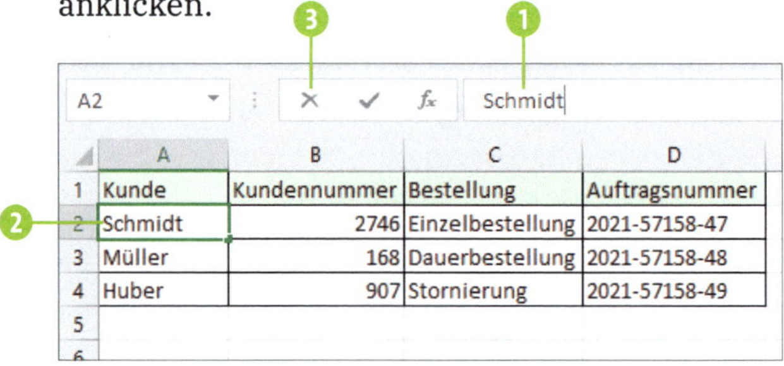

	A	B	C	D
1	Kunde	Kundennummer	Bestellung	Auftragsnummer
2	Schmidt	2746	Einzelbestellung	2021-57158-47
3	Müller	168	Dauerbestellung	2021-57158-48
4	Huber	907	Stornierung	2021-57158-49
5				

3. Bestätigen Sie Ihre Eingaben anschließend wieder durch die [↵]-Taste oder durch einen Klick auf das Symbol ✓.

4. Über das Symbol [×] ❸ können Sie übrigens die Eingabe abbrechen, ohne die bisher eingetragenen Daten zu übernehmen. Alternativ hierzu drücken Sie die Taste [Esc]. Das ist vor allem dann praktisch, wenn Sie die Dateneingabe versehentlich in einer falschen Zelle begonnen haben.

AutoVervollständigen von Zellen

Tipp 003

Excel merkt sich genau, welche Eingaben Sie in einer Spalte vornehmen. Wiederholen sich Texte, Zahlen oder auch Text-Zahl-Kombinationen ❶, vervollständigt das Programm bereits nach den ersten Buchstaben automatisch Ihre Eingabe ❷. Der Text ist zunächst noch grau hinterlegt. Sind Sie mit dem Vorschlag einverstanden, übernehmen Sie ihn einfach durch Drücken der Taste [↵].

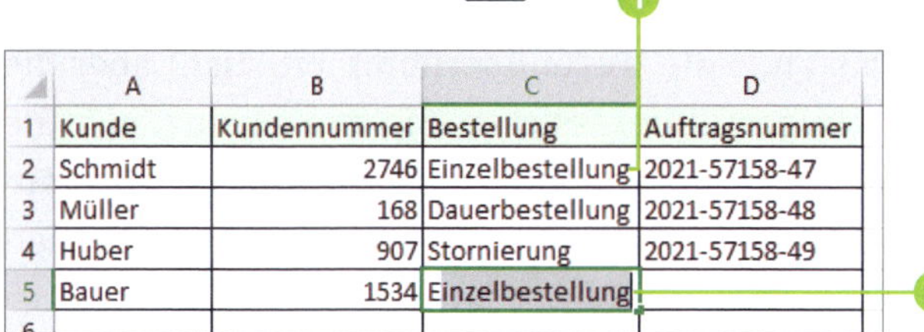

	A	B	C	D
1	Kunde	Kundennummer	Bestellung	Auftragsnummer
2	Schmidt	2746	Einzelbestellung	2021-57158-47
3	Müller	168	Dauerbestellung	2021-57158-48
4	Huber	907	Stornierung	2021-57158-49
5	Bauer	1534	Einzelbestellung	

AutoAusfüllen von Datenreihen

Tipp 004

Wochentage, Monate und fortlaufende Datumsangaben lassen sich in Excel besonders schnell einfügen:

1. Tragen Sie in einer Zelle Ihres Arbeitsblatts die erste Angabe ein, z. B. `Jan 21` ❶.
2. In der rechten unteren Ecke der Zellmarkierung sehen Sie das Ausfüllkästchen ❷. Ziehen Sie es mit gedrückter linker Maustaste nach unten. Möchten Sie fortlaufende

Zahlen eingeben (z. B. 10, 11, 12 etc.), halten Sie während des Ziehens einfach die Taste [Strg] gedrückt.

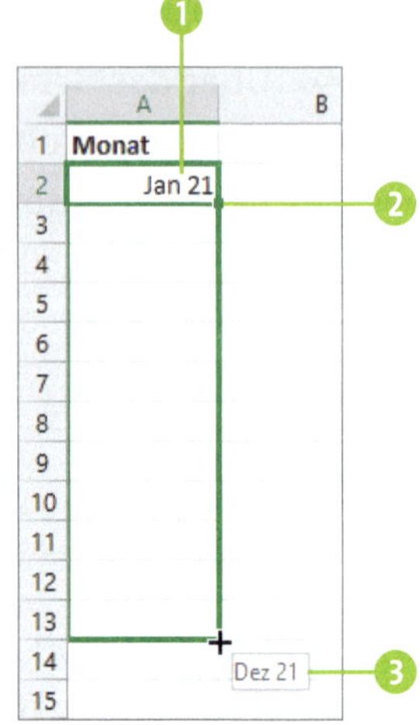

3. Bereits während des Ziehens erfahren Sie in den kleinen Quickinfos ❸, welche Ergänzungen Excel in den Zellen vornehmen wird. Lassen Sie die Maustaste los, werden die Zellen automatisch gefüllt. Das Verfahren lässt sich analog auch zeilenweise einsetzen.

4. Kaum dass Sie die Maustaste losgelassen haben, erscheint auch schon das Symbol **Auto-Ausfülloptionen** ❹. Ein Klick hierauf, und es werden Ihnen weitere Optionen angeboten. War die erste Zelle z. B. formatiert, können Sie die Zellen **Ohne Formatierung ausfüllen** ❺ lassen. Es werden also nur die Werte übernommen, nicht aber die Formatierungen. Interessieren Sie umgekehrt nur die Formatierungen, übernehmen Sie diese mit **Nur Formate ausfüllen** ❻. Die Angaben, die Excel bereits in den Zellen eingetragen hatte, verschwinden damit wieder.

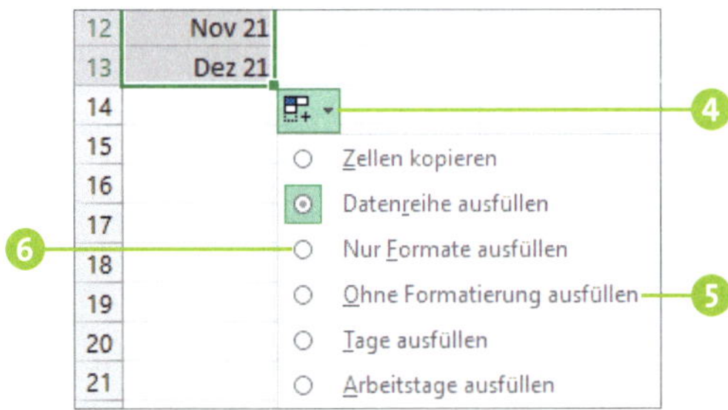

Datenreihen auf Basis mindestens zweier Werte

Tipp 005

Wollen Sie auf Basis von mindestens zwei eingegebenen Werten eine Datenreihe erzeugen, gehen Sie so vor:

1. Markieren Sie sowohl die bereits eingegebenen Werte als auch den Bereich, der gefüllt werden soll.
2. Rufen Sie dann im Register **Start** in der Gruppe **Bearbeiten** über **Ausfüllen ▸ Datenreihe** den Dialog **Reihe** auf.
3. Soll die Datenreihe mit konstanten Werten fortgesetzt werden, aktivieren Sie die Option **Linear** (1). Geben Sie im Feld **Inkrement** den jeweils hinzuzufügenden Wert und ggf. einen **Endwert** an. Im Beispiel in der folgenden Abbildung soll z. B. der Wert jeweils um **100** (2) erhöht werden, bis der Endwert **1000** (3) erreicht ist.

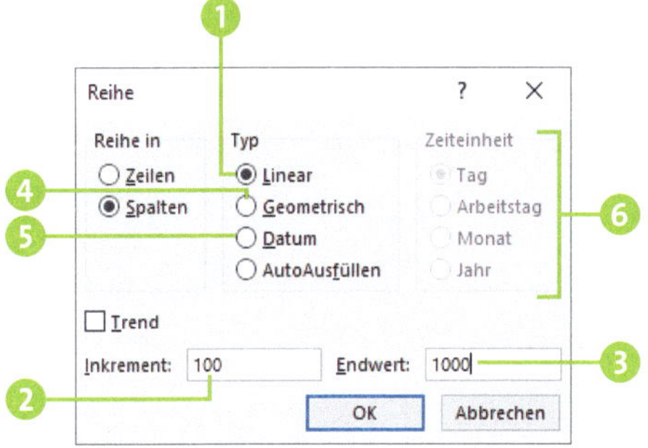

4. Aktivieren Sie die Option **Geometrisch** (4), vervielfacht Excel den Wert von einer Zelle zur nächsten (z. B. 1, 2, 4, 8 etc.).
5. Für das Fortschreiben von Datumsangaben nutzen Sie die Option **Datum** (5). Im Bereich **Zeiteinheit** (6) geben Sie dann an, ob die Reihe tageweise, monatsweise oder jahresweise fortgesetzt werden soll.
6. Bestätigen Sie mit **OK**, füllt Excel den markierten Bereich entsprechend Ihrer Vorgaben auf.

Tipp 006

Eigene Listen erstellen

Müssen Sie häufiger auf eigene Listen, etwa von Produkten oder Kundendaten, zurückgreifen? Dann speichern Sie diese am besten in Excel:

1. Geben Sie die gewünschte Liste zunächst in der Tabelle ein. Markieren Sie sie dann.
2. Rufen Sie **Datei ▸ Optionen** auf. Im Dialog **Excel-Optionen** markieren Sie links **Erweitert** und scrollen in der rechten Spalte nach unten bis zum Bereich **Allgemein**.
3. Klicken Sie auf **Benutzerdefinierte Listen bearbeiten**.
4. Im Dialog **Benutzerdefinierte Listen** wird im Feld **Liste aus Zellen importieren** ① bereits der zuvor markierte Zellbereich eingeblendet. Mit einem Klick auf **Importieren** ② übernehmen Sie die Daten. Ihre Liste wird jetzt im Feld **Benutzerdefinierte Listen** ③ aufgeführt und ist dort bereits ausgewählt.

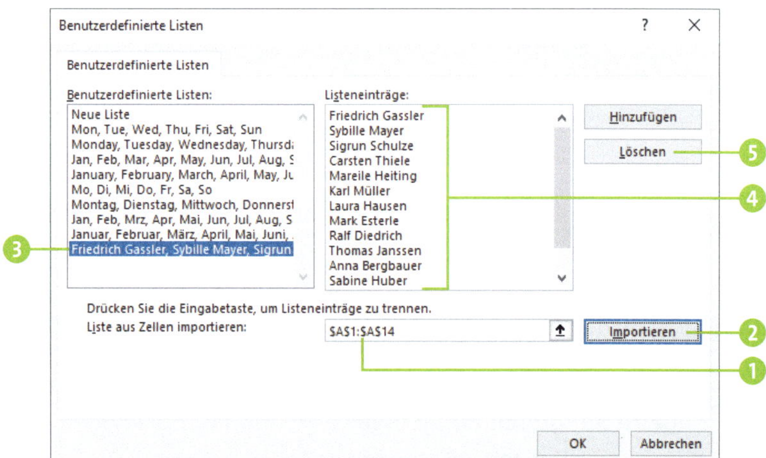

5. Im Feld **Listeneinträge** ④ können Sie nun zusätzliche Einträge ergänzen. Benötigen Sie einen Listeneintrag nicht

mehr, markieren Sie ihn und entfernen ihn mit **Löschen** 5. Schließen Sie die beiden geöffneten Dialoge mit **OK**.

6. Damit steht Ihnen die neu erstellte Liste zur Verfügung. Nachdem Sie den ersten Wert eingegeben haben (im Beispiel also den ersten Namen), können Sie von nun an das Ausfüllkästchen nutzen (siehe Tipp 004 auf Seite 17), um die angrenzenden Zellen mit den weiteren Werten automatisch zu füllen.

Zellbezüge geschickt einsetzen

Für die Durchführung von Datenanalysen und Berechnungen werden in Excel unterschiedliche Zellen in Beziehung zueinander gesetzt. Die einzelnen Zellen sind standardmäßig über eine Kombination aus Spalten- und Zeilenbezeichnungen eindeutig zu identifizieren. Die Zelle **C2** beschreibt also die Zelle, die in der dritten Spalte und der zweiten Zeile liegt. Der große Vorteil von Zellbezügen: Ändert sich der Inhalt einer Zelle, wird der neue Wert automatisch in die Formel übernommen, die einen entsprechenden Zellbezug enthält.

Relativer Zellbezug

Tipp 007

Ein einfaches Beispiel: Soll der Inhalt der Zelle A1 zum Inhalt der Zelle B1 addiert und das Ergebnis in Zelle C1 ausgegeben werden, geben Sie in C1 die Formel =A1+B1 an 1. Die Zelladressen A1 und B1 können Sie entweder selbst eintippen oder

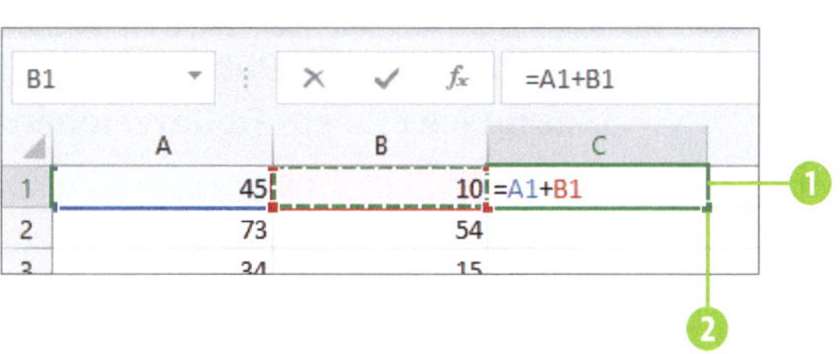

die entsprechenden Zellen einfach mit der Maus anklicken. Anhand der Farbmarkierungen, die Excel während der Formeleingabe vornimmt, lässt sich schnell überprüfen, ob die korrekten Zellen ausgewählt wurden.

Eine Formel lässt sich mithilfe des Ausfüllkästchens (2) bequem kopieren (siehe Tipp 004 auf Seite 17). Dabei passt Excel automatisch für Sie die Zellbezüge an. Für die Zelle C2 ergibt sich als Formel also `=A2+B2` (3). Diese Art der Zellbezüge, die beim Kopieren automatisch angepasst werden, bezeichnet man als *relative Zellbezüge*. Mit ihrer Hilfe lassen sich Formeln beim Kopieren in andere Zellen unkompliziert übernehmen.

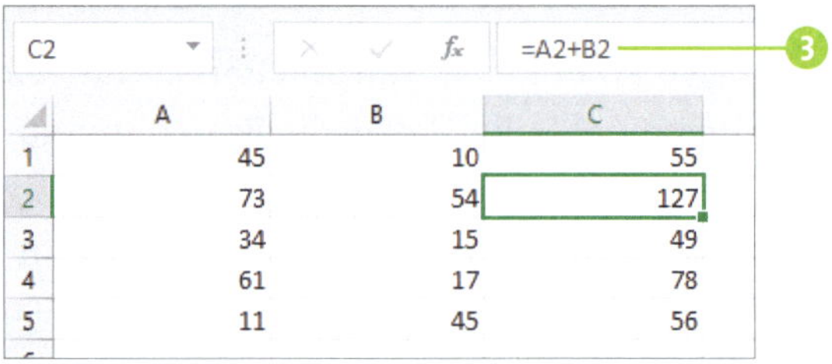

C2 | fx | =A2+B2 (3)

	A	B	C
1	45	10	55
2	73	54	127
3	34	15	49
4	61	17	78
5	11	45	56

Tipp 008

Absoluter Zellbezug

Das automatische Anpassen der Zellbezüge ist nicht immer erwünscht. In einem solchen Fall können Zellbezüge auch festgeschrieben werden. Auf unser Beispiel bezogen: Soll etwa immer der Inhalt der Zelle A1 mit den Inhalten der Zellen der Spalte B addiert werden, muss der relative Zellbezug stattdessen als sog. *absoluter Zellbezug* angegeben werden. Hierzu wird sowohl der Spalten- als auch der Zeilenbezeichnung jeweils ein Dollarzeichen ($) vorangestellt. Aus `A1` wird also `$A$1`. Dieser absolute Zellbezug bleibt beim Kopieren in andere Zellen erhalten.

C2 | =$A$1+B2

	A	B	C
1	45	10	55
2	73	54	99
3	34	15	60
4	61	17	62
5	11	45	90

Als Mischform sind sowohl Bezüge mit absoluter, also festgelegter Spalte und relativer Zeile (`$A1`) als auch Bezüge mit relativer Spalte und absoluter Zeile (`A$1`) möglich. Beim Kopieren bleibt der absolute Teil des Zellbezugs bestehen, während der relative Teil an die neue Position angepasst wird.

Relative und absolute Zellbezüge umwandeln

Möchten Sie einen relativen Zellbezug in einen absoluten umwandeln, müssen Sie nicht selbst die Dollarzeichen ergänzen. Markieren Sie einfach die entsprechende Zelle und dann in der Bearbeitungsleiste den Zellbezug. Nun reicht ein Drücken der Taste F4, und Excel wandelt den Zellbezug für Sie um. Jedes weitere Drücken der Taste führt zu einer neuen Umwandlung, sodass Sie schnell zwischen relativen, absoluten und sogar gemischten Zellbezügen wechseln können.

Einfache Formeln schnell erstellt

Die wahre Stärke von Excel liegt in der Berechnung von Formeln und Funktionen. Diese können sehr einfach aufgebaut sein oder auch komplex. Letzteres wird ausführlich im folgenden Kapitel behandelt. Für diejenigen, die sich noch nicht so intensiv mit Excel beschäftigt haben, soll an dieser Stelle lediglich ein kurzer Überblick über den Aufbau einer einfachen Formel geboten werden.

Tipp 009

Der Aufbau einer einfachen Formel

Ob einfache Addition oder komplexe Berechnungen: Eine Formel beginnt in Excel immer mit einem Gleichheitszeichen (=). Anschließend folgen die Operanden, die jeweils durch Operatoren (etwa das + für die Addition oder das * für die Multiplikation) getrennt werden. Selbstverständlich können Sie in Excel direkt Werte in einer Formel ergänzen und berechnen lassen (also etwa `=751-195`). Der gängige Weg besteht allerdings darin, mit Zellbezügen zu arbeiten, wie in Tipp 007 und 008 ab Seite 21 gezeigt (also `=A1-B1`).

Excel führt Rechenoperationen grundsätzlich von links nach rechts durch, es sei denn, die Operatorpriorität gibt eine andere Reihenfolge vor. Denn auch bei Excel gilt die bekannte Regel »Punktrechnung geht vor Strichrechnung«. Durch den Einsatz von Klammern lässt sich die Prioritätenreihenfolge anpassen.

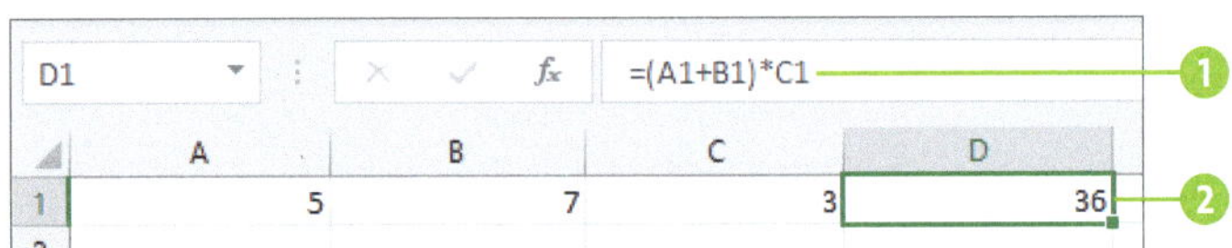

Sobald Sie die Formeleingabe durch Drücken der [↵]-Taste abschließen, wird in der Zelle, die die Formel enthält, das Ergebnis angezeigt. Markieren Sie diese Zelle mit einem einfachen Mausklick, erscheint in der Bearbeitungsleiste die Formel (1), während in der Zelle selbst weiterhin das Ergebnis zu sehen ist (2). Erst ein Doppelklick auf die Zelle zeigt auch hier die Formel an.

Eingegebenen Text statt Formel in Zelle anzeigen

Beginnen Sie die Dateneingabe in einer Zelle mit einem Gleichheitszeichen (=) oder dem At-Symbol (@), interpretiert Excel die weiteren Eingaben als Formel. Das At-Symbol rührt noch aus älteren *Lotus 1-2-3*-Zeiten, in denen Funktionen mit dem @-Symbol begonnen wurden. Sollte es sich bei Ihrer Eingabe nicht um eine korrekte Formel handeln, blendet Excel eine Fehlermeldung ein, sobald Sie die Dateneingabe durch Drücken der [↵]-Taste abschließen ❶. Möchten Sie verhindern, dass Ihre Eingabe als Formel interpretiert wird, geben Sie ganz zu Beginn (also noch vor dem Gleichheitszeichen oder At-Symbol) ein Apostroph (') ein. Sobald Sie die [↵]-Taste drücken, wird der Apostroph nur noch in der Bearbeitungsleiste angezeigt, aber nicht mehr in der Zelle.

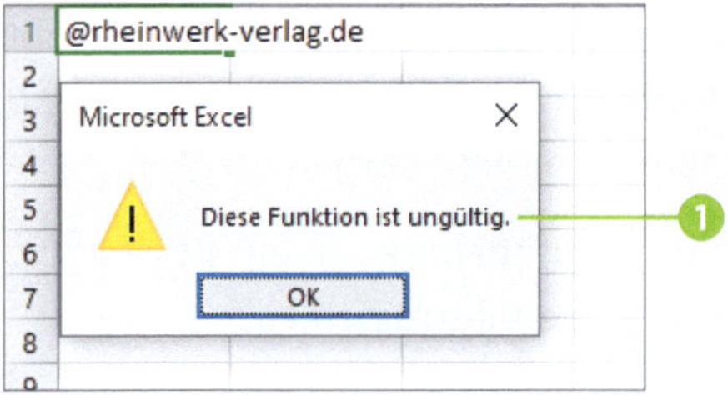

Dieser Trick funktioniert auch, um etwa die Datumsumwandlung zu verhindern, die Excel eigenmächtig vornimmt. Ein Beispiel hierfür: Geben Sie in einer Zelle `10.5` ein, interpretiert Excel dies als Datumseingabe und zeigt statt Ihrer Eingabe **10. Mai** ❷ an. Handelt es sich bei Ihrem »10.5« aber nicht um ein Datum, beginnen Sie die Eingabe mit dem Apostroph (also `'10.5`) ❸, und schon bleibt Ihr Text bestehen.

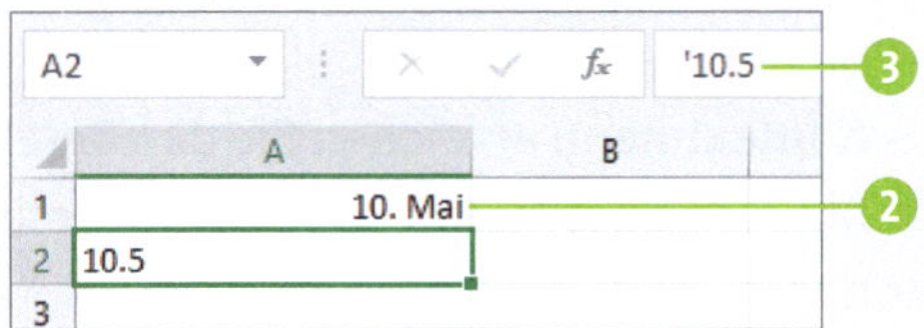

Eins, zwei, drei – der richtige Umgang mit Arbeitsblättern

Seit Excel 2013 besteht jede Arbeitsmappe standardmäßig aus einem *Tabellenblatt* (auch *Arbeitsblatt* oder kurz *Blatt* genannt). Mit wenig Aufwand lassen sich weitere Blätter hinzufügen und neu anordnen, wie die folgenden Tipps zeigen.

Tipp 010

Blätter hinzufügen, umbenennen, färben und verschieben

Wird der Inhalt innerhalb eines Arbeitsblattes zu umfangreich, bietet es sich an, den Inhalt nach Themenbereichen sortiert über mehrere Blätter zu verteilen. Dabei können Sie auch gleich für etwas mehr Übersicht sorgen.

1. Um ein neues Blatt hinzuzufügen, reicht ein Klick auf das Symbol ⊕ ❶ rechts von den Blattregistern.
2. Dem neuen Blatt wird automatisch der Name **Tabelle** zugewiesen, gefolgt von der nächsten verfügbaren Blattnummer, also **Tabelle2**, **Tabelle3** usw. Zur besseren Übersicht sollten Sie den Tabellenblättern aussagekräftige Namen geben (z. B. den Monatsnamen). Hierzu klicken Sie das Blattregister mit der rechten Maustaste an, wählen im Kontextmenü den Befehl **Umbenennen** ❷ und überschreiben dann den alten Namen mit der neuen Bezeichnung.
3. Ebenfalls über das Kontextmenü erreichen Sie den Befehl **Registerfarbe** ❸, über den Sie dem Registerreiter eine Farbe zuweisen können.

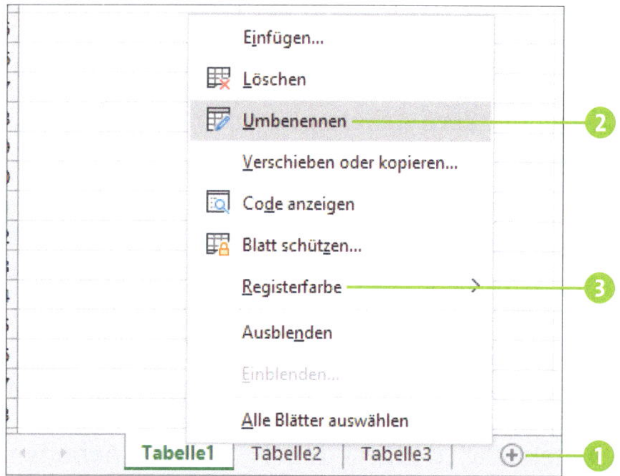

4. Sagt Ihnen die Anordnung der Blätter nicht zu, verschieben Sie sie einfach. Positionieren Sie hierzu den Mauszeiger auf einem Registerreiter, und ziehen Sie ihn dann mit gedrückter linker Maustaste an die gewünschte Position.

5. Haben Sie so viele Blätter hinzufügt, dass der Platz am unteren Fensterrand nicht mehr zur Anzeige aller Register ausreicht, nutzen Sie zur Navigation die beiden Pfeiltasten 4 am linken Rand oder das Symbol ... 5, das jeweils rechts und links neben den sichtbaren Registerkarten zu sehen ist.

Ein Arbeitsblatt oder mehrere zur Bearbeitung auswählen

Tipp 011

Das Register des gerade aktiven Tabellenblatts weist am unteren Rand eine Linie auf. Um ein oder mehrere andere Arbeitsblätter zu markieren, gehen Sie folgendermaßen vor:

1. Zur Auswahl eines Blatts reicht ein Mausklick auf das entsprechende Register.
2. Möchten Sie mehrere Arbeitsblätter in einem Rutsch bearbeiten, halten Sie die Taste `Strg` gedrückt, während Sie die einzelnen Blätter per Mausklick auf die Blattregister markieren.
3. Um alle Blätter einer Arbeitsmappe zu markieren, klicken Sie mit der rechten Maustaste auf ein Register und wählen im Kontextmenü **Alle Blätter auswählen**.
4. In der Titelleiste wird hinter dem Namen der Arbeitsmappe die Bezeichnung **Gruppe** ergänzt. Alle Arbeitsschritte, die Sie anschließend an einem einzelnen Arbeitsblatt durchführen, werden automatisch auch in den anderen markierten Blättern vorgenommen. Dieses Vorgehen bietet sich vor allem bei Tabellen mit gleichem Aufbau an, wenn Sie in allen Blättern z.B. die gleiche Formatierung vornehmen möchten.

5. Per Klick auf einen Registerreiter, der nicht Teil der Gruppe ist, heben Sie die Gruppierung wieder auf.
6. Haben Sie alle Blätter ausgewählt, führt der Weg zur Aufhebung der Gruppe wieder über das Kontextmenü.

Arbeitsblätter ein- und ausblenden

Benötigen Sie bestimmte Tabellenblätter nur selten, bietet es sich an, diese auszublenden. Hierzu klicken Sie mit der rechten Maustaste auf das Register, das Sie ausblenden wollen, und wählen den Befehl **Ausblenden**. Auf Formeln und Funktionen, die einen Bezug auf das nun nicht mehr angezeigte Tabellenblatt haben, wirkt sich das Ausblenden nicht aus. Um das Tabellenblatt später wieder einzublenden, klicken Sie ein beliebiges Register mit der rechten Maustaste an. Nachdem Sie im Kontextmenü **Einblenden** ausgewählt haben, wird der gleichnamige Dialog geöffnet. Markieren Sie das Blatt, das wieder angezeigt werden soll. Bestätigen Sie mit **OK**.

Mehr Übersicht mit der passenden Formatierung

Das richtige Zahlenformat für die Daten, etwas Farbe für die Tabellenüberschriften und Rahmenlinien rund um die Zellen: Mit einer angemessenen Formatierung lässt sich nicht nur die Lesbarkeit der Tabellen verbessern – Auswertungen wirken zugleich auch viel professioneller.

Ein geeignetes Zahlenformat auswählen

Tipp 012

Excel unterstützt eine Vielzahl spezieller Zahlenformate, etwa Währung, Datum oder auch Prozent. Sobald Sie das gewünschte Format ausgewählt haben, werden z. B. automatisch das Euro-Symbol (€) ergänzt, die von Ihnen vorgegebene Anzahl an Dezimalstellen angezeigt, negative Werte hervorgehoben oder einem Datum die Jahreszahl hinzugefügt. Die Auswahl des Zahlenformats nehmen Sie folgendermaßen vor:

1. Markieren Sie die Zelle bzw. den Zellbereich, den Sie formatieren möchten ①.

2. Klicken Sie im Register **Start** in der Gruppe **Zahl** auf den Pfeil rechts vom Feld **Zahlenformat** ❷. In der Liste, die nun aufklappt, markieren Sie das gewünschte Format, z. B. **Währung.** Das Format wird sofort auf die markierten Zellen angewendet.

3. Über die weiteren Symbole innerhalb der Gruppe **Zahl** lässt sich die Darstellung noch weiter anpassen. So können Sie z. B. Dezimalstellen hinzufügen oder entfernen ❸ (siehe hierzu auch den Kasten »Die tückischen Dezimalstellen« auf Seite 31), 1.000er-Trennzeichen ergänzen ❹ und mehr.

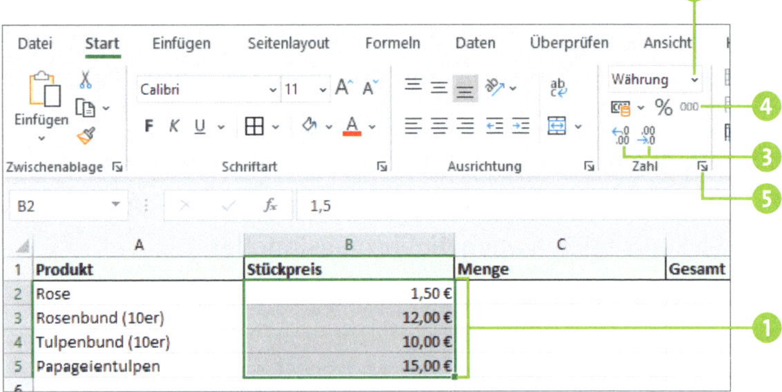

4. Sind Sie mit dem Ergebnis noch nicht zufrieden, klicken Sie in der rechten unteren Ecke der Gruppe **Zahl** auf das Symbol ⧅ ❺. Dadurch wird der Dialog **Zellen formatieren** geöffnet, in dem Sie detailliertere Einstellungen vornehmen können.

5. Markieren Sie im Register **Zahlen** des Dialogs zunächst die gewünschte **Kategorie** ❻. Je nach Kategorie können Sie anschließend z. B. das Währungssymbol auswählen ❼, die Hervorhebung negativer Zahlen bestimmen ❽ oder auch die Anzahl der **Dezimalstellen** festlegen, die Excel in einer Zelle anzeigen soll ❾.

6. Bestätigen Sie Ihre Einstellungen mit **OK**.

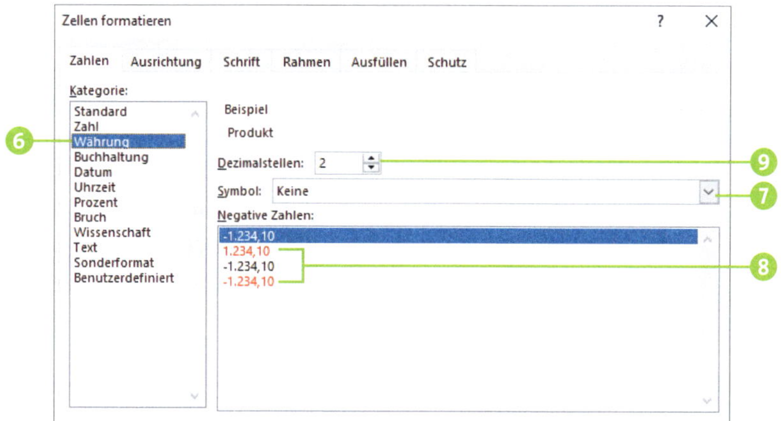

Die tückischen Dezimalstellen

Auch wenn Sie bei der Darstellung von Zahlenwerten die Anzahl der angezeigten Dezimalstellen begrenzen, berücksichtigt Excel bei Berechnungen trotzdem alle Nachkommastellen. Wünschen Sie auch als Ergebnis nur eine bestimmte Anzahl von Nachkommastellen, etwa um dieses als Basis für weitere Kalkulationen zu nutzen, setzen Sie besser die Funktion *Runden* ein. Weitere Informationen hierzu erhalten Sie im Kasten »Die Sache mit der Rundungsdifferenz« auf Seite 90.

Mehr Übersicht dank Rahmen und Füllung

Tipp 013

Die Gitternetzlinien einer Tabelle sind nur auf dem Bildschirm, nicht aber im Ausdruck zu sehen. Entsprechende Rahmenlinien müssen Sie selbst hinzufügen. Das farbige Hervorheben wichtiger Zellen, z. B. von Überschriften, sorgt ebenfalls für eine bessere Orientierung.

1. Markieren Sie den Zellbereich, den Sie formatieren wollen. Klicken Sie im Register **Start** in der Gruppe **Schriftart** auf den Pfeil rechts vom Symbol **Rahmenlinie** ①. Wählen Sie in der aufklappenden Liste den gewünschten Rahmen aus.

2. Um die Hintergrundfarbe der markierten Zellen zu ändern, klicken Sie in der Gruppe **Schriftart** auf den Pfeil rechts vom Symbol **Füllfarbe** ②. Markieren Sie den gewünschten Farbton in der aufklappenden Farbpalette.

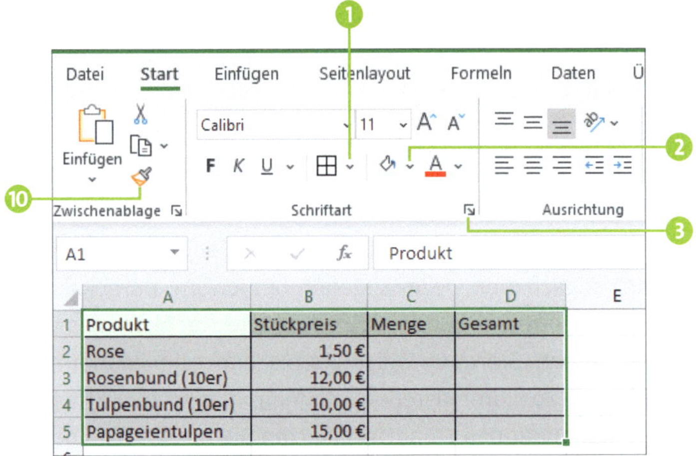

3. Soll ein Rahmen eine stärkere Linie erhalten oder der Zellhintergrund ein Muster? Diese Formatierungen nehmen Sie im Dialog **Zellen formatieren** vor, den Sie per Klick auf das Symbol ⧉ in der rechten unteren Ecke der Gruppe **Schriftart** aufrufen ③.

4. Um die Rahmenlinien zu verändern, wechseln Sie in das Register **Rahmen** ④. Markieren Sie nun im Feld **Art** die gewünschte Linienart ⑤ und im Feld **Farbe** die Linienfarbe ⑥. Über die Symbole unterhalb von **Voreinstellungen** ⑦ und im Bereich **Rahmen** ⑧ weisen Sie Ihre Auswahl

den gewünschten Zellrändern zu (z. B. außen, innen oder nur dem rechten Zellrand).

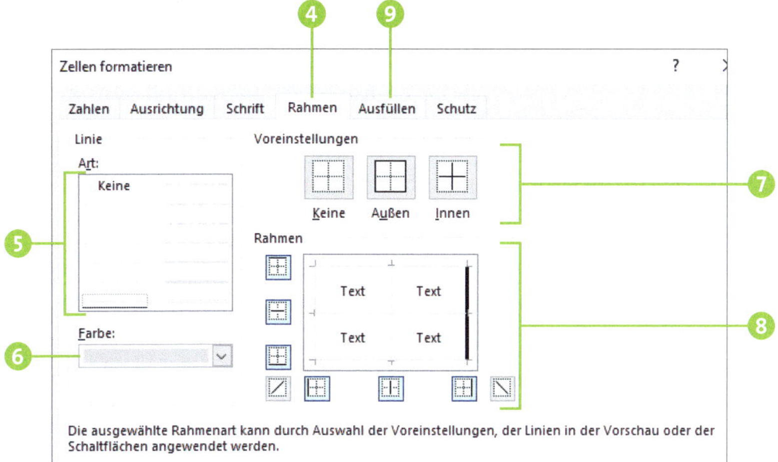

5. Den Zellhintergrund passen Sie im Register **Ausfüllen** 9 des Dialogs **Zellen formatieren** an. Hier stehen Ihnen **Weitere Farben**, **Fülleffekte** sowie die Optionen **Musterformat** und **Musterfarbe** zur Auswahl.

6. Mit **OK** übernehmen Sie Ihre Einstellungen und schließen den Dialog **Zellen formatieren**.

Formate schnell übertragen

Einmal vorgenommene Formatierungen lassen sich blitzschnell auf andere Zellen übertragen. Hierzu markieren Sie einfach die Zelle, die die Formatierung bereits aufweist. Klicken Sie dann im Register **Start** in der Gruppe **Zwischenablage** auf das Symbol **Format übertragen** 10. Der Mauszeiger erhält zusätzlich das Symbol eines Pinsels. Klicken Sie jetzt auf die Zelle, auf die Sie die Formatierung übertragen möchten.

Tipp 014

Zeilenhöhe und Spaltenbreite anpassen

Die Breite einer Spalte entspricht nicht dem Zellinhalt, und auch so manch eine Zeile dürfte ruhig höher sein? Sowohl die Spaltenbreite als auch die Zeilenhöhe lassen sich schnell anpassen.

1. Um die Breite einer Spalte automatisch an den Zellinhalt anzupassen, positionieren Sie den Mauszeiger am rechten Rand des Spaltenkopfs. Nimmt er die Form eines Doppelpfeils an, führen Sie einen Doppelklick durch. Alternativ hierzu ziehen Sie die Trennlinie zwischen zwei Spaltenköpfen mit gedrückter linker Maustaste in die gewünschte Richtung. Analog lässt sich auch die Zeilenhöhe verändern.
2. Um mehrere Spalten oder auch Zeilen in einem Rutsch anzupassen, halten Sie die Taste [Strg] gedrückt, während Sie die gewünschten Spalten- bzw. Zeilenköpfe anklicken.

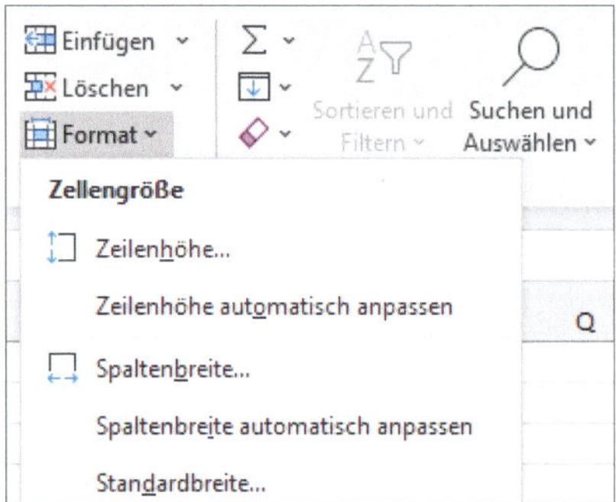

3. Klicken Sie im Register **Start** in der Gruppe **Zellen** auf **Format**. In der aufklappenden Liste können Sie nun z. B. das automatische Anpassen der Zeilenhöhe bzw. Spaltenbreite veranlassen. Möchten Sie einen bestimmten Wert vorgeben, wählen Sie stattdessen **Zeilenhöhe** bzw.

Spaltenbreite und geben den Wert dann im folgenden Dialog ein. Die Eingaben müssen Sie mit **OK** bestätigen.

Textausrichtung anpassen

Tipp 015

Zahlen richtet Excel innerhalb einer Zelle automatisch rechtsbündig aus, Text und Datum wiederum linksbündig. Im Register **Start** finden Sie in der Gruppe **Ausrichtung** einige Symbole, über die Sie den Inhalt der zuvor markierten Zellen blitzschnell Ihren Wünschen entsprechend anpassen können. Alternativ hierzu nehmen Sie die Einstellungen im Dialog **Zellen formatieren** vor. Klicken Sie auf das Symbol ⧉ in der rechten unteren Ecke der Gruppe **Ausrichtung**, wird dieser direkt mit dem Register **Ausrichtung** geöffnet.

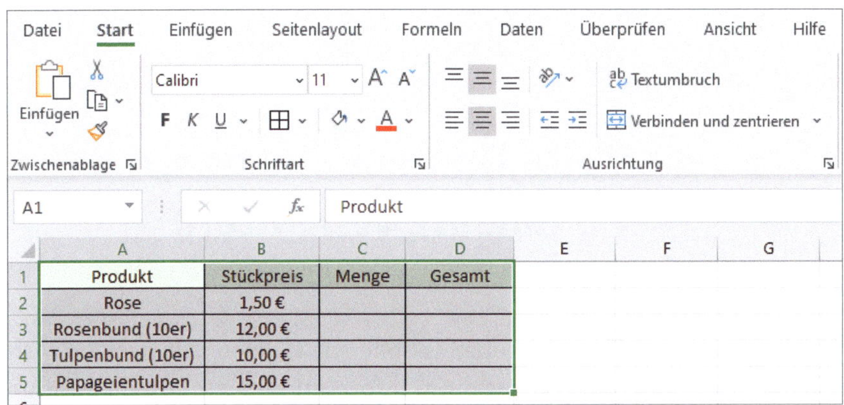

Inhalt und/oder Formatierung einer Zelle löschen

Tipp 016

Um den Inhalt einer Zelle zu löschen, reicht es aus, diese zu markieren und dann die Taste `Entf` zu drücken. Alle Formatierungen der Zelle (z. B. Zahlenformate, Rahmen oder auch

Hintergrundfarbe) bleiben hierdurch erhalten. Wenn Sie den Inhalt inklusive der Formatierung entfernen möchten oder auch nur die Formatierung einer Zelle, klicken Sie im Register **Start** in der Gruppe **Bearbeiten** auf **Löschen**. In der aufklappenden Liste haben Sie nun über die entsprechenden Befehle die Möglichkeit, alles, Formate, Inhalte, Kommentare oder auch Links zu löschen.

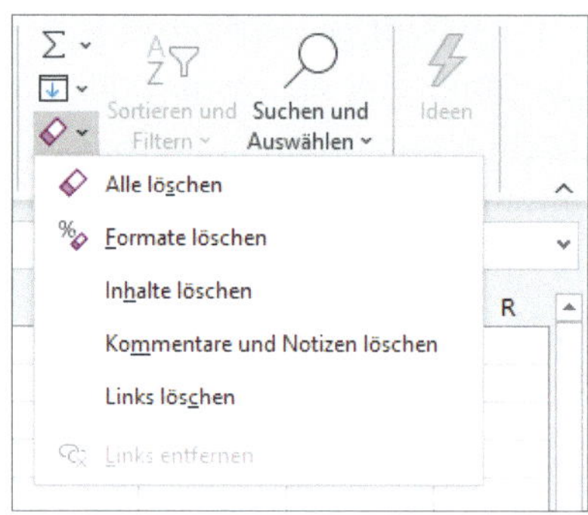

Gezielte Datensuche durch den Einsatz von Filtern

Je umfangreicher eine Tabelle wird, desto schwieriger wird es auch, die gewünschten Informationen zu finden. Mithilfe von Filtern können Sie sich die Daten anzeigen lassen, die ein bestimmtes Kriterium erfüllen.

Tipp 017 Den AutoFilter aktivieren und Daten sortieren

Um große Datenmengen überschaubar zu machen, bietet Excel diverse Filter an. Der *AutoFilter* ist am schnellsten eingerichtet:

1. Markieren Sie zunächst die Überschriften in den relevanten Spalten, und klicken Sie dann im Register **Daten** in der Gruppe **Sortieren und Filtern** auf das Symbol **Filtern** [Filter-Symbol], um die gleichnamige Funktion zu aktivieren.
2. Rechts von den Überschriften werden nun jeweils kleine Pfeilsymbole eingeblendet ①. Mit einem Klick auf einen Pfeil rufen Sie die Sortier- und Filteroptionen für die entsprechende Spalte auf. Welche Optionen Ihnen hier angeboten werden, hängt vom Inhalt der Zellen innerhalb der Spalte ab.
3. Immer möglich ist eine auf- oder absteigende Sortierung der Daten ②. Sind manche Zellen z. B. aufgrund einer *bedingten Formatierung* farbig hervorgehoben, lässt sich die Spalte auch nach der Farbe sortieren ③.

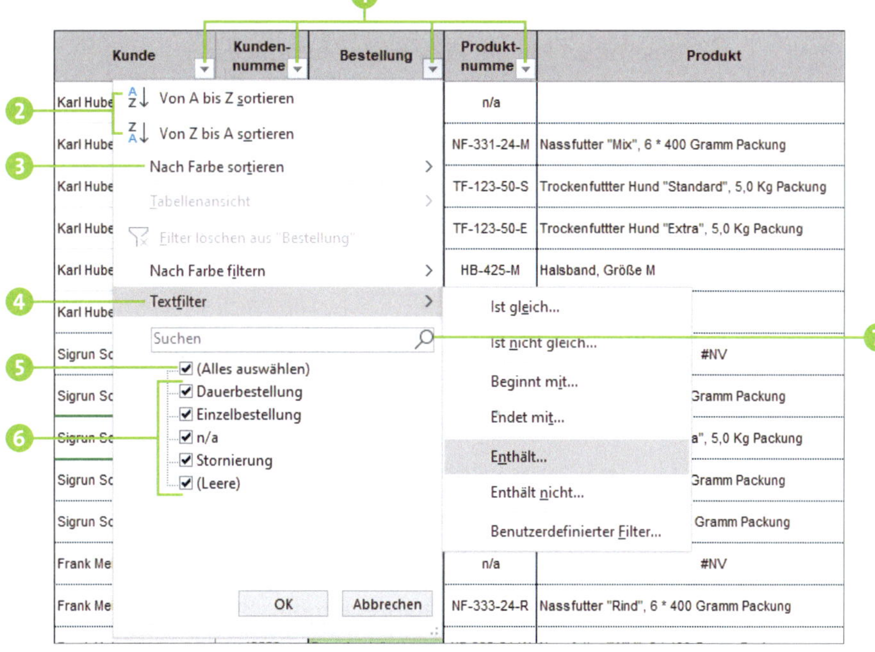

Tipp 018

Text-, Zahlen- und Datumsfilter anwenden

Ist der AutoFilter, wie im Tipp zuvor beschrieben, aktiviert, können Sie Ihre Daten nach verschiedenen Kriterien filtern:

1. Über den **Textfilter** (4 auf Seite 37), Zahlenfilter bzw. Datumsfilter (welchen Filter Sie sehen, hängt von den Daten ab, die in der Spalte vorhanden sind) lassen sich weitere detaillierte Filter aufrufen.
2. Unterhalb des Suchfeldes werden alle Inhalte der Spalte aufgelistet. Um einen oder auch mehrere dieser Werte auszuwählen, entfernen Sie zunächst das Häkchen vor **(Alles auswählen)** 5. Setzen Sie dann vor den gewünschten Kriterien wieder ein Häkchen 6. Ist die Kriterienliste zu lang, können Sie auch das Suchfeld 7 nutzen, um den gewünschten Eintrag schneller zu finden.
3. Bestätigen Sie die Filterauswahl mit **OK**.
4. Sie können natürlich auch die Filter mehrerer Spalten kombinieren, um spezifische Fragestellungen zu beantworten. In den Spalten, in denen ein Filter gesetzt ist, sehen Sie statt des Pfeilsymbols das Filtersymbol 8.

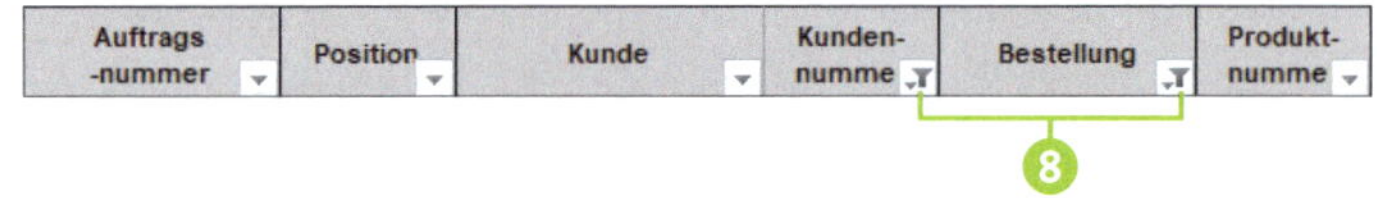

Tipp 019

Filter deaktivieren

Möchten Sie wieder alle Daten angezeigt bekommen, müssen die Filter deaktiviert werden:

1. Um einen Filter wieder zu entfernen, klicken Sie auf das Filtersymbol in der entsprechenden Spalte. Aktivieren Sie dann das Kästchen **(Alles auswählen)** (5 auf Seite 37), und bestätigen Sie wieder mit **OK**.

2. Haben Sie mehrere Filter angewendet, die nun alle entfernt werden sollen, klicken Sie im Register **Daten** in der Gruppe **Sortieren und Filtern** auf **Löschen**.

Pfiffige Fenstertechniken

Das Arbeiten mit umfangreichen Tabellen, mehreren Blättern oder gar Arbeitsmappen erfordert viel Konzentration. Die folgenden Fenstertechniken helfen Ihnen, alles Wichtige gut im Blick zu behalten.

Fenster fixieren

Tipp 020

Haben Sie eine Tabelle mit Spalten- und Zeilenüberschriften erstellt, befinden sich diese Überschriften meistens am oberen bzw. linken Rand der Tabelle. Scrollen Sie in der Tabelle weiter nach unten oder rechts, verschwinden die Überschriften irgendwann aus dem Blickfeld. Eine Orientierung in der Tabelle fällt hierdurch schwer. Sie können aber schnell für Abhilfe sorgen, indem Sie die Überschriften fixieren:

1. Klicken Sie hierzu in die Zelle, die sich direkt rechts von der Überschriftenspalte und direkt unterhalb der Überschriftenzeile befindet, die fixiert werden sollen. Sollen z. B. die Spalte A sowie die Zeilen 1 und 2 eingefroren werden, wählen Sie die Zelle B3 (1) aus.
2. Wechseln Sie in das Register **Ansicht**, und klicken Sie hier in der Gruppe **Fenster** auf **Fenster fixieren** (2). In der aufklappenden Liste wählen Sie **Fenster fixieren**. Werfen Sie einen Blick auf die Tabelle, finden Sie rechts bzw. unterhalb der Überschriften eine dünne schwarze Linie (3). Die

Spalten links und die Zeilen oberhalb dieser Linie bleiben nun beim Scrollen immer sichtbar.

3. Um eine Fixierung wieder aufzuheben, klicken Sie im Register **Ansicht** auf **Fenster fixieren** und dann auf **Fixierung aufheben** 4.

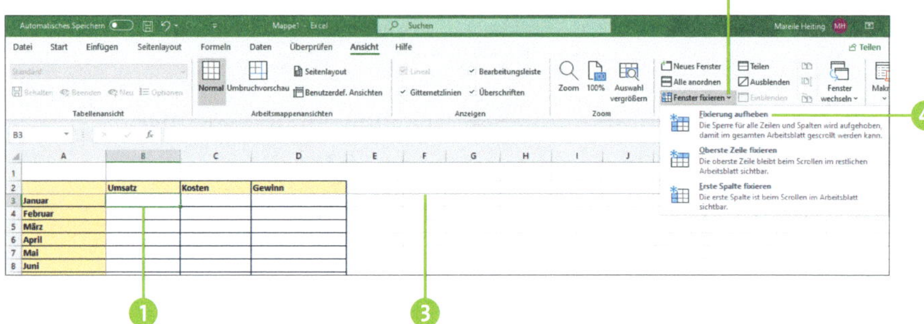

Tabellenansicht blitzschnell vergrößern oder verkleinern

Über den Schieberegler 1 in der rechten unteren Ecke des Programmfensters können Sie die Größendarstellung der Tabelle beeinflussen. Je weiter Sie den Regler nach rechts ziehen, desto größer werden die Zellen dargestellt. Der Wermutstropfen dabei: Es ist damit auch nur noch ein Teil der Tabelle zu sehen. Um nun innerhalb der Tabelle zu blättern, nutzen Sie am besten die beiden Scrollbalken rechts und unterhalb der Tabelle. Klicken Sie auf die Prozentangabe 2 rechts vom Schieberegler, öffnet sich der Dialog **Zoom**, in dem Sie gezielt einen Zoommodus (z. B. **100 %** für die Standarddarstellung) auswählen können. Den Dialog erreichen Sie auch im Register **Ansicht** in der Gruppe **Zoom**, indem Sie dort auf **Zoom** klicken.

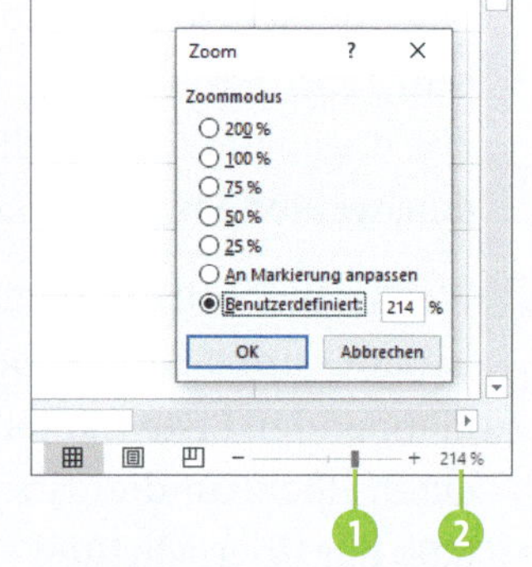

Schneller Wechsel zwischen Arbeitsmappen

Tipp 021

Häufig arbeitet man in Excel nicht nur mit einer einzelnen Arbeitsmappe (sprich Datei), sondern gleich mit mehreren. Um zwischen diesen zu wechseln, können Sie z. B. im Register **Ansicht** in der Gruppe **Fenster** auf **Fenster wechseln** (1 auf Seite 42) klicken und dann die gewünschte Arbeitsmappe wählen. Alternativ hierzu setzen Sie den Mauszeiger in der Taskleiste auf das Excel-Icon 2. Dadurch werden Miniaturansichten der geöffneten Arbeitsmappen eingeblendet. Wählen Sie die gewünschte Arbeitsmappe einfach per Mausklick aus.

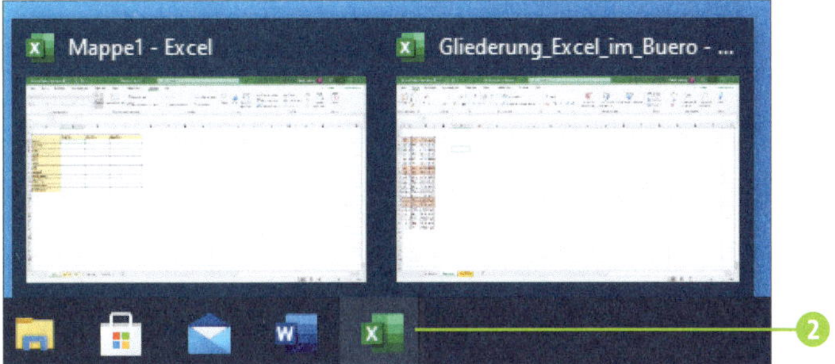

Arbeitsmappen nebeneinander anordnen

Tipp 022

Falls Sie Daten innerhalb unterschiedlicher Arbeitsmappen miteinander vergleichen müssen, ist der zuvor beschriebene Wechsel zwischen den Fenstern ausgesprochen lästig. Erleichtern Sie sich die Arbeit, indem Sie die Fenster nebeneinander anordnen. Dies ist mit maximal zwei Fenstern möglich.

1. Stellen Sie sicher, dass die beiden Arbeitsmappen, die Sie nebeneinander anzeigen lassen möchten, geöffnet sind. Wechseln Sie dann in einem der beiden Fenster in das Register **Ansicht**.

2. Sollen die beiden Fenster untereinander angezeigt werden, reicht in der Gruppe **Fenster** ein Klick auf **Nebeneinander anzeigen** ③. Falls mehr als zwei Arbeitsmappen geöffnet sind, erscheint ein entsprechender Dialog, in dem Sie die gewünschte Arbeitsmappe markieren ④ und mit **OK** bestätigen.

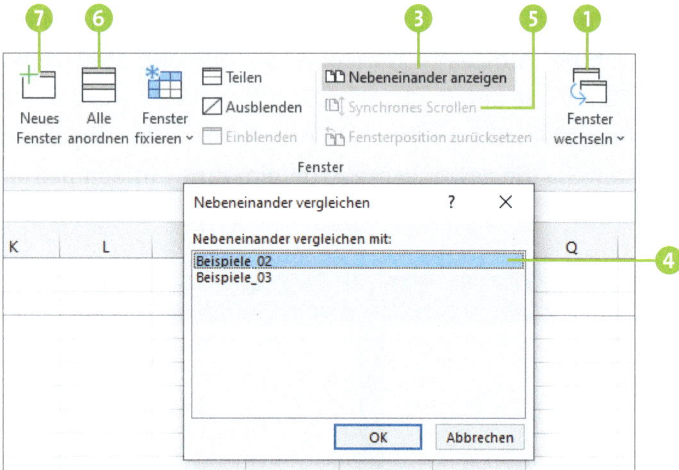

3. Excel aktiviert automatisch das Kontrollkästchen **Synchrones Scrollen** ⑤. Blättern Sie in einer Tabelle, wird das Scrollen automatisch auch im anderen Fenster vorgenommen. Wünschen Sie dies nicht, entfernen Sie einfach das Häkchen.

4. Ziehen Sie es vor, dass ein Fenster die linke Bildschirmhälfte einnimmt und das andere die rechte, klicken Sie in der Gruppe **Fenster** auf **Alle anordnen** ⑥. Markieren Sie im Dialog **Fenster anordnen** die Option **Vertikal** und bestätigen Sie mit **OK**. Auch hier müssen Sie gegebenenfalls die gewünschte zweite Arbeitsmappe auswählen, falls mehr als zwei geöffnet sind.

5. Um ein Fenster wieder in voller Größe zu zeigen, reicht ein Klick auf das Symbol **Maximieren** ▢ in der rechten

oberen Ecke des Fensters. Klicken Sie anschließend auf das Symbol **Verkleinern** ⧉, wird das Fenster zwar wieder verkleinert, aber nicht parallel zum anderen Fenster angezeigt. Hierzu müssen Sie erneut Schritt 2 oder 4 durchführen.

Ein Arbeitsblatt zwischen Arbeitsmappen verschieben oder kopieren

Sie benötigen ein Tabellenblatt einer Arbeitsmappe in einer anderen Arbeitsmappe? Wenn beide Arbeitsmappen geöffnet sind (also die, in der sich das Blatt aktuell befindet, und die, in die es verschoben bzw. kopiert werden soll), dann ist dies schnell erledigt: Klicken Sie das Register des zu kopierenden oder verschiebenden Blatts mit der rechten Maustaste an, und wählen Sie im Kontextmenü den Befehl **Verschieben oder kopieren**. Im Dialog **Verschieben oder kopieren** wählen Sie im Feld **Zur Mappe** die Arbeitsmappe aus, in die das Blatt eingefügt werden soll. Im Feld **Einfügen vor** können Sie das Register festlegen, vor dem das Blatt ergänzt werden soll. Falls das Blatt nur kopiert, also nicht verschoben werden soll, versehen Sie das Kästchen **Kopie erstellen** mit einem Häkchen. Bestätigen Sie die Einstellungen mit **OK**. Das Tabellenblatt wird nun in die ausgewählte Arbeitsmappe verschoben bzw. kopiert.

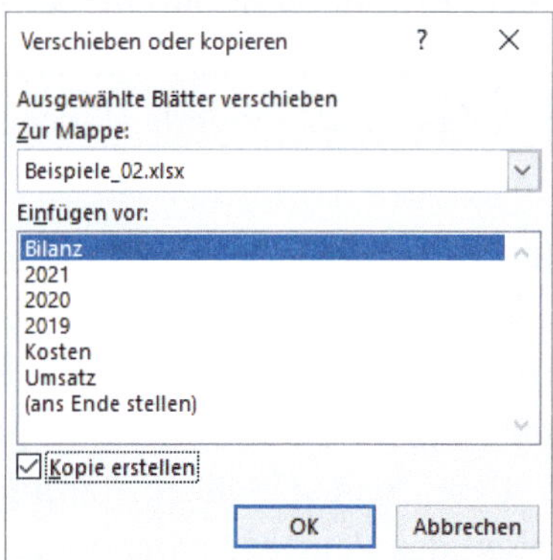

Tipp 023

Arbeitsblätter in eigenen Fenstern nebeneinander anordnen

Die Fenster unterschiedlicher Arbeitsmappen nebeneinander anzuzeigen, ist schnell erledigt, wie der vorige Tipp gezeigt hat. Doch was tun, wenn man verschiedene Tabellenblätter innerhalb einer Arbeitsmappe vergleichen und sie hierfür ebenfalls nebeneinander anordnen möchte? Mit einem kleinen Trick ist dies ebenfalls möglich:

1. Stellen Sie sicher, dass die gewünschte Arbeitsmappe geöffnet ist. Klicken Sie im Register **Ansicht** in der Gruppe **Fenster** auf **Neues Fenster** (7 in der Abbildung zu Tipp 022 auf Seite 42). Die Arbeitsmappe wird nun nochmals in einem weiteren Fenster gezeigt. In der Titelleiste erscheint hinter dem Namen der Arbeitsmappe eine **2** 8.

2. Ordnen Sie die geöffneten Fenster so nebeneinander an, wie in den Schritten 2 und 4 des vorigen Tipps gezeigt wurde. Sie können in beiden Fenstern wie gewohnt arbeiten, also Tabellenblätter auswählen, Daten eingeben und mehr. Wenn die Option **Synchrones Scrollen**, die automatisch beim Anordnen der Fenster aktiviert wurde, Sie stört, entfernen Sie einfach das entsprechende Häkchen im Register **Ansicht**.

3. Um ein Fenster einer Arbeitsmappe wieder zu schließen, reicht ein Klick auf das **Schließen**-Symbol × 9 in der rechten oberen Ecke des Fensters. Ist weiterhin ein Fenster der Arbeitsmappe geöffnet, müssen Sie die vorgenommenen Änderungen zuvor nicht speichern, denn sie bleiben auch beim Schließen des Fensters erhalten. Erst

dann, wenn Sie das letzte Fenster schließen, ohne die Datei in der Zwischenzeit gesichert zu haben, erscheint wie gewohnt die Nachfrage, ob die Änderungen gespeichert werden sollen oder nicht.

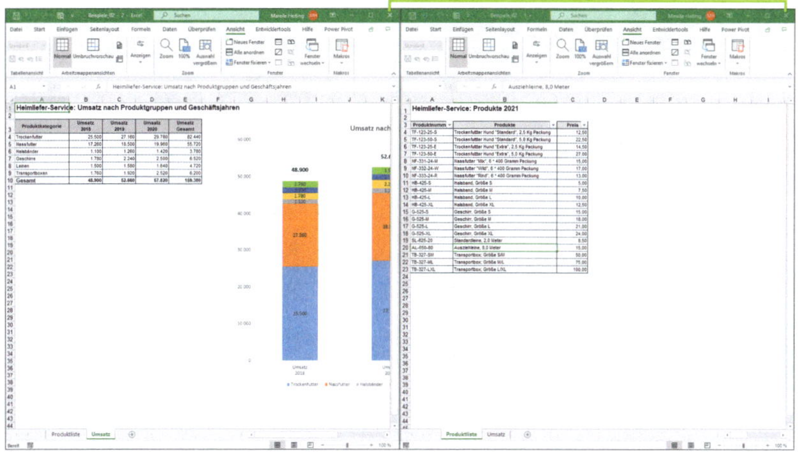

Komplexe Dateneingabe leicht gemacht

Datenbanken erstellen und nutzen

Große Datenmengen, die die gleiche Struktur aufweisen, werden meist in Datenbanken gespeichert. Ein klassisches Beispiel hierfür sind etwa umfangreiche Adresslisten. Um eine solche Datenbank zu erstellen, benötigen Sie keine spezielle Software wie etwa *Access* von Microsoft. Denn auch in Excel lässt sich eine einfache Datenbank anlegen. Hierfür wird der entsprechende Zellbereich als Tabelle formatiert. Für Analysen und Abfragen stellt Excel sogar spezielle Datenbankfunktionen zur Verfügung.

Einen Zellbereich als Tabelle formatieren

Tipp 024

Der erste Schritt beim Anlegen einer Datenbank besteht darin, sich eine passende Struktur zu überlegen: Welche Daten sollen erfasst werden, wie lassen sich diese am besten über mehrere Spalten hinweg verteilen? Jede dieser Spalten sollte mit einer aussagekräftigen, eindeutigen Überschrift versehen werden.

1. Geben Sie in einer neuen Excel-Arbeitsmappe zunächst die gewünschten Spaltenüberschriften ein. Falls es sich bei Ihren Daten um eine Adressliste handelt, die Sie später z. B. für einen Word-Serienbrief nutzen möchten, sollten Sie die Überschriften direkt in der ersten Zeile eingeben (1).
2. In der Zeile direkt unterhalb der Überschriften (im Beispiel also in Zeile 2) geben Sie nun die ersten Daten ein (2).

3. Markieren Sie nun eine beliebige, bereits mit Daten oder auch einer Überschrift gefüllte Zelle. In unserem Beispiel wählen wir hierfür Zelle B2 aus (3).

4. Wechseln Sie nun in das Register **Einfügen**. Klicken Sie hier in der Gruppe **Tabellen** auf **Tabelle** (4). Der Dialog **Tabelle erstellen** wird geöffnet.

5. Enthält Ihre Tabelle wie unser Beispiel Überschriften, sollte das Kontrollkästchen vor **Tabelle hat Überschriften** (5) mit einem Häkchen versehen sein.

6. Im Feld **Wo sind die Daten für die Tabelle?** wird bereits ein Zellbereich vorgeschlagen (6). Dieser wird im Tabellenblatt selbst durch einen gestrichelten Rahmen gekennzeichnet (7). Hat Excel den gewünschten Bereich korrekt erkannt, bestätigen Sie den Dialog mit **OK**. Falls nicht, klicken Sie im Dialog auf das Symbol [↑] (8) und markieren nun selbst den gewünschten Zellbereich. Mit einem Klick auf das Symbol [↓] wird der Dialog wieder in voller Größe angezeigt, sodass Sie ihn nun ebenfalls mit **OK** schließen können. Excel erstellt nun eine Tabelle, die auch gleich formatiert wird.

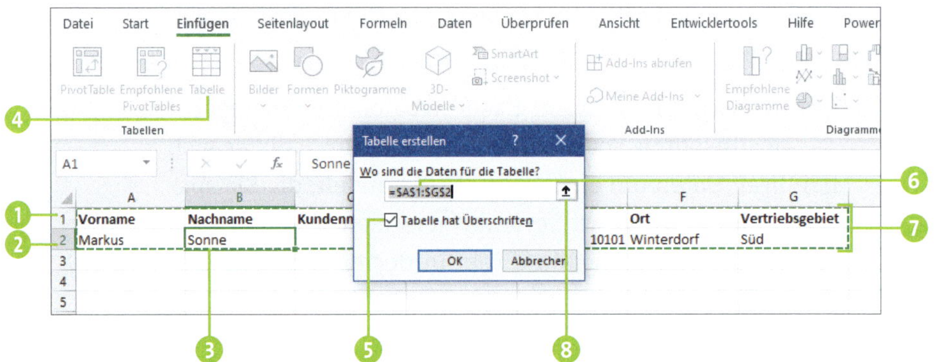

Tabellenformat anpassen

Tipp 025

Das von Excel automatisch für die Tabelle gewählte Format gefällt Ihnen nicht? Im Register **Tabellenentwurf** finden Sie in der Gruppe **Tabellenformatvorlagen** eine Vielzahl anderer Formatierungsvorschläge. Das komplette Angebot blenden Sie mit einem Klick auf den Pfeil rechts unten 1 ein. Positionieren Sie den Mauszeiger auf einer der Vorlagen, können Sie die Formatierung in Ihrer Tabelle begutachten. Gefällt Ihnen eine Vorlage, wenden Sie sie per Mausklick auf die Tabelle an.

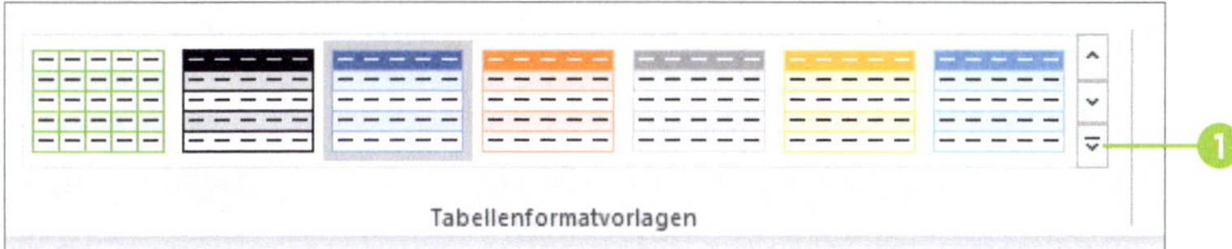

Tabellenbereich korrigieren

Tipp 026

Der von Excel bzw. Ihnen selbst im Dialog **Tabelle erstellen** ausgewählte Tabellenbereich wird in der rechten unteren Ecke durch eine kleine Eckmarkierung 1 gekennzeichnet. Ergänzen Sie in der Tabelle weitere Daten, wird der Zellbereich automatisch erweitert. Dies sollte auch dann passieren, wenn Sie z. B. zusätzliche Spalten hinzufügen. Passt Excel den Zellbereich nicht automatisch an, müssen Sie nachhelfen. Hierzu positionieren Sie den Mauszeiger auf der winzigen Markierung. Wenn er die Form eines Doppelpfeils 2 annimmt, verschieben Sie ihn mit gedrückter linker Maustaste so, dass der gesamte Zellbereich wieder markiert ist.

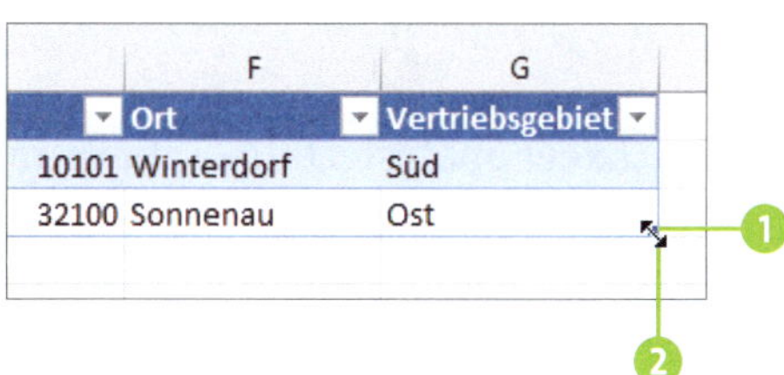

Tipp 027

Duplikate entfernen

Gerade in umfangreichen Tabellen kann es durchaus passieren, dass sich ein doppelter Datensatz einschleicht. Excel bietet eine spezielle Funktion an, mit der sich solche Duplikate schnell aufspüren und eliminieren lassen:

1. Markieren Sie eine beliebige Zelle innerhalb des Zellbereichs der Tabelle, um auf das Register **Tabellenentwurf** zugreifen zu können ①. Wird eine Zelle außerhalb dieses Bereichs markiert, ist das Register nicht verfügbar.
2. Klicken Sie im Register **Tabellenentwurf** in der Gruppe **Tools** auf **Duplikate entfernen** ②.
3. Im gleichnamigen Dialog werden nun alle Spaltenüberschriften aufgelistet. Hier sollte mindestens eine Spalte markiert sein, die Duplikate enthält. Der Einfachheit halber behalten Sie die Voreinstellung **Alles markieren** bei ③. Bestätigen Sie den Dialog mit **OK**.

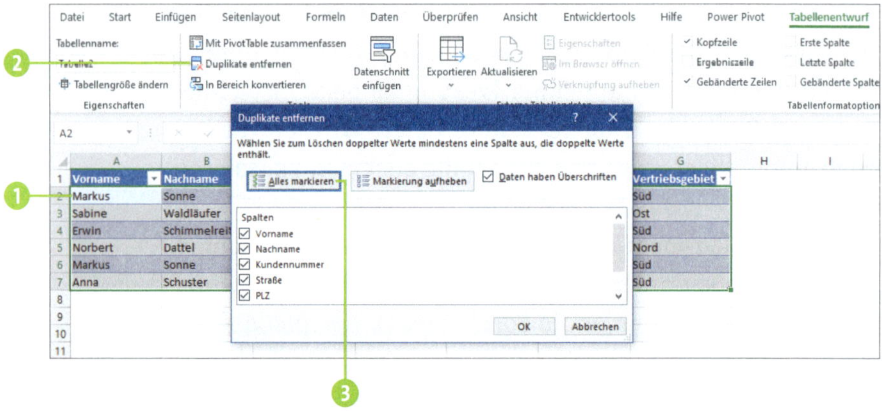

4. Excel analysiert die Tabelle nun. Spürt es einen doppelten Datensatz auf, wird dieser sofort entfernt. Wie viele Duplikate entdeckt und gelöscht wurden, wird anschlie-

ßend in einem Hinweis eingeblendet, den Sie mit **OK** schließen können.

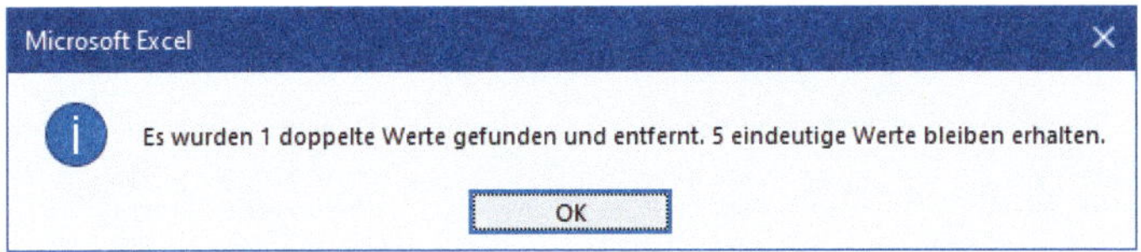

Schnelle Analysen mithilfe der Ergebniszeile

Tipp 028

Sie möchten gerne wissen, wie viele Datensätze die Datenbank enthält? Ein paar grundlegende Informationen zur Tabelle lassen sich bereits über die sog. *Ergebniszeile* anzeigen:

1. Um die Ergebniszeile einzublenden, wechseln Sie in das Register **Tabellenentwurf**. Versehen Sie in der Gruppe **Tabellenformatoptionen** das Kontrollkästchen **Ergebniszeile** mit einem Häkchen ①. Ist die **Schaltfläche "Filter"** aktiviert ②, können Sie die Tabelle übrigens über die Pfeilsymbole in den Spaltenüberschriften filtern, wie bereits im Abschnitt »Gezielte Datensuche durch den Einsatz von Filtern« ab Seite 36 beschrieben wurde.

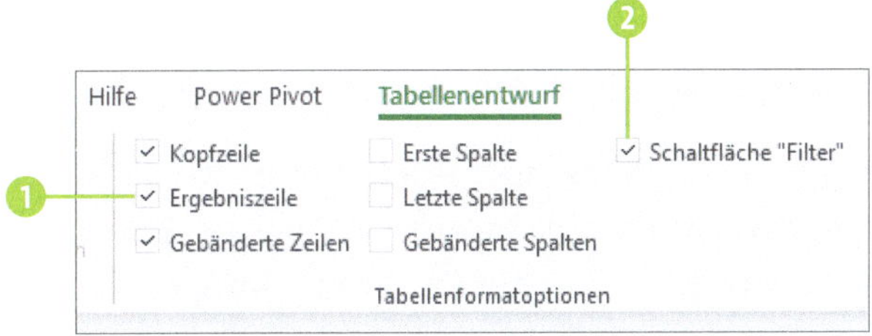

2. Unterhalb der Tabelle wird nun eine weitere Zeile, sprich die besagte Ergebniszeile, eingeblendet. Klicken Sie eine Zelle innerhalb dieser Zeile an, wird an ihrem rechten Rand ein Pfeilsymbol angezeigt ③. Nach einem Klick hierauf klappt eine Liste mit diversen Funktionen aus.

Möchten Sie z. B. wissen, wie viele Datensätze Ihre Tabelle enthält, wählen Sie **Anzahl** 4. Das Ergebnis wird nun in der Zelle eingeblendet.

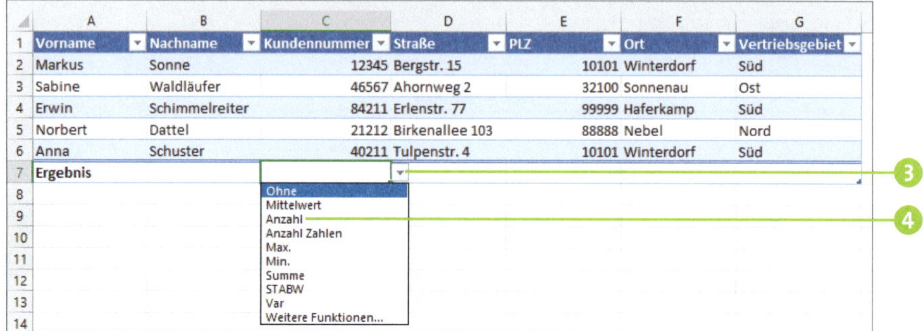

	A	B	C	D	E	F	G
1	Vorname	Nachname	Kundennummer	Straße	PLZ	Ort	Vertriebsgebiet
2	Markus	Sonne	12345	Bergstr. 15	10101	Winterdorf	Süd
3	Sabine	Waldläufer	46567	Ahornweg 2	32100	Sonnenau	Ost
4	Erwin	Schimmelreiter	84211	Erlenstr. 77	99999	Haferkamp	Süd
5	Norbert	Dattel	21212	Birkenallee 103	88888	Nebel	Nord
6	Anna	Schuster	40211	Tulpenstr. 4	10101	Winterdorf	Süd
7	Ergebnis						

Tipp 029 Ein kurzer Blick auf Excels Datenbankfunktionen

Excel kann mit seinen Datenbankfunktionen zwar nicht mit einem Programm wie Microsoft Access mithalten, für grundlegende Abfragen und Analysen reichen sie aber allemal aus. Da das Thema Formeln und Funktionen ausführlich im Kapitel »Richtiger Umgang mit Formeln und Funktionen« ab Seite 77 behandelt wird, soll in diesem Tipp nur kurz gezeigt werden, wie Sie die Datenbankfunktionen erreichen:

1. Um sich einen Überblick über die Datenbankfunktionen zu verschaffen, wechseln Sie in das Register **Formeln**. Klicken Sie hier ganz links auf **Funktion einfügen** 1.

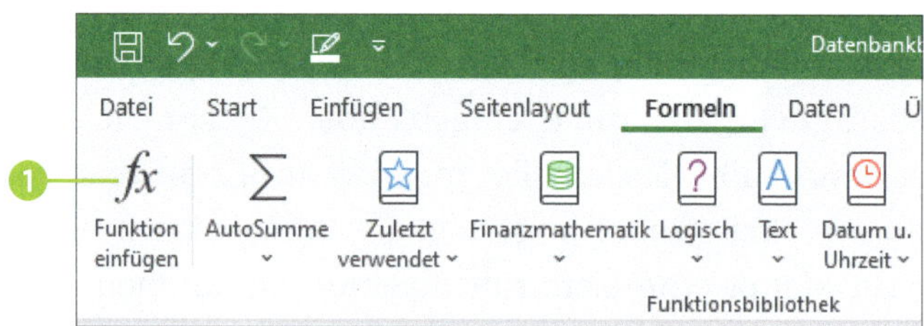

2. Dadurch wird der Dialog **Funktion einfügen** gestartet. Wählen Sie im Feld **Kategorie auswählen** den Eintrag **Datenbank** 2 aus.

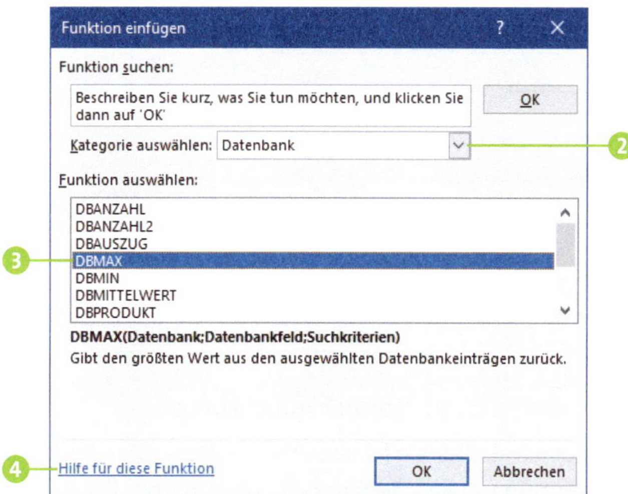

3. In der Liste **Funktion auswählen** werden nun alle verfügbaren Datenbankfunktionen aufgelistet.

4. Um nähere Informationen zu einer Funktion zu erhalten, markieren Sie diese 3. Reichen die nun eingeblendeten Hinweise noch nicht aus, können Sie über den Link **Hilfe für diese Funktion** 4 weitere Informationen über das Internet beziehen.

5. Haben Sie die gewünschte Funktion gefunden und markiert, bestätigen Sie den Dialog mit **OK**.

6. Nun wird der Dialog **Funktionsargumente** eingeblendet, in dem Sie die Argumente für die ausgewählte Funktion eintragen und dann mit **OK** bestätigen.

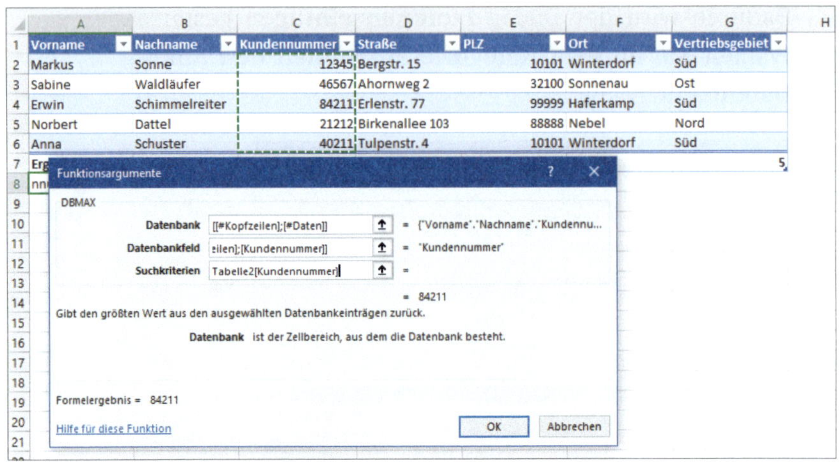

Tabelle wieder in einen Bereich konvertieren

Sie können einen als Tabelle formatierten Zellbereich jederzeit wieder in einen normalen Zellbereich konvertieren. Formate wie Füllfarben von Zellen oder auch Rahmen bleiben nach der Konvertierung weiterhin erhalten. Falls Sie auch diese entfernen möchten, wählen Sie im Register **Tabellenentwurf** in der Gruppe **Tabellenformatvorlagen** die Vorlage **Keine** aus. Klicken Sie dann im Register **Tabellenentwurf** in der Gruppe **Tools** auf **In Bereich konvertieren**. Bestätigen Sie die folgende Nachfrage mit **Ja**.

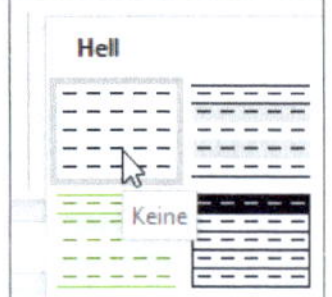

Daten aus externen Quellen importieren

Am bequemsten ist es sicherlich, wenn Sie in Excel eine Datei öffnen können, die bereits im passenden Format, also als Excel-Arbeitsmappe, gespeichert wurde. Im Berufsalltag werden Sie allerdings immer wieder mit Dateien konfrontiert werden, die in einem sog. Zwischenformat vorliegen. Die bekanntesten Zwischenformate sind Textdateien mit den Dateiendungen *.txt* und *.csv* (Abkürzung für *comma-separated values*). Diese Formate unterstützen den Datenaustausch zwischen Programmen, zwischen denen ein direkter Datenaustausch nicht möglich ist. Die einzelnen Daten werden hierbei durch bestimmte Zeichen wie Komma (,) oder Semikolon (;) voneinander getrennt. Die ursprüngliche Formatierung geht dabei meist verloren, die Daten selbst bleiben aber erhalten. Die folgenden Tipps zeigen, wie sich solche Dateien in Excel importieren lassen.

In drei Schritten zum Ziel: der Textkonvertierungs-Assistent

Tipp 030

Dateien im *.txt*-Format lassen sich nicht direkt in Excel bearbeiten, sondern müssen zunächst konvertiert werden. Dazu bietet Excel einen Importassistenten, der Sie bei der Konvertierung unterstützt.

1. Um eine *.txt*-Datei in Excel zu öffnen, rufen Sie zunächst **Datei ▸ Öffnen** auf und klicken auf **Durchsuchen**. Im Dialog **Öffnen** stellen Sie im Feld rechts vom Dateinamen **Alle Dateien (*.*)** ein. Navigieren Sie dann zu der gewünschten Datei, markieren Sie sie, und bestätigen Sie mit **Öffnen**.
2. Excel öffnet nun den **Textkonvertierungs-Assistenten**. In diesem müssen Sie zunächst den ursprünglichen Datentyp angeben, der Ihre Daten am besten beschreibt. In den meisten Fällen wird es sich um die Option **Getrennt** ①

handeln, bei der die einzelnen Daten durch ein Zeichen wie Komma oder Semikolon getrennt sind.

3. Geben Sie an, ab welcher Zeile der Datei die Daten importiert werden sollen ❷. Hat die zu importierende Datei Überschriften, müssen Sie noch ein Häkchen vor **Die Daten haben Überschriften** setzen ❸. Bestätigen Sie Ihre Eingaben mit **Weiter**.

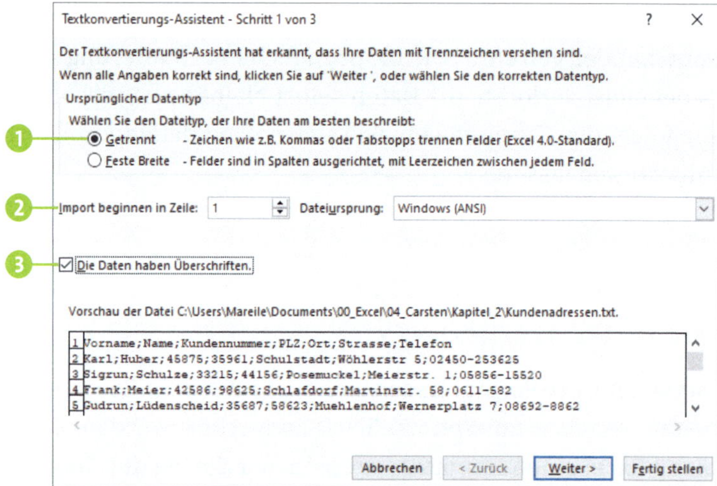

4. Im nächsten Schritt geben Sie durch Setzen des entsprechenden Häkchens an, welches Zeichen als Trennzeichen genutzt wird. In unserem Beispiel wählen wir das **Semikolon** ❹. Sollten weder **Tabstopp**, **Semikolon**, **Komma** oder **Leerzeichen** als Trennzeichen genutzt werden, markieren Sie **Andere** und geben das entsprechende Zeichen in das vorgesehene Feld ein ❺. Im Bereich **Datenvorschau** können Sie die Trennung der einzelnen Daten bereits überprüfen ❻. Klicken Sie erneut auf **Weiter**.

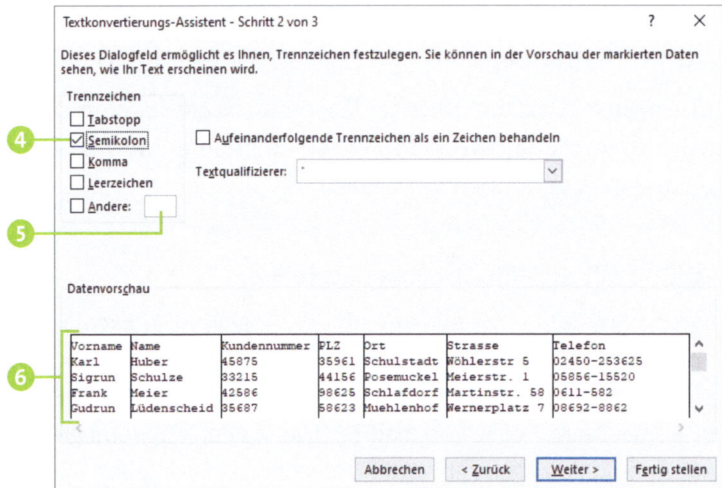

5. Im dritten Schritt haben Sie die Möglichkeit, für jede einzelne Spalte das Datenformat festzulegen. In den meisten Fällen ist die Voreinstellung **Standard** 7 die beste. Sie können auch Spalten vom Import ausschließen. Sobald Sie die entsprechende Option 8 aktiviert haben, müssen Sie die einzelnen Spalten nur noch per Mausklick markieren 9. Beenden Sie Ihre Eingaben mit **Fertig stellen**.

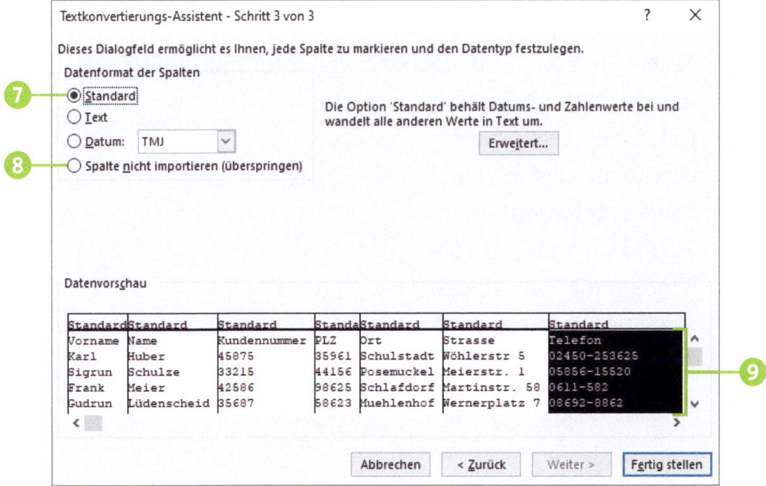

Die Daten werden nun konvertiert und können danach in Excel normal gespeichert oder weiterverarbeitet werden.

Im Gegensatz zu *.txt*-Dateien lassen sich *.csv*-Dateien übrigens im Normalfall direkt mit Excel öffnen, indem Sie die Datei im Explorer doppelt anklicken.

Daten mit der Blitzvorschau aufteilen

Wenn Sie Daten aus einem anderen Programm in Excel importieren, kann es passieren, dass die Datenübernahme nicht immer der von Ihnen gewünschten Struktur entspricht. Ein Beispiel hierfür sind Vor- und Familienname, die womöglich in einer Zelle angezeigt werden, obwohl Sie zwei Zellen wünschen. Damit Vor- und Familienname in zwei getrennten Zellen dargestellt werden, müssen Sie dank der Blitzvorschau in Excel zum Glück nicht alle Daten neu eingeben. Angenommen, die Spalte A enthält sowohl den Vor- als auch den Familiennamen: Geben Sie in der Spalte B den ersten Vornamen ein, und drücken Sie die Taste [↵]. Sobald Sie in der nächsten Zeile der Spalte B den ersten Buchstaben des zweiten Vornamens tippen, bietet Excel Ihnen den entsprechenden Vornamen und automatisch auch alle folgenden an. Sind die angezeigten Vorschläge korrekt, übernehmen Sie sie durch Drücken der [↵]-Taste. Entsprechend verfahren Sie bei den Nachnamen. Sobald Sie die Daten ergänzt haben, erscheint das Symbol **Blitzvorschauoptionen**. Ein Klick hierauf, und Sie können die Vorschläge akzeptieren oder auch gleich wieder rückgängig machen.

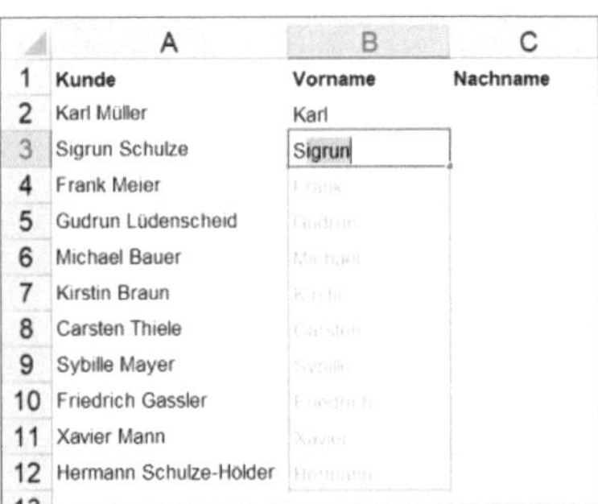

	A	B	C
1	Kunde	Vorname	Nachname
2	Karl Müller	Karl	
3	Sigrun Schulze	Sigrun	
4	Frank Meier		
5	Gudrun Lüdenscheid		
6	Michael Bauer		
7	Kirstin Braun		
8	Carsten Thiele		
9	Sybille Mayer		
10	Friedrich Gassler		
11	Xavier Mann		
12	Hermann Schulze-Hölder		

Daten abrufen: die elegante Alternative

Tipp 031

Wenn Sie häufiger aktuelle Daten aus externen Quellen laden müssen, ist der Weg über den Importassistenten, wie im vorigen Tipp gezeigt, auf Dauer recht umständlich. Weitaus praktischer ist es, stattdessen eine Verbindung zur externen Datenquelle einzurichten. Excel bietet mehrere Möglichkeiten an, um Daten aus Dateien, Datenbanken und anderen Quellen, wie dem Web, zu importieren.

Müssen Sie z.B. regelmäßig aktuelle Adressdaten aus einer *.txt*-Datei importieren, gehen Sie folgendermaßen vor:

1. Klicken Sie im Register **Daten** in der Gruppe **Daten abrufen und transformieren** auf die Schaltfläche **Daten abrufen**. In der aufklappenden Liste wählen Sie **Aus Datei ▸ Aus Text/CSV** 1 aus.

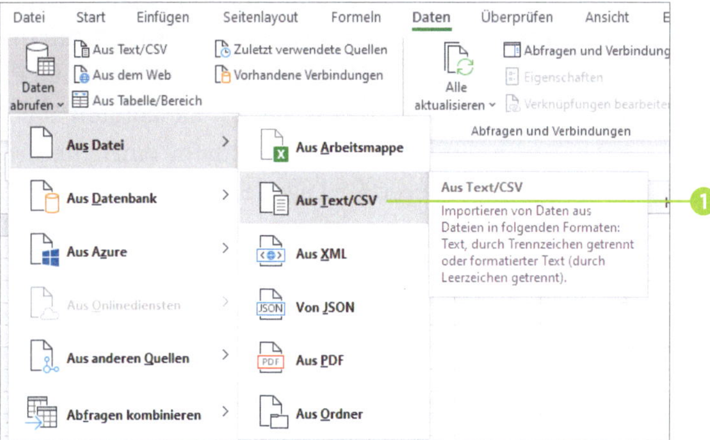

2. Im Dialog **Daten importieren** wählen Sie nun die entsprechende Datei aus und bestätigen mit **Importieren**.

3. Excel blendet ein Dialogfenster ein, in dem die zu importierenden Daten 2, der ursprüngliche Dateiname 3 und mehrere Schaltflächen für die weitere Bearbeitung zu

finden sind. Klicken Sie direkt auf die Schaltfläche **Laden** (4), werden die Daten auch schon direkt als Tabelle in ein neues Arbeitsblatt importiert.

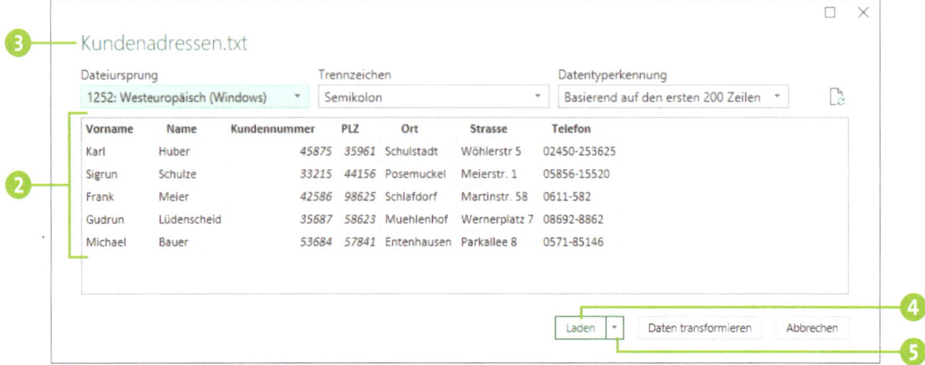

4. Klicken Sie dagegen auf den Pfeil rechts von der Schaltfläche (5), wird Ihnen zusätzlich die Alternative **Laden in** angeboten. Ein Klick hierauf öffnet den Dialog **Daten importieren**. In diesem wählen Sie aus, ob die Daten in eine **Tabelle**, in einen **PivotTable-Bericht** oder in einen **PivotChart** importiert werden sollen (6). Sie können auch nur eine Verbindung zur Ursprungsdatei einrichten, ohne Daten zu importieren (7). Legen Sie außerdem fest, ob die Daten in das bestehende (8) oder in ein neues Arbeitsblatt (9) importiert werden sollen. Bestätigen Sie Ihre Einstellungen mit **OK**.

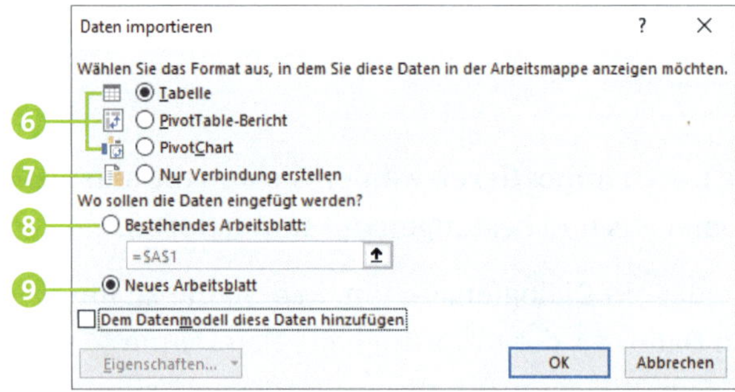

5. In unserem Beispiel aus der Abbildung oben importiert Excel die Daten nun als Tabelle in ein neues Arbeitsblatt. Im Menüband wird automatisch das Register **Tabellenentwurf** angezeigt. Am rechten Bildrand klappt der Aufgabenbereich **Abfragen und Verbindungen** auf.

	A	B	C	D	E	F	G
1	Vorname	Name	Kundennummer	PLZ	Ort	Strasse	Telefon
2	Karl	Huber	45875	35961	Schulstadt	Wöhlerstr 5	02450-253625
3	Sigrun	Schulze	33215	44156	Posemuckel	Meierstr. 1	05856-15520
4	Frank	Meier	42586	98625	Schlafdorf	Martinstr. 58	0611-582
5	Gudrun	Lüdenscheid	35687	58623	Muehlenhof	Wernerplatz 7	08692-8862
6	Michael	Bauer	53684	57841	Entenhausen	Parkallee 8	0571-85146

6. Vergessen Sie nicht, die Datei über **Datei ▸ Speichern unter ▸ Durchsuchen** am gewünschten Speicherort und mit einem aussagekräftigen Dateinamen zu sichern. Lesen Sie hierzu auch den folgenden Kasten »Sicherheit geht vor«.

Sicherheit geht vor

Beim ersten Öffnen einer Arbeitsmappe, die Daten aus externen Quellen verwendet, deaktiviert Excel die Verbindung zur externen Datenquelle. Unterhalb des Menübandes erscheint eine entsprechende Warnmeldung. Wenn Sie die Datenquelle als vertrauenswürdig einstufen, können Sie die Verbindung über die Schaltfläche **Inhalt aktivieren** wieder freigeben und danach die Daten aktualisieren. Beim künftigen Öffnen der Arbeitsmappe wird die Verbindung automatisch als vertrauenswürdig eingestuft und die Sicherheitsabfrage entfällt.

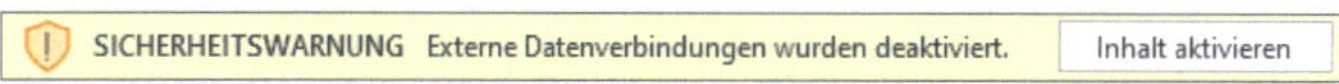

Tipp 032 Datenaktualisierung per Mausklick

Um künftig die jeweils aktuellen Daten aus der externen Quelle zu importieren, bedarf es nur weniger Mausklicks.

Nachdem Sie die Datei geöffnet haben, wechseln Sie in das Register **Daten** und klicken in der Gruppe **Abfragen und Verbindungen** auf **Alle aktualisieren**. Hierdurch wird der Import der neuesten Daten aus der externen Quelldatei gestartet. Die Daten werden direkt aus der externen Quelle in die Tabelle übernommen, Sie müssen die Datei nur noch erneut sichern.

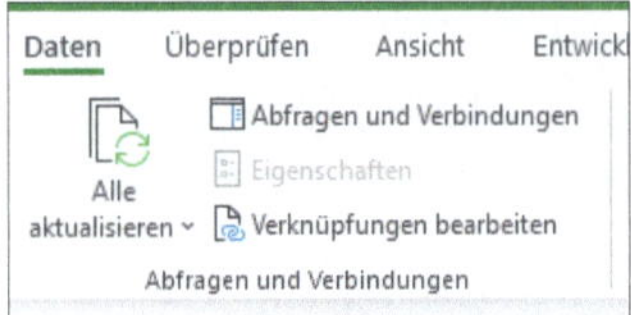

Verbindung aufheben

Möchten Sie die Verbindung zu einer externen Datenquelle aufheben, wählen Sie im Register **Tabellenentwurf** in der Gruppe **Externe Tabellendaten** die Schaltfläche **Verknüpfung aufheben** aus. Die folgende Abfrage bestätigen Sie mit **OK**. Damit wird die Verbindung entfernt und die Tabelle künftig nicht mehr aktualisiert.

Tipp 033 Ein Schritt weiter: der Power Query-Editor

Bei überschaubaren Datenmengen und relativ unkomplizierten Datenstrukturen können Sie mit dem in Tipp 031 auf Seite 59 gezeigten Vorgehen externe Daten schnell und unkompliziert in Excel importieren. Bei großen Datenmengen oder komplexen Datenstrukturen bietet sich jedoch ein etwas anderes Vorgehen an, das zusätzliche Möglichkeiten der Datenbearbeitung vor dem eigentlichen Import bietet.

Im folgenden Beispiel sollen Produktdaten eines Lieferanten aus einer Datei namens *Input_Produktdaten.pdf* in Excel importiert werden.

1. Klicken Sie zunächst im Register **Daten** in der Gruppe **Daten abrufen und transformieren** auf die Schaltfläche **Daten abrufen**. Für unser Beispiel wird in der aufklappenden Liste nun **Aus Datei ▸ Aus PDF** gewählt.
2. Im Dialog **Daten importieren** navigieren Sie zur gewünschten Datei, markieren sie und bestätigen dann mit **Importieren**.

   Excel öffnet nun den Navigator, der in der linken Spalte alle vorhandenen Elemente innerhalb der *.pdf*-Quelldatei auflistet, im Beispiel die eigentliche Tabelle und das gesamte Blatt. Klicken Sie auf ein Element (hier **Table001 (Page1)** ①, wird in der rechten Spalte eine Vorschau der Daten angezeigt.

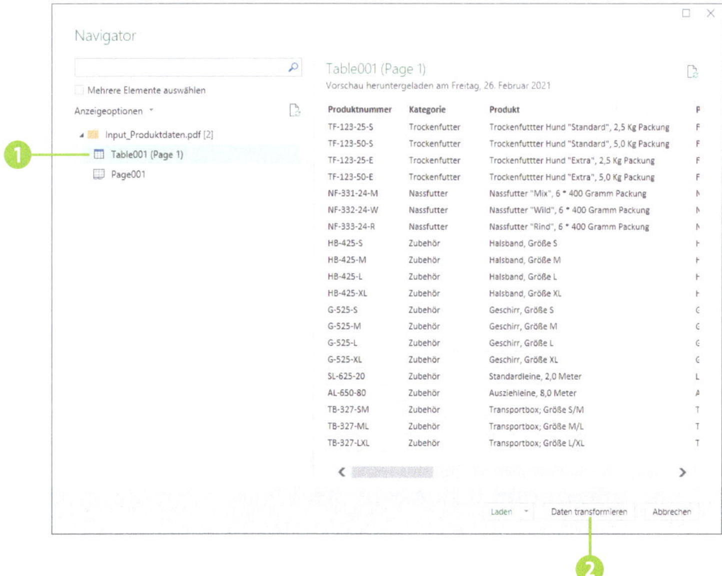

3. Im Unterschied zum Beispiel in Tipp 031 auf Seite 59, in dem die Daten direkt über die Schaltfläche **Laden** importiert wurden, klicken Sie jetzt auf **Daten transformieren** ②. Hierdurch wird der *Power Query-Editor* in einem eigenen Fenster geöffnet.

Tipp 034

Datenbearbeitung leicht gemacht

Der Power Query-Editor bietet Ihnen in den Registern **Start**, **Transformieren**, **Spalte hinzufügen** und **Ansicht** umfangreiche Möglichkeiten, die Daten aus der externen Quelle zu bearbeiten, bevor sie in das Excel-Dateiformat konvertiert werden:

1. So können Sie z.B. Spalten, die Sie nicht interessieren, aus der Tabelle löschen. Markieren Sie hierzu die Spalte ①, und klicken Sie dann im Register **Start** auf die Schaltfläche **Spalten entfernen** ②.

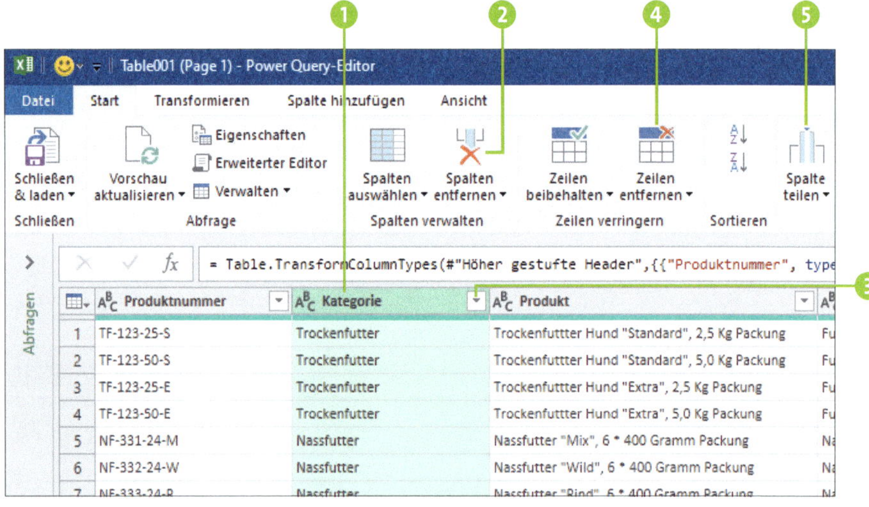

2. Weitere Bearbeitungsmöglichkeiten sind u.a. der Einsatz von Filtern durch Auswahl des Pfeils in der Überschrift

der jeweiligen Spalte 3, das Entfernen von Zeilen 4 oder auch das Teilen von Spalten 5, die zusammengesetzte Informationen wie PLZ und Ort enthalten. Die Methode entspricht dabei weitgehend dem Vorgehen, das Sie in Tipp 030 auf Seite 55 bei der Nutzung des *Textkonvertierungs-Assistenten* kennengelernt haben.

3. Sinnvoll ist die Kontrolle des Datentyps. Hierzu markieren Sie zunächst eine Spalte. Der Datentyp dieser Spalte wird nun im Register **Start** in der Gruppe **Transformieren** im Feld **Datentyp** 6 angezeigt. Möchten Sie den Datentyp ändern, klappen Sie mit einem Klick auf den Pfeil 7 am rechten Rand des Feldes die Auswahlliste auf und markieren den gewünschten Datentyp.

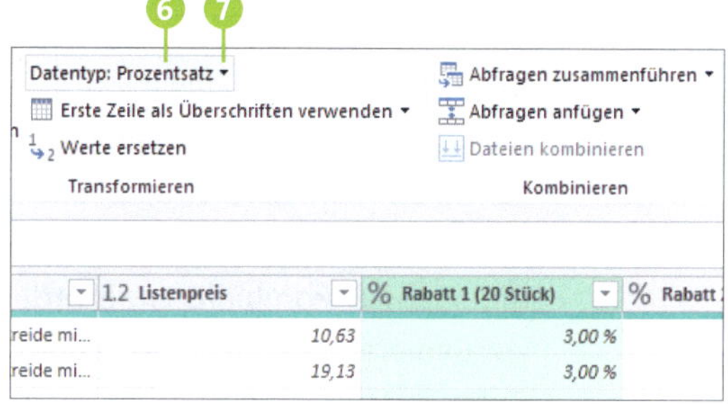

4. Haben Sie die Bearbeitung abgeschlossen, starten Sie den Import. Klicken Sie hierzu im Register **Start** auf den Pfeil rechts oder unterhalb von **Schließen & laden** 8. In der aufklappenden Liste haben Sie nun die Wahl zwischen **Schließen & laden** sowie **Schließen & laden in**. Im ersten Fall werden die Daten direkt als Tabelle in ein neues Arbeitsblatt importiert, im zweiten Fall haben Sie wieder die Auswahl zwischen **Tabelle**, **PivotTable-Bericht**, **PivotChart** oder **Verbindung**.

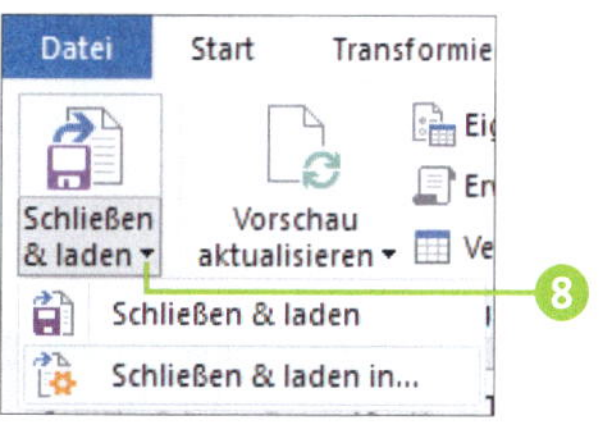

5. Über **Datei ▸ Speichern unter ▸ Durchsuchen** wählen Sie den Speicherort aus, tragen einen entsprechenden Dateinamen ein und bestätigen mit **Speichern**.

Abfragen verbinden

Über den Power Query-Editor lassen sich zwei oder mehr Dateien aus Excel selbst oder aus externen Quellen heraus öffnen und miteinander verbinden. Haben Sie z. B. eine Datei mit Produktpreisen und eine Datei mit weiteren Produktdetails vorliegen, können Sie die Informationen kombinieren, sofern in beiden Dateien eine übereinstimmende Spalte (z. B. die Produktnummer) enthalten ist.

Hierzu öffnen Sie über **Start ► Neue Abfrage ► Neue Quelle** nacheinander die beiden Dateien und legen sie als Abfrage im Power Query-Editor ab. Über die Schaltfläche **Abfragen zusammenführen**, die Sie in der Gruppe **Kombinieren** im Register **Start** finden, öffnen Sie das Dialogfenster **Zusammenführen**, in dem Sie die Abfragen über die als Schlüssel dienenden übereinstimmenden Spalten, im Beispiel *Produktnummer*, miteinander kombinieren. Hierdurch werden beide Abfragen kombiniert. Über **Start ► Schließen & laden** können Sie die Daten zur weiteren Bearbeitung nun nach Excel importieren.

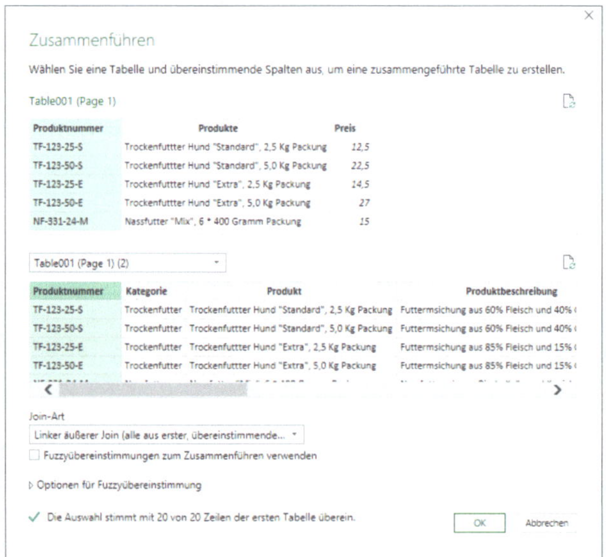

Excel-Dateien miteinander kombinieren

Nicht immer befinden sich die Daten, mit denen Sie arbeiten wollen, in einem einzigen Arbeitsblatt. Stattdessen muss man häufig auf Daten in anderen Tabellenblättern oder anderen Arbeitsmappen zugreifen.

Zugriff auf andere Tabellenblätter

Tipp 035

Müssen Sie für eine Berechnung oder eine Analyse auf Daten zugreifen, die sich in einem anderen Tabellenblatt innerhalb der gleichen Arbeitsmappe befinden? Dies ist ohne allzu großen Aufwand möglich. In unserem Beispiel soll für die Planung der Umsatzboni 2021 im Tabellenblatt **Plan Umsatzboni 2021** auf die Bonusdaten in der Zelle E4 des Tabellenblatts **Umsatzboni 2020** zugegriffen werden. Hierzu sind folgende Schritte nötig:

1. Markieren Sie zunächst im Tabellenblatt **Plan Umsatzboni 2021** die Zelle, in die der Bezug zum anderen Tabellenblatt eingefügt werden soll. Im Beispiel handelt es sich dabei um die Zelle **C4** (1). Geben Sie hier ein Gleichheitszeichen (=) ein.
2. Wechseln Sie nun in das Tabellenblatt, das die benötigten Daten enthält, hier also **Umsatzboni 2020** (2). Markieren Sie die entsprechende Zelle per Mausklick (im Beispiel die Zelle E4), und drücken Sie die Taste [↵].
3. Excel zeigt nun automatisch wieder das Tabellenblatt **Plan Umsatzboni 2021** an. In der Zelle C4 wurde der Zelladresse E4 der Blattname vorangestellt, in Hochkomma-

ta eingeschlossen und mit einem Ausrufezeichen versehen. In unserem Beispiel lautet die Formel in C4 also: `='Plan Umsatzboni 2020'!E4` ③. Beachten Sie, dass hier ein relativer Zellbezug erzeugt wird (siehe dazu Tipp 007 auf Seite 21).

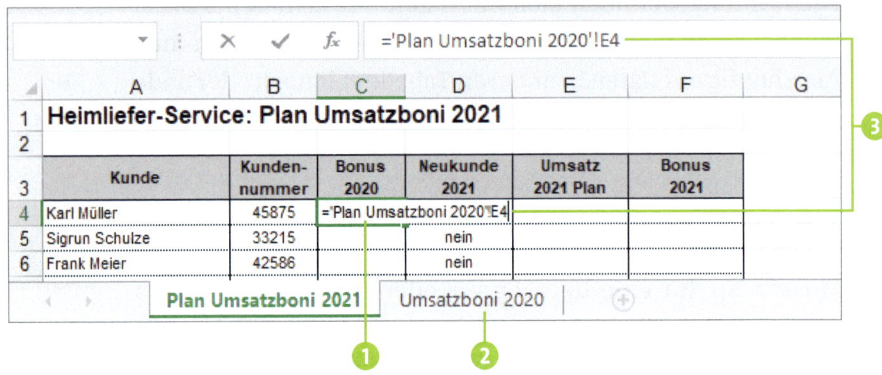

Tipp 036

Zugriff auf andere Arbeitsmappen

Müssen Sie auf Daten zugreifen, die sich in einer anderen Datei befinden, ändert sich die Syntax des Zellbezugs: Der Zelladresse wird der Dateiname inklusive Dateikennung in eckigen Klammern und der Blattname mit einem Ausrufezeichen vorangestellt. Wie Sie einen Bezug auf Zellen in einer anderen Arbeitsmappe herstellen, zeigt das folgende Beispiel:

1. Stellen Sie zunächst sicher, dass die Datei, auf die Sie zugreifen wollen, geöffnet ist. In unserem Beispiel handelt es sich dabei um die Datei *Umsatzboni_2020.xlsx*.
2. Bei der Arbeitsmappe, in die der Zellbezug auf diese Datei eingetragen werden soll, handelt es sich um die Datei *Umsatzboni_2021.xlsx*. Markieren Sie hier die Zelle, in die der Zellbezug eingefügt werden soll, im Beispiel C4, und geben Sie ein Gleichheitszeichen (=) ein.

3. Setzen Sie den Mauszeiger nun in der Taskleiste auf das Excel-Icon ❶, und klicken Sie die Miniaturvorschau der Datei **Umsatzboni_2020.xlsx** ❷ an.

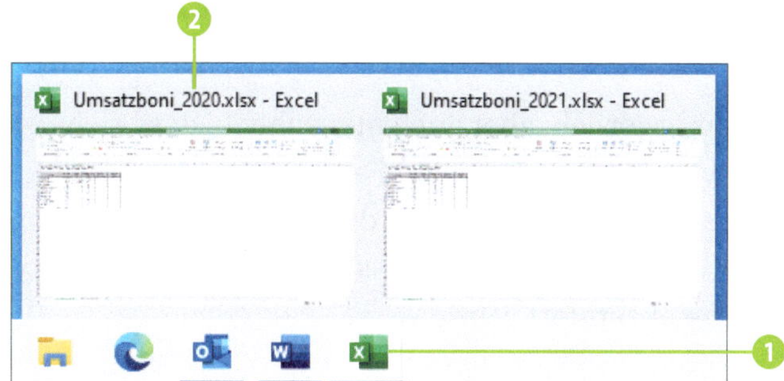

4. Blenden Sie in dieser Datei das gewünschte Tabellenblatt ein (hier **Umsatzboni 2020**), und klicken Sie auf die gewünschte Zelle, im Beispiel E4. Drücken Sie dann die [↵]-Taste. Auch hier kehrt Excel wieder automatisch zur Datei *Umsatzboni_2021.xlsx* zurück. Die Syntax des Zellbezugs lautet nun:

```
='[Umsatzboni_2020.xlsx]Umsatzboni 2020'!$E$4
```
❸

Beachten Sie, dass hier ein absoluter Zellbezug erzeugt wird (siehe Tipp 008 auf Seite 22).

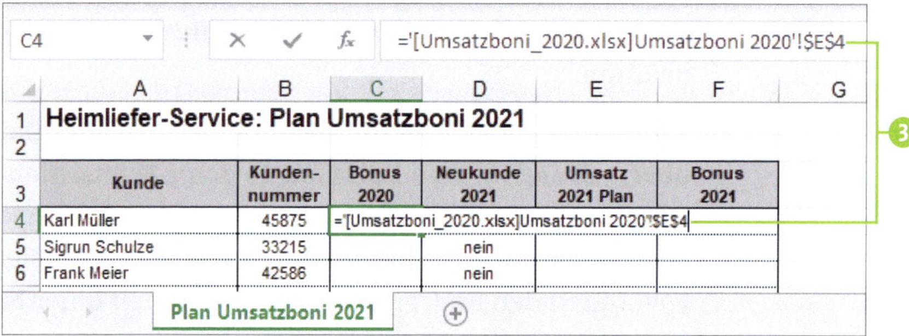

	A	B	C	D	E	F	G
1	Heimliefer-Service: Plan Umsatzboni 2021						
2							
3	Kunde	Kunden-nummer	Bonus 2020	Neukunde 2021	Umsatz 2021 Plan	Bonus 2021	
4	Karl Müller	45875	='[Umsatzboni_2020.xlsx]Umsatzboni 2020'!$E$4				
5	Sigrun Schulze	33215		nein			
6	Frank Meier	42586		nein			

Schutz vor falschen Dateneingaben

Es ist zwar ärgerlich, aber auch menschlich, dass sich bei der Eingabe von Daten in Tabellen Fehler einschleichen. Mit der Datenüberprüfung bietet Excel die Möglichkeit, die Eingabe in Zellen so einzuschränken, dass nur bestimmte Datentypen oder Werte akzeptiert werden.

Tipp 037

Eingabe auf bestimmte Datentypen und Werte beschränken

Sie möchten sicherstellen, dass Ihre Kolleg*innen in Zellen nur ganz bestimmte Datentypen und Werte (z. B. ganze Zahlen zwischen 10000 und 99999) eingeben? Mithilfe der *Datenüberprüfung* lässt sich das schnell umsetzen:

1. Markieren Sie zunächst die Zellen, für die Sie die Eingabebeschränkung festlegen möchten.
2. Wechseln Sie in das Register **Daten**, und klicken Sie in der Gruppe **Datentools** auf **Datenüberprüfung ▸ Datenüberprüfung**.
3. Wählen Sie im Register **Einstellungen** des Dialogs **Datenüberprüfung** im Feld **Zulassen** ❶ den gewünschten Datentyp aus, z. B. **Ganze Zahl**. In den nun eingeblendeten Feldern belassen Sie für das oben erwähnte Beispiel im Feld **Daten** den Eintrag **zwischen** und geben unter **Minimum** den Wert 10000 und unter **Maximum** den Wert 99999 ein ❷.

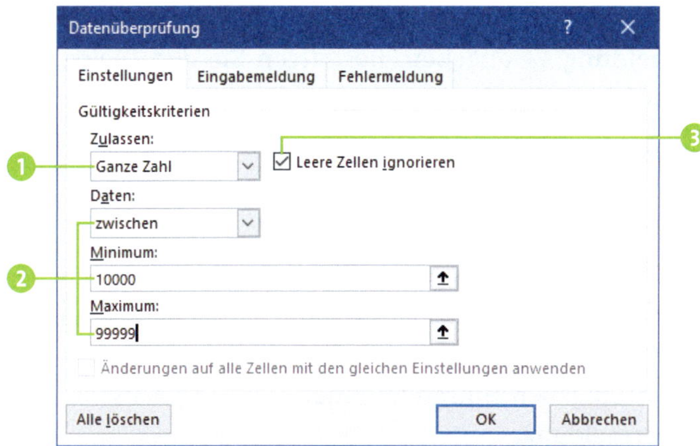

4. Falls eine Zelle auch leer bleiben darf, versehen Sie das Kontrollkästchen **Leere Zellen ignorieren** 3 mit einem Häkchen.

5. Wenn Sie möchten, können Sie einen Hinweistext vorgeben, der eingeblendet wird, sobald die Zelle markiert wurde. Hierzu wechseln Sie in das Register **Eingabemeldung** 4. Geben Sie einen griffigen Titel (z. B. »Bitte beachten«) 5 und den Text für Ihre **Eingabemeldung** ein 6.

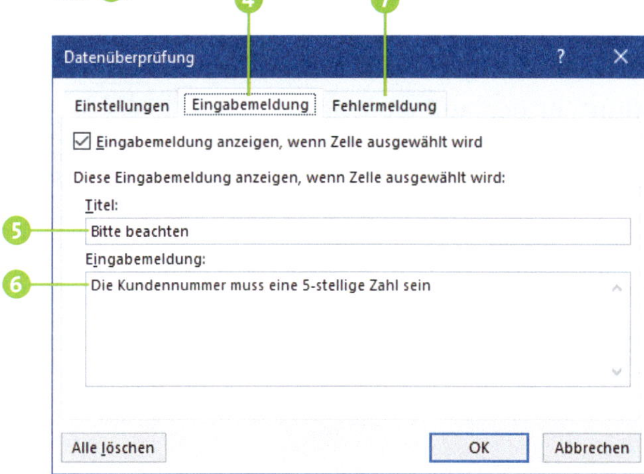

6. Analog lässt sich im entsprechenden Register eine **Fehlermeldung** 7 angeben. Bestätigen Sie den Dialog anschließend mit **OK**.

7. In den zuvor markierten Zellen wird nun nur noch die Eingabe von Zahlen zwischen 10000 und 99999 akzeptiert. Sobald die Zelle markiert wird, erscheint ein entsprechender Hinweis. Alle falschen Eingaben führen zu einer Fehlermeldung.

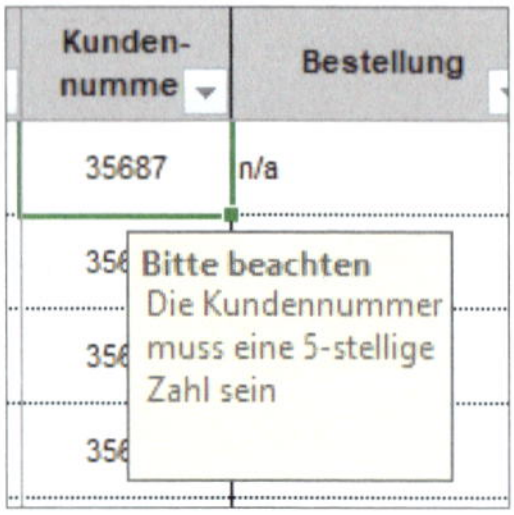

Tipp 038 Fehlerhafte Dateneingaben im Nachhinein kennzeichnen

Die Datenüberprüfung lässt sich auch für Zellen vornehmen, in die bereits Daten eingegeben wurden. Hierzu gehen Sie einfach wie im vorigen Tipp beschrieben vor.

Um nun zu erkennen, welche Zellen Daten enthalten, die nicht den Vorgaben entsprechen, wenden Sie einen kleinen Trick an. Klicken Sie in der Gruppe **Datentools** des Registers **Daten** auf den Pfeil neben **Datenüberprüfung**. In der aufklappenden Liste markieren Sie **Ungültige Daten einkreisen**. Excel versieht nun alle Zellen, die fehlerhafte Daten enthalten, mit einem roten Kreis. Über **Datenüberprüfung ▸ Gültigkeitskreise löschen** können Sie die Markierungen wieder löschen.

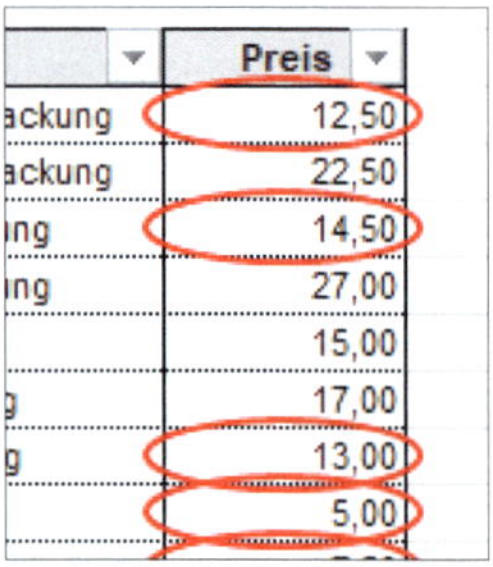

Excel-Vorlagen erstellen und nutzen

Um eine Excel-Arbeitsmappe sinnvoll zu strukturieren und geschickt zu formatieren, vergeht meist viel Zeit. Benötigen Sie die Arbeitsmappe mit zwar identischem Aufbau, aber unterschiedlichem Inhalt immer wieder, bietet es sich an, eine optimal gestaltete Excel-Datei als Vorlage zu speichern. Diese können Sie dann immer wieder für Ihre Arbeiten nutzen.

Eigene Arbeitsmappe als Vorlage speichern

Tipp 039

Falls Sie noch keine Excel-Arbeitsmappe haben, die sich als Vorlage eignet, erstellen Sie eine solche zunächst. Geben Sie alle benötigten Überschriften, Formeln oder auch Daten ein, und geben Sie der Arbeitsmappe mit den passenden Formatierungen den letzten Schliff. Um die Datei dann als Vorlage zu speichern, rufen Sie **Datei ▸ Speichern unter** auf. Klicken Sie im folgenden Dialog auf **Durchsuchen**. Wählen Sie im Feld **Dateityp** das Format **Excel-Vorlage (*.xltx)** (1) aus.

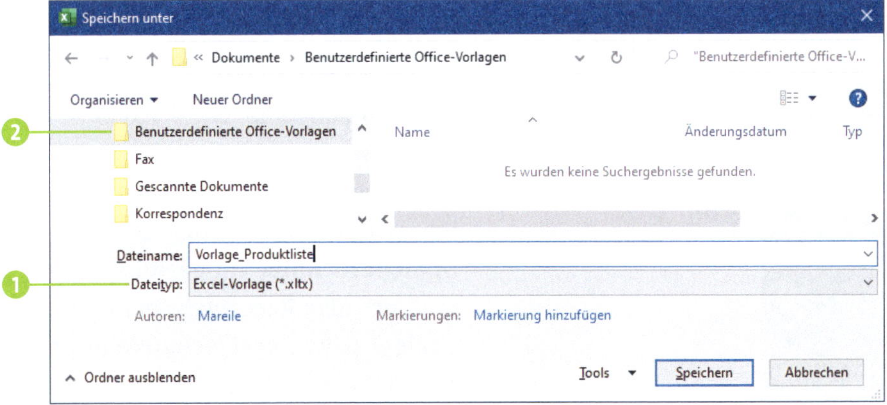

Enthält Ihre Vorlage Makros, stellen Sie stattdessen den Dateityp **Excel-Vorlage mit Makros (*.xltm)** ein. Als Speicherort gibt Excel den Ordner **Benutzerdefinierte Office-Vorlagen** ❷ vor, der sich lokal auf Ihrem PC befindet. Dürfen auch Kolleg*innen auf die Vorlage zugreifen, müssen Sie die Datei in einem entsprechend freigegebenen Ordner z.B. auf einem Netzwerklaufwerk oder in der Cloud *OneDrive* speichern. Vergessen Sie nicht, einen aussagekräftigen Dateinamen einzutragen, bevor Sie die Datei über die gleichnamige Schaltfläche speichern.

Tipp 040 Arbeitsmappe auf Basis der Excel-Vorlage erstellen

Möchten Sie eine Excel-Arbeitsmappe auf Basis einer selbst angelegten Excel-Vorlage erstellen, gehen Sie folgendermaßen vor:

1. Rufen Sie in Excel **Datei ▸ Neu** auf.

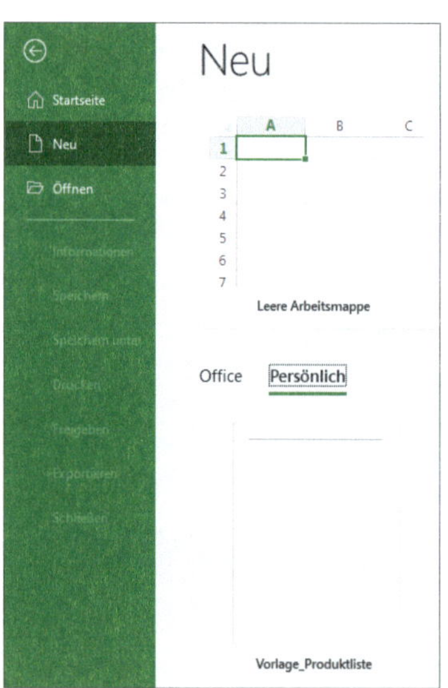

2. Markieren Sie rechts **Persönlich**. Es werden nun alle im Ordner *Benutzerdefinierte Office-Vorlagen* abgelegten Excel-Vorlagen angezeigt.
3. Wählen Sie die gewünschte Vorlage per Mausklick aus. Excel erstellt automatisch eine neue Excel-Arbeitsmappe auf Basis dieser Vorlage. Diese Arbeitsmappe speichern Sie wie gewohnt über **Datei ▸ Speichern unter** im gewünschten Ordner als **Excel-Arbeitsmappe (*.xlsx)** bzw. **Excel-Arbeitsmappe mit Makros (*.xlsm)**.

In den Vorlagen von Microsoft stöbern

Sie müssen der Geschäftsführung die aktuelle Budgetplanung präsentieren, haben aber keine Idee, wie Sie eine solche Excel-Arbeitsmappe am besten gestalten? Dann sollten Sie einen Blick in die umfangreiche Vorlagen-Sammlung von Microsoft werfen. Rufen Sie hierzu **Datei ▸ Neu** auf. Unterhalb des Felds **Nach Onlinevorlagen suchen** werden bereits einige Suchvorschläge angeboten. Sie können aber natürlich auch selbst einen Suchbegriff eingeben. Drücken Sie dann die Taste [↵]. Sobald Sie in den Ergebnissen eine Vorlage markieren, werden eine etwas größere Vorschau sowie eine Kurzbeschreibung eingeblendet. Gefällt Ihnen die Vorlage, klicken Sie auf **Erstellen**. Daraufhin wird eine neue Excel-Arbeitsmappe auf Basis dieser Vorlage geöffnet, die Sie über **Datei ▸ Speichern unter** wie gewohnt speichern.

Änderungen an der Excel-Vorlage vornehmen

Tipp 041

Falls Sie im Nachhinein noch ein paar Korrekturen an der Excel-Vorlage vornehmen möchten, rufen Sie einfach **Datei ▸ Öffnen** auf. Klicken Sie auf **Durchsuchen**, und wechseln Sie in den Ordner, in dem Sie die Vorlagendatei gespeichert haben. Falls Sie nichts anderes vorgegeben haben, handelt es sich dabei um den Ordner *Benutzerdefinierte Office-Vorlagen*, der sich in Ihrem persönlichen Verzeichnis *Dokumente* befindet. Markieren Sie die gewünschte Excel-Vorlage, und klicken Sie auf **Öffnen**. Sobald Sie Ihre Änderungen an der Datei vorgenommen haben, sichern Sie sie mit einem Klick auf **Speichern**.

Richtiger Umgang mit Formeln und Funktionen

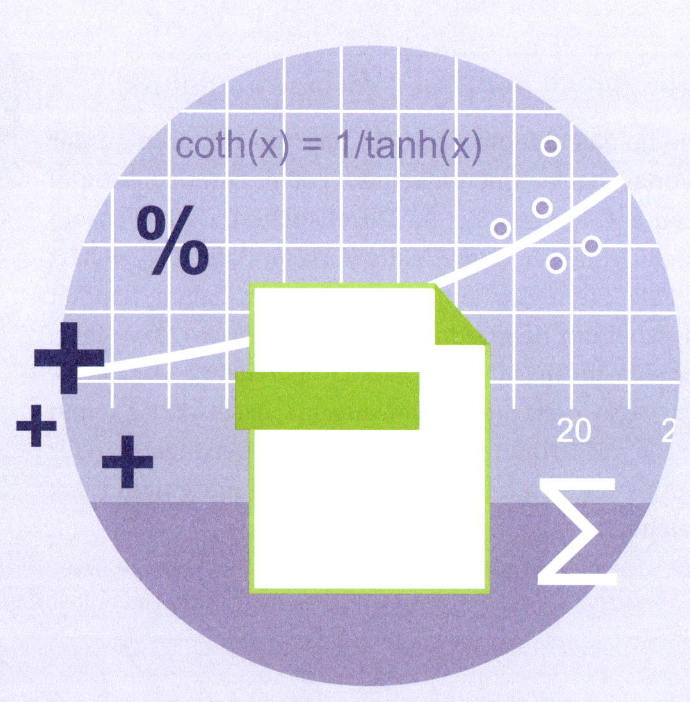

Einfache Beispiele zum Aufwärmen

Tabellenkalkulationsprogramme dienen primär zur Durchführung von Berechnungen und zum Vergleich größerer Datenmengen. Excel unterstützt Sie hier mit einer umfangreichen *Funktionsbibliothek*, um Ihnen die Eingabe von Formeln und die Nutzung von Funktionen zu erleichtern. Manche Funktionen lassen sich aber auch direkt über das Menüband aufrufen.

Formel oder Funktion?

Wenn Sie mit Excel arbeiten, werden Sie immer wieder zwei Begriffen begegnen: *Formeln* und *Funktionen*. Doch was ist der Unterschied zwischen beiden? Mathematische Formeln setzen sich aus einem Gleichheitszeichen, mindestens zwei festen Werten (Konstanten) und einem Rechenzeichen zusammen, z. B. für Addition oder Subtraktion (Operatoren). Funktionen verfügen über einen Namen und eine Klammer, die die zu bearbeitenden Zellen und Anweisungen enthält. Sie sind praktisch kleine Programme, die vordefinierte Operationen automatisch ausführen.

Schnell addiert: die AutoSumme

Tipp 042

Die wohl am häufigsten in Excel eingesetzte Funktion ist die Summierung. Damit man sie schnell aufrufen kann, wurde ihr sogar eine eigene Schaltfläche **AutoSumme** Σ im Register **Start** in der Gruppe **Bearbeiten** spendiert. Um mehrere Werte zu addieren, gehen Sie folgendermaßen vor:

1. Markieren Sie die Zelle, in der das Ergebnis Ihrer Berechnung erscheinen soll.
2. Klicken Sie im Register **Start** in der Gruppe **Bearbeiten** auf die Schaltfläche **AutoSumme**.
3. Excel versucht nun automatisch den Bereich zu ermitteln, der die zu addierenden Werte enthält. Dieser Bereich wird durch einen gestrichelten Laufrahmen gekennzeichnet 1. Ist dieser Bereich korrekt, können Sie ihn direkt durch Drücken der [↵]-Taste oder einen Klick auf das Symbol ✓ in der Bearbeitungsleiste bestätigen.

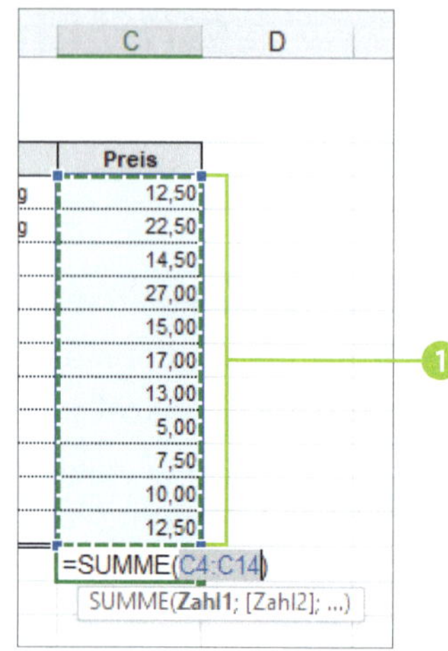

4. Falls der markierte Bereich nicht Ihren Wünschen entspricht, markieren Sie den entsprechenden Zellbereich selbst und bestätigen die Auswahl erst dann. Excel ergänzt in der Zelle nun die Funktion *SUMME* mit den entsprechenden Argumenten.

Tipp 043

Mittelwert, Anzahl Zahlen, Maximum und Minimum

Klicken Sie auf den Pfeil rechts 1 bzw. unterhalb der Schaltfläche **AutoSumme**, klappt eine Liste mit weiteren häufig genutzten Funktionen auf. Die Position des Pfeils ist abhängig von der Größe des Programmfensters. Alternativ zur Summe lässt sich so schnell der **Mittelwert**, die

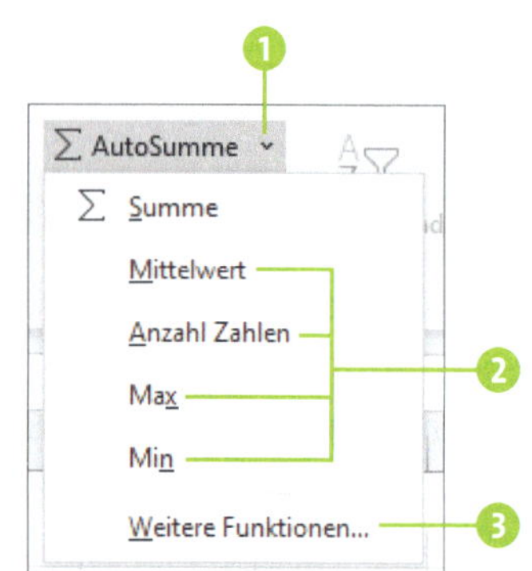

Anzahl von Zellen mit Inhalt (**Anzahl Zahlen**), das Maximum (**Max**) sowie das Minimum (**Min**) eines Zellbereichs ermitteln ②. Haben Sie die gewünschte Funktion ausgewählt, gehen Sie so vor, wie im vorigen Tipp für die AutoSumme beschrieben wurde. Nach einem Klick auf **Weitere Funktionen** ③ wird der *Funktionsassistent* aufgerufen, auf den wir gleich näher eingehen.

Der Trick mit der Statusleiste

Sie müssen schnell den Inhalt mehrerer Zellen addieren, wollen hierfür aber nicht extra die Summe-Funktion einsetzen? Das müssen Sie auch nicht. Markieren Sie einfach die gewünschten Zellen, und werfen Sie dann einen Blick nach unten in die Statusleiste. Hier werden standardmäßig der Mittelwert, die Anzahl der markierten Zellen, die einen Inhalt aufweisen, sowie die Summe angezeigt. Enthalten die markierten Zellen Text, wird nur die Anzahl eingeblendet.

Sich einen Überblick über Funktionen verschaffen

Tipp 044

Rufen Sie das Register **Formeln** auf, finden Sie in der Gruppe **Funktionsbibliothek** alle in Excel verfügbaren Funktionen. Sie sind nach Themen zusammengefasst, wie etwa **Logisch**, **Text**, **Datum u. Uhrzeit** und **Mathematik und Trigonometrie**. Sobald Sie auf eine der Schaltflächen klicken, z. B. auf **Finanzmathematik** ①, werden im aufklappenden Menü alle Funktionen des Themas aufgelistet. Zu jeder Funktion gibt es eine kurze Erläuterung in Form einer QuickInfo ②. Sie erscheint, sobald Sie den Mauszeiger auf der Funktion platzieren ③.

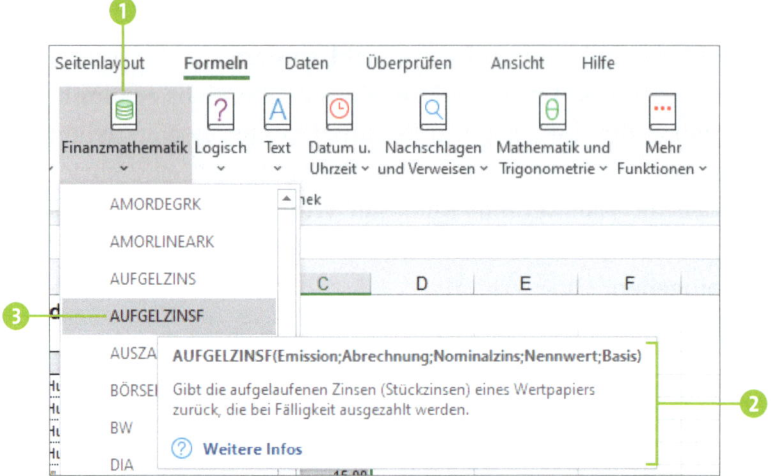

Tipp 045 Eine Formel mithilfe der Funktionsbibliothek ergänzen

Die einzelnen Funktionen enthalten die bereits vordefinierten Formeln und müssen nur noch um gewünschte Zellbereiche und eventuelle Bedingungen ergänzt werden. Wie Sie hierzu vorgehen, zeigt das folgende Beispiel aus dem Bereich Finanzmathematik. Angenommen, Sie haben einen Kredit in Höhe von 20.000 € aufgenommen (1). Dieser soll innerhalb von 5 Jahren zurückgezahlt werden (2). Der jährliche Zins beträgt 6,2 % (3). Sie möchten nun den Betrag ermitteln, den Sie monatlich zurückzahlen müssen. Hierfür kommt die Funktion **RMZ** zum Einsatz.

1. Markieren Sie zunächst die Zelle, in der das Ergebnis Ihrer Berechnung ausgegeben werden soll (4).
2. Klicken Sie im Register **Formeln** in der Gruppe **Funktionsbibliothek** auf **Finanzmathematik**, und wählen Sie die Funktion **RMZ** aus. Der Dialog **Funktionsargumente** wird geöffnet.

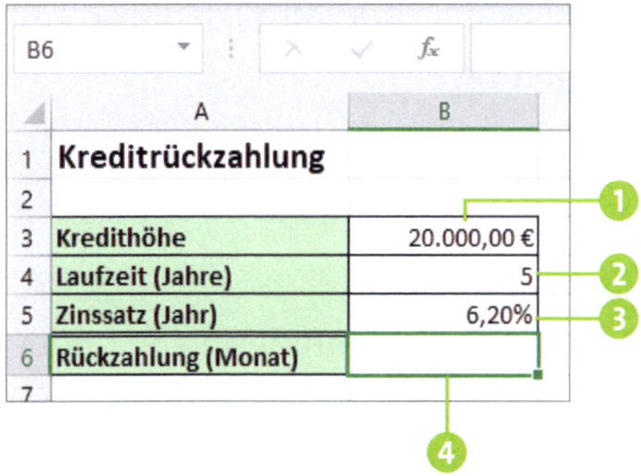

3. In das Feld **Zins** tragen Sie den Zinssatz ein. Da sich der Zinssatz in Zelle B5 auf das Jahr bezieht, die Rückzahlungen aber pro Monat berechnet werden, muss der Zinssatz durch 12 dividiert werden (5).

4. Den Zahlungszeitraum tragen Sie ins Feld **Zzr** ein. Auch hier muss der in Zelle B4 eingetragene Wert in Monate umgerechnet werden, in diesem Fall also mit 12 multipliziert werden (6).

5. In das Feld **Bw** tragen Sie die Höhe des Kredits ein bzw. die Zelladresse, die diesen Wert enthält (7).

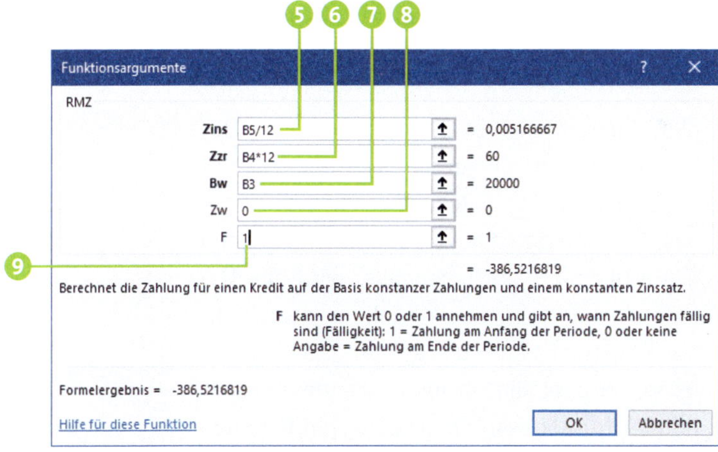

6. Der Endwert, der am Ende der Zahlung erreicht werden soll, wird im Feld **Zw** angegeben. Da der Kredit nach Ab-

lauf der fünf Jahre abbezahlt sein soll, ist in unserem Beispiel eine 0 einzutragen (8).

7. Ist die Zahlung jeweils zu Monatsbeginn fällig, tragen Sie im Feld **F** eine 1 ein (9). Bestätigen Sie Ihre Angaben mit **OK**.

Werfen Sie einen Blick in die Bearbeitungsleiste, finden Sie hier die vollständige Funktion (10). In der in Schritt 1 markierten Zelle wird das Ergebnis angezeigt (11). Da die Rückzahlung von Ihnen zu leisten ist, wird der Wert als Negativwert dargestellt.

B6 | f_x =RMZ(B5/12;B4*12;B3;0;1) (10)

	A	B	C	D
1	**Kreditrückzahlung**			
2				
3	**Kredithöhe**	20.000,00 €		
4	**Laufzeit (Jahre)**	5		
5	**Zinssatz (Jahr)**	6,20%		
6	**Rückzahlung (Monat)**	-386,52 € (11)		
7				

Der schnelle Zugriff über das Namensfeld

Bereits verwendete Funktionen können auch über das Namensfeld am linken Rand der Bearbeitungsleiste aufgerufen werden. Markieren Sie hierzu eine Zelle, und geben Sie in diese das Gleichheitszeichen (=) ein. Werfen Sie nun einen Blick in das Namensfeld, wird hier bereits die zuletzt genutzte Funktion eingeblendet. Klappen Sie die Liste auf, erhalten Sie eine Übersicht über alle bereits verwendeten Funktionen. Per Klick auf die gewünschte Funktion öffnen Sie den entsprechenden Funktionsassistenten zur weiteren Bearbeitung.

Zell- und Bereichsnamen für mehr Übersicht

Bei großen Datenmengen und komplizierten Formeln kann die Bezeichnung einzelner Zellen oder Zellbereiche über die Zelladresse (z. B. B6 oder B4:M4) unübersichtlich werden. Wenn Sie stattdessen aussagekräftige Namen (z. B. »Umsatz« oder »Kosten«) vergeben, können Sie sich die Arbeit sehr erleichtern. Denn diese Namen können nicht nur zur Navigation in den Tabellenblättern eingesetzt werden, sondern auch in Formeln und Funktionen.

Namen definieren

Tipp 046

Sie können die Namen für Zellen sowie Zellbereiche selbst vergeben oder auch automatisch aus bereits in der Tabelle vorhandenen Überschriften ableiten lassen. Wie Letzteres funktioniert, wird in Tipp 047 auf Seite 84 gezeigt. Um einen eigenen Namen zu definieren, gehen Sie folgendermaßen vor:

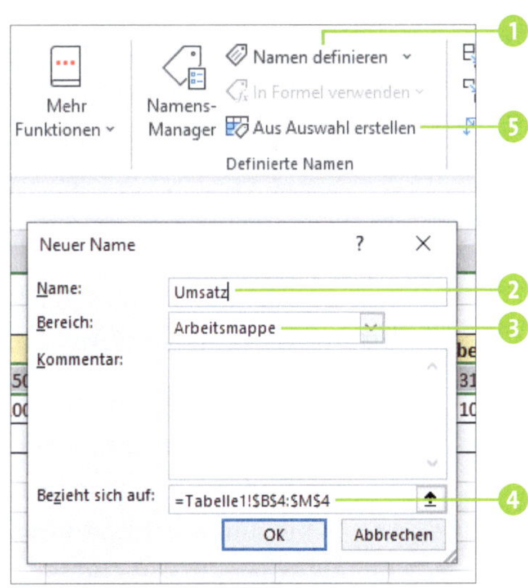

1. Markieren Sie die Zelle oder auch den Zellbereich, für den Sie einen Namen vergeben möchten.
2. Wechseln Sie in das Register **Formeln**, und klicken Sie anschließend in der Gruppe **Definierte Namen** auf **Namen definieren** 1.

3. Im Dialog **Neuer Name** wird im Feld **Name** meist bereits ein Name vorgeschlagen, den Sie übernehmen oder auch mit einem eigenen Namen überschreiben können ②. Der Name muss mit einem Buchstaben beginnen und darf abgesehen von einem Unterstrich keine Sonderzeichen enthalten.
4. Per Standardeinstellung gilt der vergebene Name für die gesamte Arbeitsmappe ③. Ein Name muss eindeutig sein, darf also nicht mehrmals vergeben werden. Passen Sie ggf. im Feld **Bereich** den Gültigkeitsbereich an, falls der Name nur in einem bestimmten Tabellenblatt gelten soll.
5. Stellen Sie sicher, dass im Feld **Bezieht sich auf** der zuvor markierte Zellbereich angezeigt wird, für den der Name vergeben wird ④, bevor Sie mit **OK** bestätigen.

Tipp 047

Namen aus Auswahl übernehmen

Haben Sie in Ihrer Tabelle bereits Spalten- oder Zeilenüberschriften ergänzt, die sich als Namen eignen, können Sie auch diese für den dazugehörigen Zellbereich nutzen. Die Namensvergabe funktioniert hier folgendermaßen:

1. Markieren Sie den gesamten Zellbereich, für den der Name gelten soll, inklusive Überschrift.
2. Klicken Sie im Register **Formeln** in der Gruppe **Definierte Namen** auf **Aus Auswahl erstellen** (⑤ auf Seite 83).
3. Im Dialog **Namen aus Auswahl erstellen** legen Sie fest, in welcher der markierten Zellen sich die Überschrift befindet, z. B. in **Oberster Zeile** oder auch in **Linker Spalte**, wie in der Abbildung zu sehen ist ⑥. Bestätigen Sie Ihre Auswahl mit **OK**.

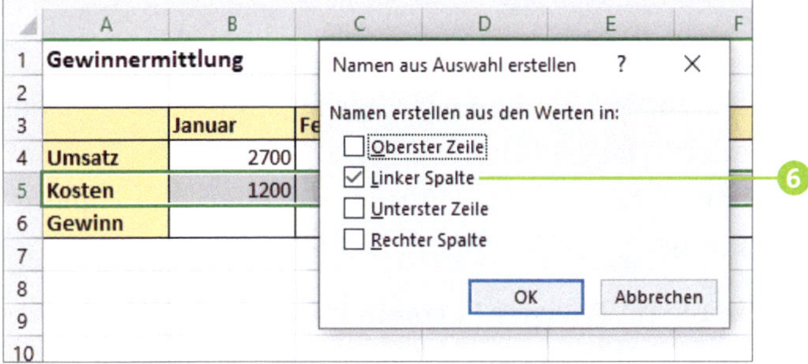

Namen verwenden

Tipp 048

Die vergebenen Namen sind vor allem dann praktisch, wenn Sie in einem umfangreichen Tabellenblatt navigieren möchten. Sie lassen sich aber ebenso einfach in Formeln und Funktionen einsetzen.

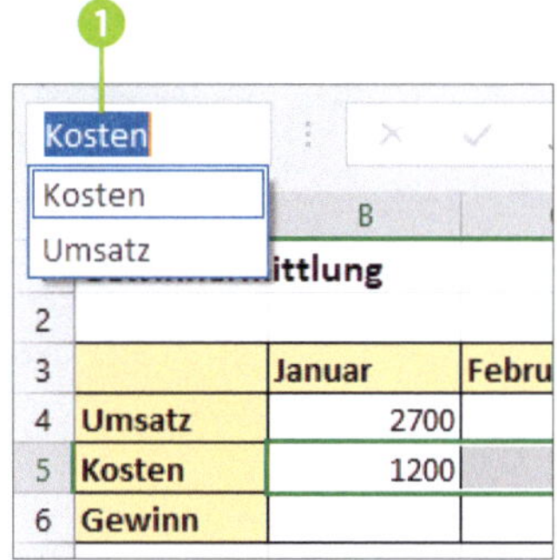

1. Klicken Sie auf den Pfeil rechts vom Namensfeld 1, klappt eine Liste mit allen bereits vergebenen Namen auf. Klicken Sie den Namen an, dessen verknüpften Zellbereich Sie ansteuern möchten. Der entsprechende Bereich wird anschließend markiert.

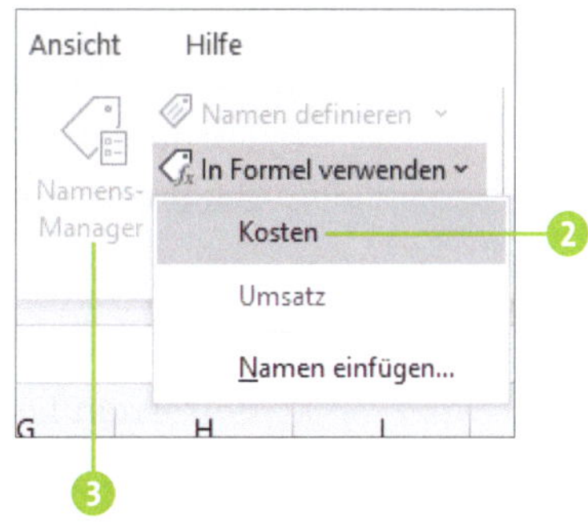

2. Sie können den definierten Namen problemlos in Formeln oder Funktionen verwenden, indem Sie ihn manuell in der Bearbeitungsleiste an entsprechender Stelle in der Formel eingeben. Alternativ hierzu wählen Sie den gewünschten Namen im Menü **In Formel verwenden** 2 des Registers **Formeln** aus.

Tipp 049

Namen verwalten

Der Zellbereich, dem Sie einen Namen zugeordnet haben, hat sich verändert? Oder möchten Sie den Namen gerne ändern? Entsprechende Korrekturen führen Sie über den *Namens-Manager* durch:

1. Klicken Sie im Register **Formeln** in der Gruppe **Definierte Namen** auf **Namens-Manager** (3 auf Seite 85).
2. Um den Zellbereich zu aktualisieren oder den Namen zu ändern, markieren Sie im Dialog **Namens-Manager** den gewünschten Namen 4. Klicken Sie auf **Bearbeiten** 5.

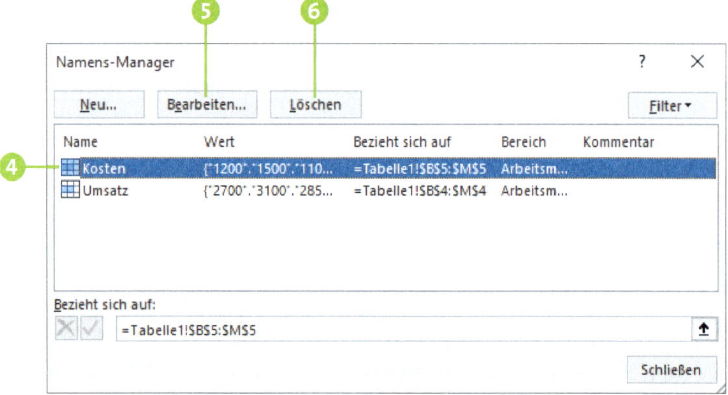

3. Nehmen Sie im Dialog **Name bearbeiten** die gewünschten Korrekturen durch, und bestätigen Sie mit **OK**. Excel wendet Ihre Änderungen nun automatisch auch in allen Formeln und Funktionen an, in denen der Name verwendet wird.
4. Im Dialog **Namens-Manager** finden Sie auch die Schaltfläche **Löschen** 6, über die sich ein zuvor markierter Name entfernen lässt. Bei dieser Aktion ist allerdings äußerste Vorsicht geboten. Denn falls Sie den Namen bereits in Berechnungen verwendet haben, ist Excel nicht mehr in der

Lage, den ursprünglichen Zellbezug über die Zelladressen wiederherzustellen. Das Löschen eines Namens führt somit zu einer Fehlermeldung. Es bleibt Ihnen in diesem Fall nichts anderes übrig, als den Zellbezug selbst manuell zu ergänzen.

Rechenoperationen ohne Stress

Excel unterstützt Sie bei einer Vielzahl an Rechenoperationen. Beim Hinzufügen einer Funktion ist der klassische Weg, den man seit vielen Jahren geht, nicht immer der praktischste, wie die folgenden Tipps zeigen.

TEILERGEBNIS ist besser als SUMME

Tipp 050

Vom Rechnen in der Schule sind wir gewohnt, bei Additionen die Summe unterhalb der zu addierenden Werte zu platzieren. Das ist bei Excel aus zwei Gründen nicht sehr sinnvoll:

1. Addieren Sie den Inhalt vieler Zellen, müssen Sie im Arbeitsblatt ständig nach unten scrollen, um die Summe sehen zu können.
2. Sobald ein Filter zum Einsatz kommt, wird das Ergebnis der Addition ausgeblendet, wie in der folgenden Abbildung zu sehen ist.

4	Kunde	Kunden-numm	Umsatz 2021
9	Michael Bauer	53684	186,00
11	Carsten Thiele	88520	125,50
13	Friedrich Gassler	01254	326,00
15	Hermann Schulze-Hölder	95820	269,50
16			
17			

Sinnvoller ist es, die Summe oberhalb der Überschrift der jeweiligen Spalte auszuweisen. Nutzen Sie außerdem die Funktion **TEILERGEBNIS** statt **SUMME**, lassen sich in Kombination mit dem AutoFilter blitzschnell Auswertungen generieren. Denn in diesem Fall gibt Excel als Ergebnis die Werte aus, die sich anhand der aktuell ausgewählten Filterung ergeben. Wie dies in der Praxis aussieht, machen die beiden folgenden Abbildungen deutlich:

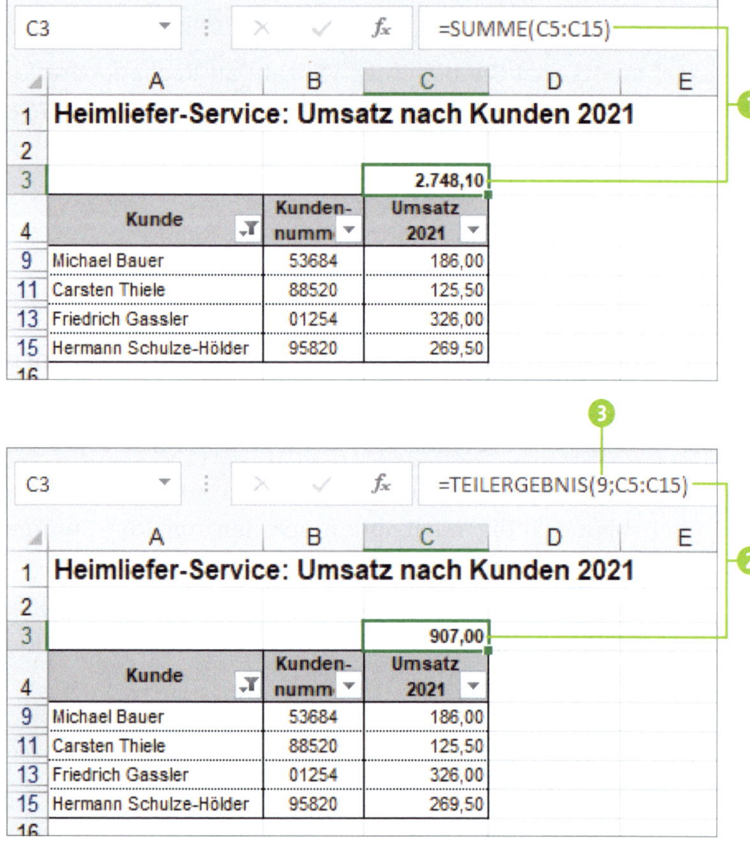

In der oberen Abbildung wurde die Funktion **SUMME** genutzt und ein Filter eingesetzt. Trotz des Filters wird in der Zelle

C3 immer noch die Gesamtsumme des Zellbereichs C5 bis C15 ① angezeigt. In der unteren Abbildung ist der gleiche Filter in Kombination mit der Funktion **TEILERGEBNIS** zu sehen. Diese berechnet lediglich die Summe der gefilterten Daten und zeigt diese in der Zelle C3 ② an. Das Argument 9, das in der Bearbeitungsleiste zu Beginn der Klammer steht ③, gibt die Berechnungsart vor, die Excel durchführen soll, in unserem Beispiel also die Addition. Mithilfe der Zahlen 1 bis 11 können Sie hier nämlich zwischen elf Funktionen wählen (siehe Schritt 3 in Tipp 051 auf dieser Seite), neben der Summenbildung z. B. auch einen Durchschnittswert oder den Maximal- bzw. Minimalwert berechnen lassen.

Die Funktion TEILERGEBNIS verwenden

Tipp 051

Die Teilergebnis-Funktion fügen Sie folgendermaßen ein:

1. Markieren Sie die Zelle, in der das Ergebnis ausgegeben werden soll. In unserem Beispiel ist dies die Zelle C3.
2. Klicken Sie im Register **Formeln** auf **Mathematik und Trigonometrie**, und wählen Sie anschließend die Funktion **TEILERGEBNIS** aus.
3. Im Dialog **Funktionsargumente** geben Sie im Feld **Funktion** mithilfe einer Zahl zwischen 1 und 11 an, welche Funktion Excel durchführen soll ①. Eine Übersicht über die Zahlen und ihre Bedeutung erhalten Sie nach einem Klick auf den Link **Hilfe für diese Funktion**, der Sie zur Online-Hilfe von Excel führt ②. Für das Summenbeispiel muss die Zahl 9 gewählt werden.
4. Im Feld **Bezug1** wird der gewünschte Zellbereich eingetragen ③. Bestätigen Sie die Eingaben mit **OK**.

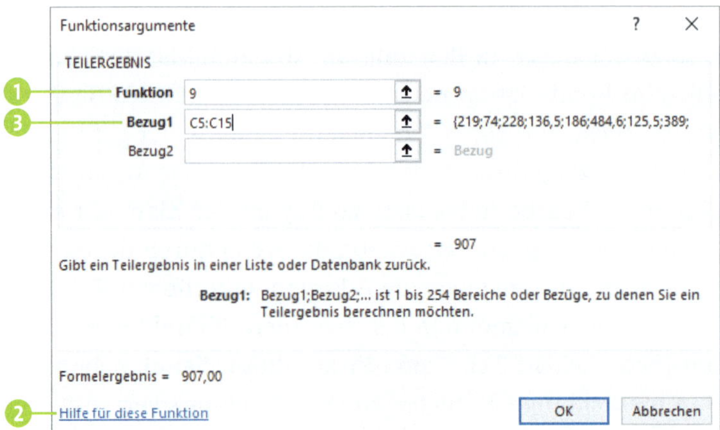

5. Damit Excel die richtige Berechnung automatisch durchführt, muss im Register **Formeln** in der Gruppe **Berechnung** unter **Berechnungsoptionen** die Option **Automatisch** mit einem Häkchen versehen sein.

Die Sache mit der Rundungsdifferenz

Excel rechnet genau, und das kann eine hohe Anzahl von Dezimalstellen im Ergebnis mit sich bringen. Um Rundungsfehler bei Folgekalkulationen zu vermeiden, bietet sich die Funktion RUNDEN an, um nur eine bestimmte Anzahl von Nachkommastellen zu haben. Über den Funktionsassistenten wählen Sie in der Kategorie **Math. & Trigonom.** die Funktion **RUNDEN** aus. Geben Sie dann die Zelle und die Anzahl der gewünschten Dezimalstellen ein, und bestätigen Sie mit **OK**. Excel rundet nun die angegebenen Werte entsprechend Ihrer Vorgabe.

Tipp 052

SUMMEWENN: Summieren mit einer Bedingung

Eine weitere interessante Funktion ist **SUMMEWENN**. Mit ihr lassen sich Werte summieren, die ein bestimmtes Kriterium erfüllen müssen. In unserem Beispiel soll der Bestellwert pro Kunde berechnet werden. Die entsprechende Formel wird folgendermaßen erstellt:

1. Markieren Sie die Zelle, die das Ergebnis der Summierung enthalten soll. Rufen Sie dann den Dialog **Funktion einfügen** auf, indem Sie in der Bearbeitungsleiste auf das Symbol *fx* ① klicken.
2. Wählen Sie die Kategorie **Math. & Trigonom.** aus ②. In der Liste **Funktion auswählen** markieren Sie die Funktion **SUMMEWENN** ③. Bestätigen Sie mit **OK**.

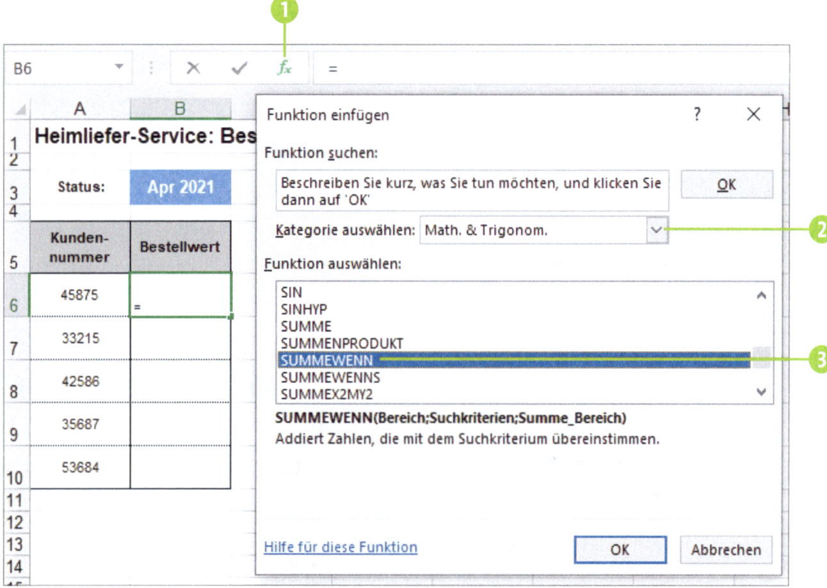

3. Im Dialog **Funktionsargumente** klicken Sie auf den Pfeil ⬆ (④ auf Seite 93) am rechten Rand des Feldes **Bereich**. Der Dialog wird minimiert, und Sie können nun den Zellbereich markieren, der für die Bedingung ausgewertet werden soll, in unserem Beispiel also die Kundennummern ⑤. Dieser Bereich kann sich selbstverständlich

auch in einem anderen Tabellenblatt befinden (im Beispiel etwa im Tabellenblatt namens **Umsätze 2021**). (Wie Sie auf andere Tabellenblätter zugreifen, lesen Sie in Tipp 035 auf Seite 67.) Mit einem Klick auf den Pfeil ⊡ 6 wird der Dialog **Funktionsargumente** wieder vollständig angezeigt.

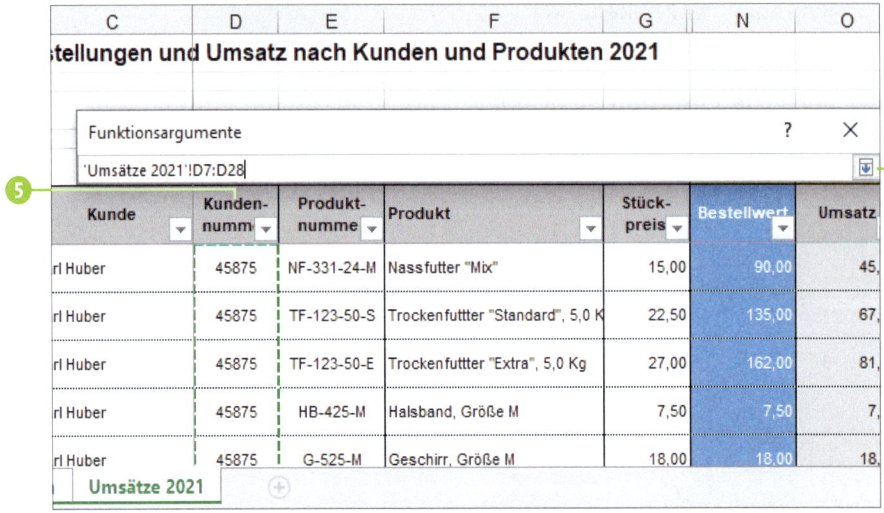

tellungen und Umsatz nach Kunden und Produkten 2021

Funktionsargumente ? X

'Umsätze 2021'!D7:D28 6

5

Kunde	Kunden-numm	Produkt-numme	Produkt	Stück-preis	Bestellwert	Umsatz
rl Huber	45875	NF-331-24-M	Nassfutter "Mix"	15,00	90,00	45,
rl Huber	45875	TF-123-50-S	Trockenfuttter "Standard", 5,0 K	22,50	135,00	67,
rl Huber	45875	TF-123-50-E	Trockenfuttter "Extra", 5,0 Kg	27,00	162,00	81,
rl Huber	45875	HB-425-M	Halsband, Größe M	7,50	7,50	7,
rl Huber	45875	G-525-M	Geschirr, Größe M	18,00	18,00	18,

Umsätze 2021

4. Im Feld **Suchkriterien** 7 geben Sie die Bedingung ein, die erfüllt sein muss. Dabei kann es sich um einen Wert oder eine Funktion handeln. In unserem Beispiel wird die Zelladresse eingegeben, in der sich die erste Kundennummer 8 befindet.

5. Im Feld **Summe_Bereich** 9 wird der Bereich angegeben, der summiert werden soll. Sie tun sich wieder leichter, wenn Sie den gewünschten Zellbereich in der Tabelle nach einem Klick auf den Pfeil ⊡ direkt markieren und dann über das Symbol ⊡ wieder zum Dialog **Funktionsargumente** zurückkehren.

6. Haben Sie alle Angaben vorgenommen, schließen Sie den Dialog mit **OK**.

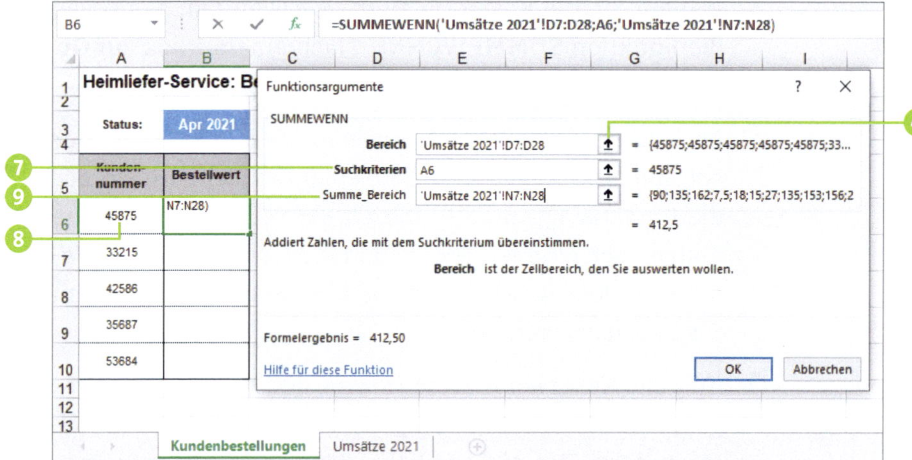

Es wird nun ausschließlich der Inhalt der Zellen summiert, die dem Suchkriterium entsprechen, in unserem Beispiel also nur die Bestellwerte des Kunden mit der in Zelle A6 eingetragenen Kundennummer.

SUMMEWENNS: Summieren mit mehreren Bedingungen

Tipp 053

Möchten Sie Werte addieren, die nicht nur eine Bedingung, sondern gleich mehrere erfüllen müssen, kommt die Funktion **SUMMEWENNS** zum Einsatz. Ein Szenario hierfür wäre beispielsweise die Berechnung der Umsätze, die mit einem bestimmten Produkt in einer bestimmten Region generiert werden:

1. Markieren Sie zunächst die Zelle, die das Ergebnis der Summierung enthalten soll. Klicken Sie dann in der Be-

arbeitungsleiste auf das Symbol fx, um den Funktionsassistenten zu öffnen.

2. Wählen Sie die Kategorie **Math. & Trigonom.** aus sowie die Funktion **SUMMEWENNS**. Nach einem Klick auf **OK** öffnet sich der Dialog **Funktionsargumente**.
3. Im Feld **Summe_Bereich** geben Sie den Bereich an, der summiert werden soll (im Beispiel der Zellbereich, der die Umsätze (1) enthält). Diesen Bereich können Sie wie üblich nach einem Klick auf den Pfeil direkt in der Tabelle markieren. Klicken Sie auf das Symbol, um zum Dialog zurückzukehren.
4. Im Feld **Kriterien_Bereich1** wird der Bereich eingetragen, der für die erste Bedingung ausgewertet werden soll. In unserem Beispiel wird also der Zellbereich markiert, der die Produktnamen enthält (2).
5. Das erste Kriterium für den zuvor bestimmten Zellbereich geben Sie im Feld **Kriterien1** ein, hier also die Zelladresse des gesuchten Produktnamens (3).
6. Im Feld **Kriterien_Bereich2** legen Sie analog zu Schritt 4 nun den Bereich fest, der für die zweite Bedingung ausgewertet werden soll. Für unser Beispiel entspricht dies den Zellen, in denen die Regionen aufgeführt sind (4). Um welche zweite Bedingung es sich hierbei handelt (im Beispiel ist es die in Zelle B27 eingetragene Region (5)), geben Sie im Feld **Kriterien2** (6) an.
7. Insgesamt lassen sich maximal 127 Bedingungen definieren. Über die Bildlaufleiste (7) am rechten Rand des Dialogs scrollen Sie nach unten, um zu den weiteren Feldern zu gelangen.
8. Haben Sie alle auszuwertenden Bereiche und Kriterien angegeben, schließen Sie den Dialog mit **OK**.

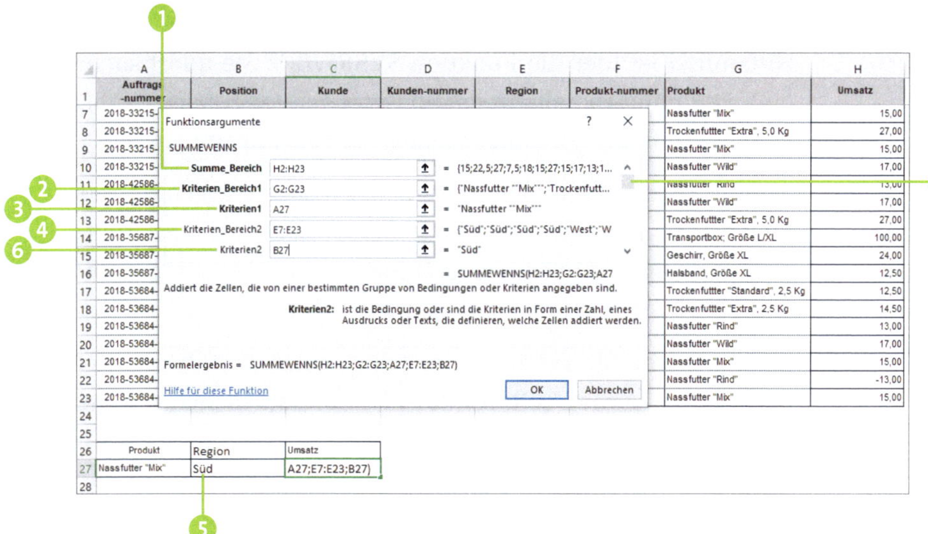

Die Funktionen ZÄHLENWENN und ZÄHLENWENNS

Sie möchten gerne wissen, wie viele Ihrer Kund*innen mit dem Namen Huber in Hamburg wohnen? Solche Informationen lassen sich mit der Funktion ZÄHLENWENNS ermitteln. Soll lediglich ein Kriterium erfüllt sein, kommt die Funktion ZÄHLENWENN zum Einsatz. Der Aufbau der beiden Funktionen ähnelt dem der Funktionen SUMMEWENNS und SUMMEWENN, nur dass hier keine Werte addiert werden, sondern nur die Anzahl der Zellen im markierten Bereich ermittelt wird, deren Inhalt mit den definierten Kriterien übereinstimmt. Zum Aufruf der Funktionen wählen Sie im Dialog **Funktion einfügen** die Kategorie **Statistik** aus und markieren dann die gewünschte Funktion.

SVERWEIS: Informationen suchen und finden

Tipp 054

Häufig liegen Informationen, die man gerne kombinieren möchte, in unterschiedlichen Tabellenblättern einer Arbeitsmappe oder sogar in verschiedenen Dateien vor. Ein gutes

Hilfsmittel ist hier die Funktion SVERWEIS: Sie durchsucht einen definierten Zellbereich (in Excel als *Matrix* bezeichnet) nach Werten, die zum angegebenen Suchkriterium passen.

Nehmen wir an, Sie haben in einer Umsatzauswertung nur die Produktnummern verfügbar, möchten aber die Produktbezeichnung ergänzen, die in einer anderen Datei abgespeichert ist. Hierzu gehen Sie folgendermaßen vor:

1. Markieren Sie zunächst die Zelle, in der die Information ergänzt werden soll. Im Beispiel handelt es sich um die Zelle, in die die Produktbezeichnung eingefügt werden soll. Klicken Sie dann in der Bearbeitungsleiste auf das Symbol *fx*, um den Dialog **Funktion einfügen** aufzurufen.
2. Wählen Sie als Kategorie **Nachschlagen und Verweisen** aus. In der Liste **Funktion auswählen** markieren Sie **SVERWEIS**. Bestätigen Sie die Einstellungen anschließend mit **OK**. Hierdurch wird der Dialog **Funktionsargumente** geöffnet.
3. Geben Sie nun im Feld **Suchkriterium** den Wert oder alternativ die Zelladresse ein, die den Wert enthält, für den in einer anderen Arbeitsmappe zusätzliche Informationen gesucht werden. In unserem Beispiel handelt es sich dabei um die Produktnummer.
4. Klicken Sie auf den Pfeil ⬆ rechts vom Feld **Matrix**. Wechseln Sie nun zu der Arbeitsmappe, in der sich die gesuchten Informationen befinden. Markieren Sie hier den gesamten Zellbereich, der durchsucht werden soll (1) (im Beispiel ist das der Zellbereich A3 bis C23). Wichtig ist, dass die erste Spalte dieses Bereichs (sprich die linke Spalte des markierten Bereichs) den Suchbegriff enthält, hier also die Produktnummer. Entspricht der von Ihnen markierte Zellbereich dieser Bedingung nicht, funktio-

niert die Funktion SVERWEIS nicht! Klicken Sie auf das Symbol , um den Dialog **Funktionsargumente** wieder zu maximieren.

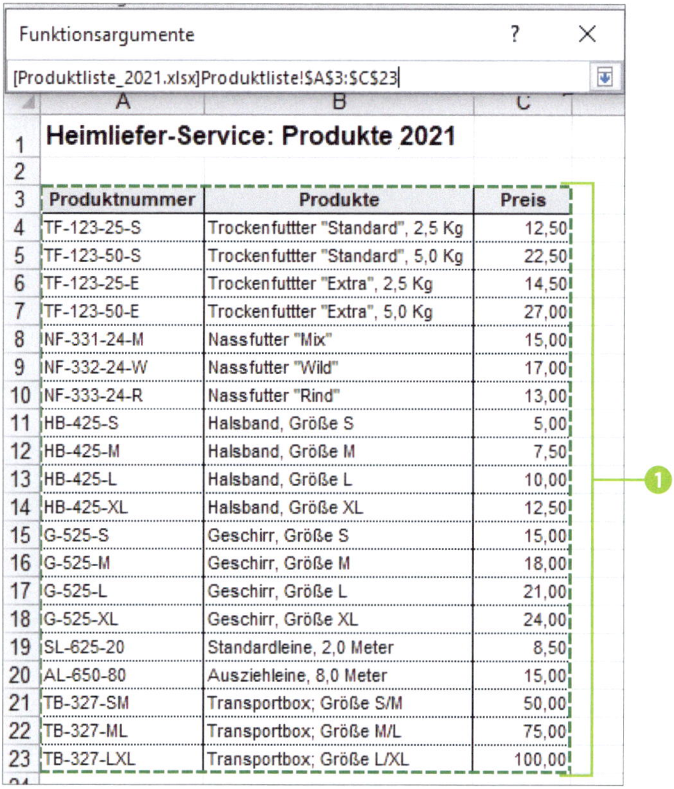

Funktionsargumente ? ×

[Produktliste_2021.xlsx]Produktliste!$A$3:$C$23

	A	B	C
1	**Heimliefer-Service: Produkte 2021**		
2			
3	**Produktnummer**	**Produkte**	**Preis**
4	TF-123-25-S	Trockenfuttter "Standard", 2,5 Kg	12,50
5	TF-123-50-S	Trockenfuttter "Standard", 5,0 Kg	22,50
6	TF-123-25-E	Trockenfuttter "Extra", 2,5 Kg	14,50
7	TF-123-50-E	Trockenfuttter "Extra", 5,0 Kg	27,00
8	NF-331-24-M	Nassfutter "Mix"	15,00
9	NF-332-24-W	Nassfutter "Wild"	17,00
10	NF-333-24-R	Nassfutter "Rind"	13,00
11	HB-425-S	Halsband, Größe S	5,00
12	HB-425-M	Halsband, Größe M	7,50
13	HB-425-L	Halsband, Größe L	10,00
14	HB-425-XL	Halsband, Größe XL	12,50
15	G-525-S	Geschirr, Größe S	15,00
16	G-525-M	Geschirr, Größe M	18,00
17	G-525-L	Geschirr, Größe L	21,00
18	G-525-XL	Geschirr, Größe XL	24,00
19	SL-625-20	Standardleine, 2,0 Meter	8,50
20	AL-650-80	Ausziehleine, 8,0 Meter	15,00
21	TB-327-SM	Transportbox; Größe S/M	50,00
22	TB-327-ML	Transportbox; Größe M/L	75,00
23	TB-327-LXL	Transportbox; Größe L/XL	100,00

1

5. Die Nummer der Spalte, in der die gesuchte Information steht (hier also der Produktname in Spalte B), wird im Feld **Spaltenindex** eingegeben 2. In unserem Beispiel ist dies die zweite Spalte, sodass hier `2` eingetragen wird.

6. Im Feld **Bereich_Verweis** 3 wird entweder `Wahr` oder `Falsch` eingetragen. Soll exakt nach dem eingegebenen Suchkriterium gesucht werden, entscheiden Sie sich für `Falsch`. Bei der Eingabe von `Wahr` würde lediglich nach

einer möglichst genauen Übereinstimmung gesucht. Für unser Beispiel, in dem die Produktbeschreibung zu einer bestimmten Produktnummer gesucht wird, muss also `Falsch` eingetragen werden.

7. Bestätigen Sie Ihre Angaben mit einem Klick auf **OK**. Excel ermittelt anhand der Kriterien nun den Produktnamen und trägt diesen in der dafür vorgesehenen Zelle ein.

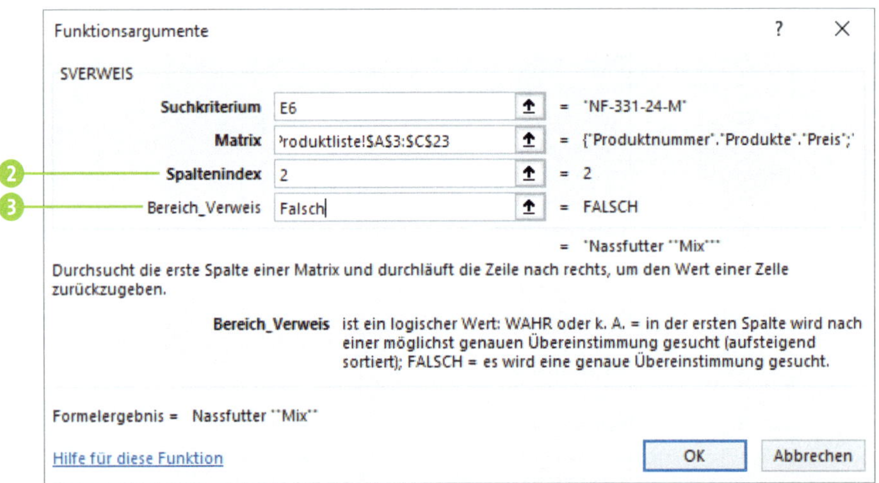

8. Für die weiteren Zellen innerhalb der Spalte müssen Sie die Funktion SVERWEIS nicht jedes Mal neu eingeben, sondern können sie nach unten kopieren. Setzen Sie den Mauszeiger hierzu auf das Ausfüllkästchen in der rechten unteren Ecke der Zelle, und ziehen Sie ihn mit gedrückter linker Maustaste nach unten bis zur letzten gewünschten Zelle 4. Sobald Sie die Taste loslassen, werden die weiteren Produktnamen ergänzt.

Bei der gerade vorgestellten Funktion SVERWEIS wird die definierte Matrix spaltenweise durchsucht. Soll die Matrix dagegen zeilenweise durchsucht werden, kommt die Funktion

WVERWEIS zum Einsatz. Das Vorgehen erfolgt hier analog zur Funktion SVERWEIS.

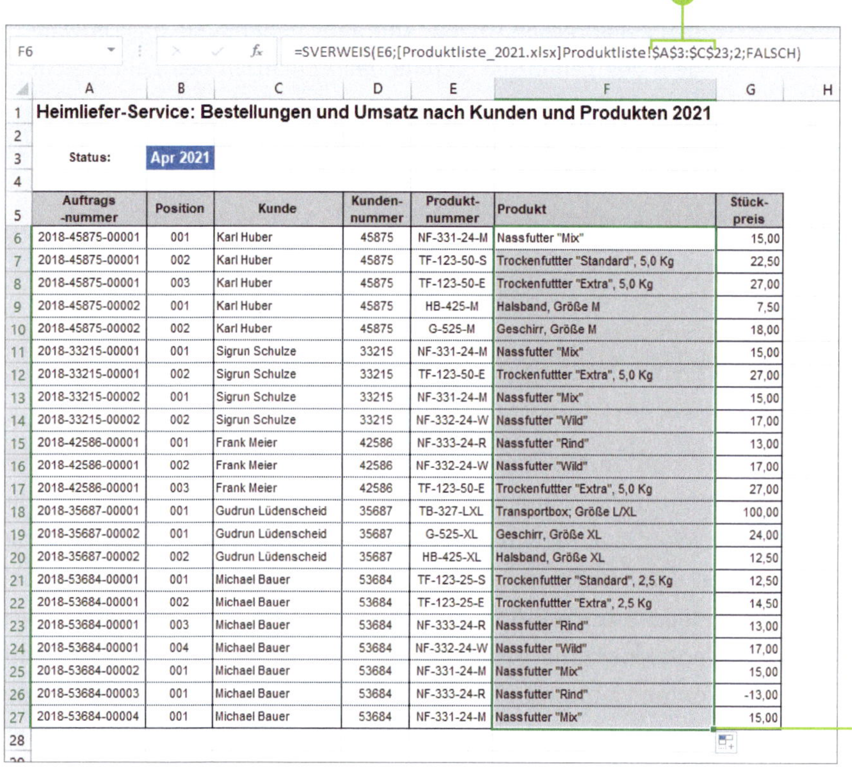

F6 =SVERWEIS(E6;[Produktliste_2021.xlsx]Produktliste!$A$3:$C$23;2;FALSCH)

Heimliefer-Service: Bestellungen und Umsatz nach Kunden und Produkten 2021

Status: Apr 2021

Auftrags-nummer	Position	Kunde	Kunden-nummer	Produkt-nummer	Produkt	Stück-preis
2018-45875-00001	001	Karl Huber	45875	NF-331-24-M	Nassfutter "Mix"	15,00
2018-45875-00001	002	Karl Huber	45875	TF-123-50-S	Trockenfuttter "Standard", 5,0 Kg	22,50
2018-45875-00001	003	Karl Huber	45875	TF-123-50-E	Trockenfuttter "Extra", 5,0 Kg	27,00
2018-45875-00002	001	Karl Huber	45875	HB-425-M	Halsband, Größe M	7,50
2018-45875-00002	002	Karl Huber	45875	G-525-M	Geschirr, Größe M	18,00
2018-33215-00001	001	Sigrun Schulze	33215	NF-331-24-M	Nassfutter "Mix"	15,00
2018-33215-00001	002	Sigrun Schulze	33215	TF-123-50-E	Trockenfuttter "Extra", 5,0 Kg	27,00
2018-33215-00002	001	Sigrun Schulze	33215	NF-331-24-M	Nassfutter "Mix"	15,00
2018-33215-00002	002	Sigrun Schulze	33215	NF-332-24-W	Nassfutter "Wild"	17,00
2018-42586-00001	001	Frank Meier	42586	NF-333-24-R	Nassfutter "Rind"	13,00
2018-42586-00001	002	Frank Meier	42586	NF-332-24-W	Nassfutter "Wild"	17,00
2018-42586-00001	003	Frank Meier	42586	TF-123-50-E	Trockenfuttter "Extra", 5,0 Kg	27,00
2018-35687-00001	001	Gudrun Lüdenscheid	35687	TB-327-LXL	Transportbox; Größe L/XL	100,00
2018-35687-00002	001	Gudrun Lüdenscheid	35687	G-525-XL	Geschirr, Größe XL	24,00
2018-35687-00002	002	Gudrun Lüdenscheid	35687	HB-425-XL	Halsband, Größe XL	12,50
2018-53684-00001	001	Michael Bauer	53684	TF-123-25-S	Trockenfuttter "Standard", 2,5 Kg	12,50
2018-53684-00001	002	Michael Bauer	53684	TF-123-25-E	Trockenfuttter "Extra", 2,5 Kg	14,50
2018-53684-00001	003	Michael Bauer	53684	NF-333-24-R	Nassfutter "Rind"	13,00
2018-53684-00001	004	Michael Bauer	53684	NF-332-24-W	Nassfutter "Wild"	17,00
2018-53684-00002	001	Michael Bauer	53684	NF-331-24-M	Nassfutter "Mix"	15,00
2018-53684-00003	001	Michael Bauer	53684	NF-333-24-R	Nassfutter "Rind"	-13,00
2018-53684-00004	001	Michael Bauer	53684	NF-331-24-M	Nassfutter "Mix"	15,00

Aufgepasst beim Kopieren von Formeln

Beachten Sie beim Kopieren unbedingt Folgendes: Liegt die durchsuchte Matrix in einer anderen Arbeitsmappe, erstellt Excel automatisch einen absoluten Zellbezug. Ein absoluter Zellbezug wird durch das $-Zeichen 5 gekennzeichnet. Liegen die Daten jedoch innerhalb der gleichen Arbeitsmappe in einem anderen Tabellenblatt, wird ein relativer Zellbezug erzeugt. In diesem Fall müssen Sie vor dem Kopieren den relativen in einen absoluten Zellbezug ändern, damit die durchsuchte Matrix dieselbe bleibt (siehe hierzu auch den Kasten »Relative und absolute Zellbezüge umwandeln« auf Seite 23). Hierfür können Sie über die Bearbeitungsleiste selbst die $-Zeichen in den Zelladressen setzen. Alternativ nehmen Sie das Umwandeln des Zellbezugs bereits beim Ergänzen des Zellbereichs im Feld **Matrix** vor (siehe Schritt 4 auf Seite 96). Drücken Sie hierzu nach dem Markieren des Zellbereichs einfach so häufig die Taste F4, bis der Zellbereich mit $-Zeichen versehen ist.

Tipp 055

WENNNV: Fehlermeldung von SVERWEIS unterdrücken

Es kann immer mal vorkommen, dass ein Suchkriterium gar nicht in der Matrix enthalten ist. In einem solchen Fall gibt Excel die Fehlermeldung **#NV** aus. Um diese Fehlermeldung zu unterdrücken, setzen Sie einfach `WENNNV` vor den eigentlichen SVERWEIS und geben den Wert an, der anstelle der Fehlermeldung **#NV** eingeblendet werden soll. Im Falle von Texten wählt man hierfür meist "", wenn im wahrsten Sinne des Wortes »nichts« angezeigt werden soll. Bei Zahlen bietet sich die Angabe `0` an. Die im Folgenden gezeigte obere Abbildung zeigt die Funktion SVERWEIS aus dem vorangehenden Tipp ohne die Ergänzung von WENNNV, in der unteren Abbildung sehen Sie die Kombination der Funktionen WENNNV und SVERWEIS.

```
=SVERWEIS(E6;[Produktliste_2021.xlsx]Produktliste!$A$3:$C$23;2;FALSCH)
```

```
=WENNNV(SVERWEIS(E6;[Produktliste_2021.xlsx]Produktliste!$A$3:C23;2;FALSCH);"")
```

Datum und Zeit korrekt berechnen

Geben Sie ein Datum in eine Zelle ein, wird es auch wie ein Datum dargestellt, also etwa 01.01.2021. In Wirklichkeit speichert Excel Datumsangaben aber als fortlaufende Zahlen. Somit ist es möglich, sie für Berechnungen zu nutzen. Ausgehend vom 01.01.1900 mit der Zahl 1 hat damit der 01.01.2021 die fortlaufende Zahl 44.197, da das Datum 44.197 Tage hinter dem 01.01.1900 liegt.

Die fortlaufende Zahl eines Datums ermitteln

Möchten Sie herausfinden, welche Zahl zu einem bestimmten Datum gehört? Dann probieren Sie einmal Folgendes aus: Geben Sie in eine beliebige Zelle ein Datum ein, z. B. 17.4.2021. Sobald Sie die Taste [↵] drücken, weist Excel der Zelle das Format **Datum** zu. Markieren Sie nun die Zelle mit dem Datum. Klicken Sie dann im Register **Start** in der Gruppe **Zahl** in das Feld **Zahlenformat**, und wählen Sie in der Liste **Standard** aus. Statt des Datums wird in der Zelle nun die fortlaufende Zahl des Datum angezeigt, im Beispiel also 44303.

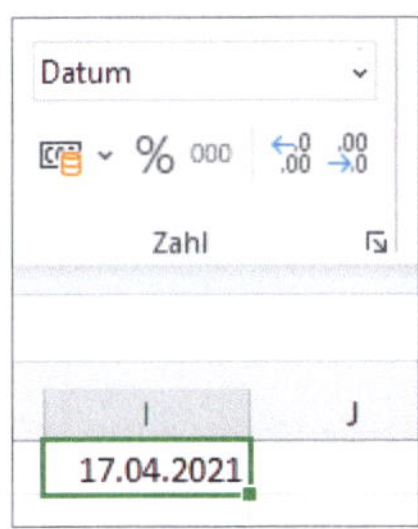

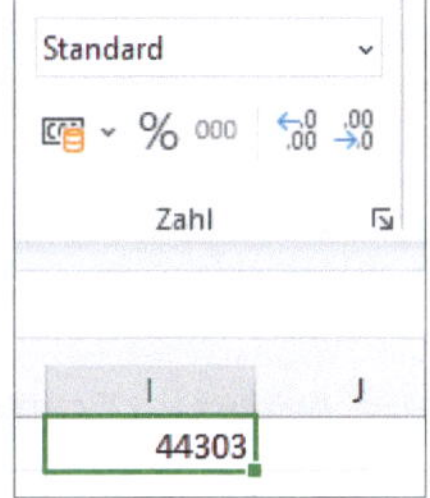

Tipp 056

Tag, Monat oder Jahr aus einem Datum extrahieren

Es kommt immer wieder vor, dass man von einem Datum für weitere Berechnungen nur einen bestimmten Bereich wie den Tag, den Monat oder das Jahr benötigt. Excel bietet entsprechende Funktionen, mit denen sich der gewünschte Teil des Datums extrahieren lässt. Um z. B. aus einem Buchungsdatum den Monat in einem eigenen Feld darzustellen, gehen Sie folgendermaßen vor:

1. Markieren Sie die Zelle, in der der Monat ausgegeben werden soll (im Beispiel in der Abbildung unten die Zelle B2). Rufen Sie den Dialog **Funktion eingeben** auf, indem Sie in der Bearbeitungsleiste auf das Symbol *fx* (1) klicken.
2. Wählen Sie die Kategorie **Datum & Uhrzeit** aus, und markieren Sie die Funktion **MONAT**. Bestätigen Sie mit **OK**.
3. Tragen Sie im Feld **Zahl** des Dialogs **Funktionsargumente** die Zelle ein, die das vollständige Datum enthält (2). Alternativ hierzu können Sie die Zelle auch direkt anklicken (3). Bestätigen Sie mit **OK**.

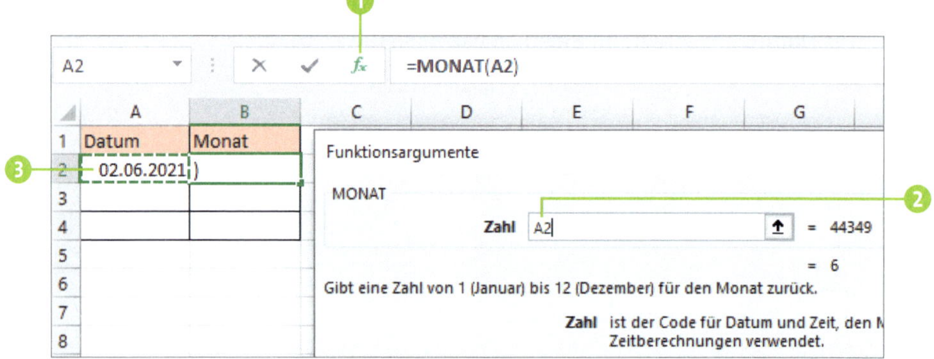

Auf die gleiche Weise können der Tag und das Jahr mithilfe der Funktionen **TAG** bzw. **JAHR** aus einem Datum ausgelesen werden.

Die Kalenderwoche ermitteln

Tipp 057

Möchten Sie gerne herausfinden, in welcher Kalenderwoche ein bestimmtes Datum liegt? Auch hierfür bietet Excel eine entsprechende Funktion, die auch gleich den passenden Namen trägt: **KALENDERWOCHE**. Und so ermitteln Sie die Kalenderwoche:

1. Markieren Sie die Zelle, in der die Kalenderwoche eines Datums ausgegeben werden soll. Rufen Sie über das Symbol *fx* in der Bearbeitungsleiste den Funktionsassistenten auf. Wählen Sie die Kategorie **Datum & Zeit** aus sowie die Funktion **KALENDERWOCHE**. Bestätigen Sie mit **OK**.
2. Im Dialog **Funktionsargumente** tragen Sie im Feld **Fortlaufende_Zahl** die Adresse der Zelle ein, die das Datum enthält, für das die entsprechende Kalenderwoche ermittelt werden soll (1).
3. Der Tag, an dem eine Woche beginnt, wird im Feld **Zahl_Typ** eingegeben. Die Standardeinstellung in Excel ist 1 und steht für Sonntag. Bei der Eingabe von 2 wird als Wochenanfang der Montag angenommen. Für den europäischen Raum hat sich die in *ISO 8601* festgelegte Vorgehensweise eingebürgert, in der die Woche, die den ersten Donnerstag des Jahres umfasst, auch als erste Kalenderwoche gilt. Soll die Kalenderwoche nach diesem europäischen Standard berechnet werden, geben Sie im Feld **Zahl_Typ** 21 ein (2). Bestätigen Sie mit **OK**.

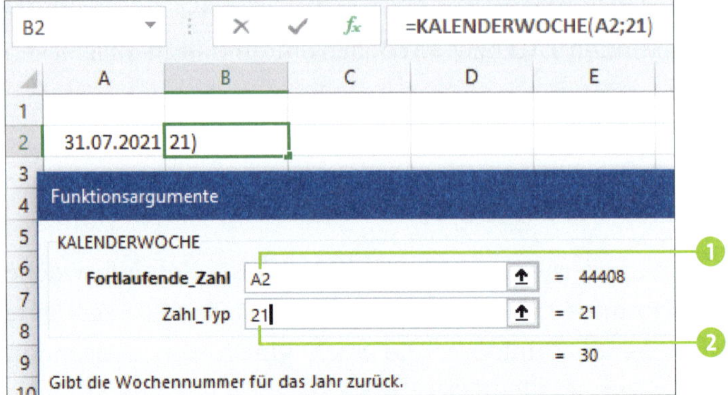

Tipp 058

Die Anzahl an Arbeitstagen berechnen

Sie möchten gerne die Anzahl an Arbeitstagen von heute an bis zum Ende des Jahres ermitteln? Sowohl Wochenende als auch Feiertage sollen hierbei ausgeschlossen werden. Möglich macht dies die Funktion **NETTOARBEITSTAGE**. Die Funktion schließt Wochenenden automatisch aus, die Feiertage müssen von Ihnen angegeben werden. In unserem Beispiel wurden diese ebenfalls im Tabellenblatt aufgeführt, und für den Zellbereich A4 bis A16 wird der Name **Feiertage** vergeben (wie Sie einen Namen vergeben, erfahren Sie in Tipp 046 sowie in Tipp 047 ab Seite 83).

1. Geben Sie zunächst das Startdatum für Ihre Berechnung der Arbeitstage an. Mit der Formel `=Heute()` wird das aktuelle Datum ausgegeben (1). Tragen Sie außerdem das Enddatum für die Berechnung ein (2).
2. Markieren Sie die Zelle, in der die Nettoarbeitstage ausgegeben werden sollen. Rufen Sie über das Symbol *fx* in der Bearbeitungsleiste den Dialog **Funktion eingeben** auf, und wählen Sie in der Kategorie **Datum & Uhrzeit** die Funktion **NETTOARBEITSTAGE** aus. Bestätigen Sie mit **OK**.

3. Tragen Sie in den Feldern **Ausgangsdatum** und **Enddatum** die jeweilige Zelladresse der Daten ein ❸.

4. Falls die Feiertage bei der Berechnung nicht berücksichtigt werden sollen, lassen Sie das Feld **Freie_Tage** leer. Sollen die Feiertage von der Zahl der Arbeitstage abgezogen werden, geben Sie den entsprechenden Zellbereich an. Da hierfür in unserem Beispiel ein Name vergeben wurde, reicht die Angabe des Namens `Feiertage`. Anstatt den Namen selbst einzugeben, können Sie auch in das Feld klicken ❹, dann die Taste F3 drücken und den gewünschten Namen aus dem Dialog **Namen einfügen** auswählen ❺. Bestätigen Sie alle geöffneten Dialoge mit **OK**.

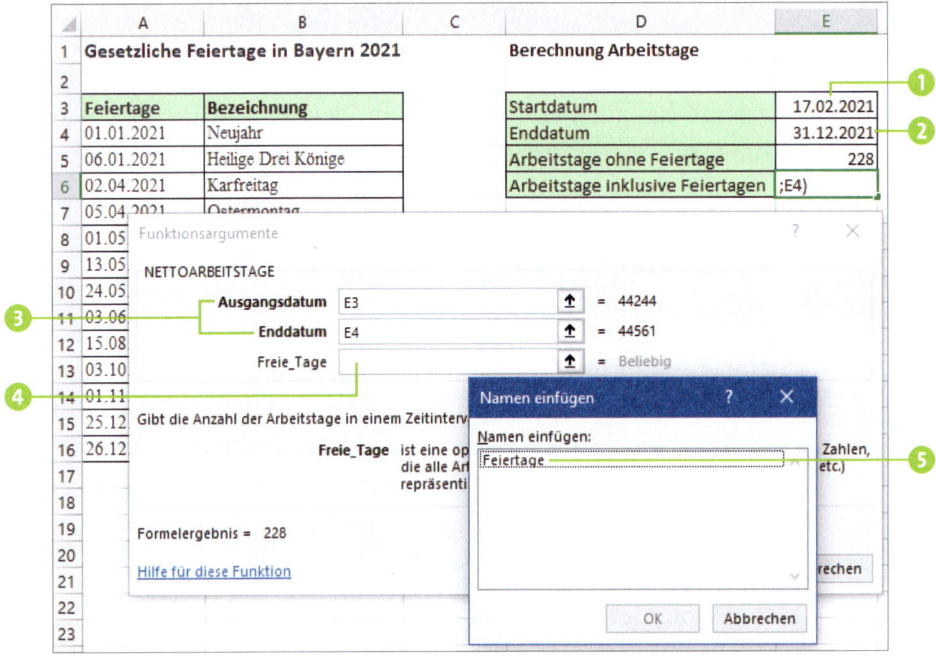

Excel berechnet nun die Anzahl an Arbeitstagen. Haben Sie die Feiertage mit einbezogen, werden nur die Feiertage in der

Berechnung berücksichtigt, die nicht auf einen Samstag oder Sonntag fallen.

Aktuellen Tag und Uhrzeit anzeigen

Mit der Formel `=Heute()` wird nur der aktuelle Tag angezeigt. Soll zusätzlich auch die Uhrzeit ausgegeben werden, nutzen Sie die Formel `=Jetzt()`. Die Uhrzeit wird in der Form `hh:mm` angezeigt, also etwa `06:30` für 6.30 Uhr.

Textinformationen bearbeiten

Excel ist nicht nur ein Genie im Umgang mit Zahlen. Das Programm hat auch eine Vielzahl an Werkzeugen zur Bearbeitung von Textinformationen an Bord.

Tipp 059 TEXTVERKETTEN: Zeichenfolgen aneinanderhängen

Manche Informationen, die man eigentlich in einer einzelnen Zelle benötigt, sind über mehrere Zellen verteilt. Ein klassisches Beispiel hierfür sind die Postleitzahl und der Ort. Wollen Sie diese Informationen zusammen in einer Zelle darstellen, ist die neu in Excel 365 verfügbare Funktion TEXTVERKETTEN die richtige Wahl:

1. Auch hierfür markieren Sie wieder die Zelle, in der die kombinierte Information eingetragen werden soll. Klicken Sie in der Bearbeitungsleiste auf das Symbol fx, stellen Sie die Kategorie **Text** ein, und wählen Sie die Funktion **TEXTVERKETTEN** aus. Bestätigen Sie mit **OK**.

2. Im Dialog **Funktionsargumente** geben Sie im Feld **Trennzeichen** zunächst das Zeichen ein, durch das die einzelnen Zellinhalte voneinander getrennt werden sollen. In unserem Beispiel handelt es sich dabei um das Leerzeichen ①. In anderen Fällen mag ein Komma (,) oder auch ein Semikolon (;) die richtige Wahl sein.

3. Über das Feld **Leer_Ignorieren** legen Sie fest, ob leere Zellen berücksichtigt werden sollen. Im Beispiel darf dies geschehen, sodass Sie ein `WAHR` eingeben ②. Alternativ hierzu können Sie das Feld auch leer lassen. Soll Excel leere Zellen nicht ignorieren, tragen Sie `FALSCH` ein.

4. Im Feld **Text1** erfassen Sie die Adresse der Zelle, die den ersten Text enthält (im Beispiel `A2`) ③, im Feld **Text2** entsprechend die Zelladresse des zweiten Textes ④. Falls notwendig, können Sie noch weitere Textfelder ergänzen ⑤. In unserem Beispiel sollen lediglich zwei Zellen miteinander verknüpft werden, sodass der Dialog an dieser Stelle mit **OK** geschlossen werden kann.

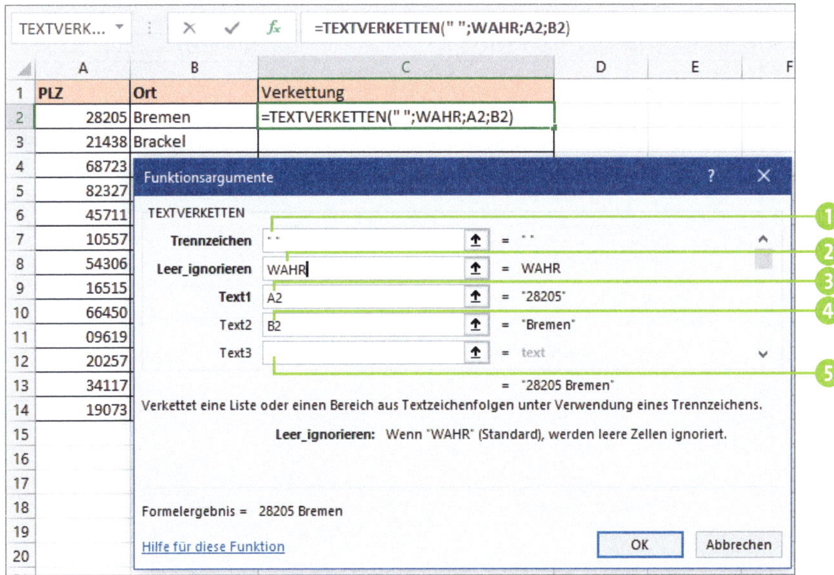

Zeichenfolgen aus Text auslesen

Manche Zellen enthalten eine lange Zeichenfolge, von der Sie aber nur einen Teil benötigen. Ein klassisches Beispiel hierfür sind Rechnungsnummern, die sich aus einem Datum und einer fortlaufenden Nummer zusammensetzen, beispielsweise 05072021_17. Um aus diesem Beispiel die vierstellige Jahreszahl 2021 auszulesen, gehen Sie folgendermaßen vor:

1. Markieren Sie die Zelle, in der die Jahreszahl ausgegeben werden soll. Klicken Sie in der Bearbeitungsleiste auf das Symbol fx, stellen Sie die Kategorie **Text** ein, und wählen Sie die Funktion **TEIL** aus. Bestätigen Sie mit **OK**.
2. Im Feld **Text** geben Sie die Adresse der Zelle ein, die die Zeichenfolge (im Beispiel die Rechnungsnummer) enthält (1).

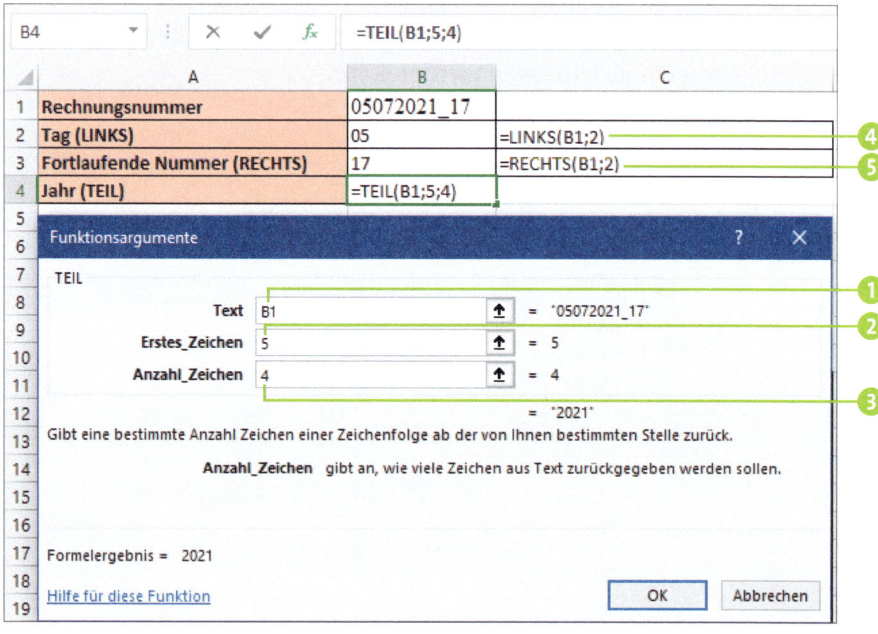

3. Die erste Ziffer der Jahreszahl, die aus der Rechnungsnummer extrahiert werden soll, befindet sich an fünfter Position der Zeichenfolge. In das Feld **Erstes_Zeichen** tragen Sie entsprechend 5 ein ②.
4. Excel soll beginnend mit dem fünften Zeichen vier Zeichen auslesen. Diese 4 tragen Sie im Feld **Anzahl_Zeichen** ein ③. Bestätigen Sie den Dialog mit **OK**.

Möchten Sie sich den Anfang einer Zeichenfolge ausgeben lassen, gelingt dies noch einfacher mit der Funktion **LINKS**. Hier reichen die Angabe der Zelladresse, die die Zeichenfolge enthält, sowie der Anzahl an Zeichen, die extrahiert werden sollen ④. Analog lässt sich das Ende einer Zeichenfolge über die Funktion **RECHTS** auslesen ⑤.

Jetzt wird es kompliziert: Funktionen kombinieren

Nicht immer lassen sich über die vordefinierten Funktionen alle benötigten Fragestellungen abdecken. Häufig müssen Berechnungen oder auch Analysen z. B. in Abhängigkeit von Bedingungen durchgeführt werden, etwa in der Form: »Nur wenn Bedingung A erfüllt ist, führe Aktion B durch«. Excel bietet hierfür die logischen Funktionen an, die eine oder mehrere definierte Bedingungen überprüfen. Als Ergebnis geben sie immer den Wert WAHR oder FALSCH zurück. Außerdem haben Sie die Möglichkeit, mehrere Funktionen miteinander zu kombinieren.

Bedingungen manuell kombinieren

Unterschiedliche Berechnungen können in Abhängigkeit von einer oder mehreren Bedingungen durchgeführt werden. Bei diesen Logikprüfungen kommt die Funktion **WENN** zum Einsatz. Sie können die komplette Formel selbst direkt in der Bearbeitungsleiste oder innerhalb des Funktionsassistenten manuell eingeben. An einem kleinen Beispiel wollen wir das veranschaulichen: Für alle Kunden soll ein Bonus in Abhängigkeit ihres Umsatzes ausgeschüttet werden. Kund*innen, deren Umsatz höher als 750 € ist, erhalten 3 % ihres Umsatzes als Bonus, Kund*innen mit geringerem Umsatz einen Festbetrag von 10 €. Für Neukund*innen wird bei einem Umsatz unter 750 € ein erhöhter Willkommensbonus von 25 € gewährt. Daraus ergeben sich zwei unterschiedliche Bedingungen:

- Bedingung 1: »Wenn Umsatz > 750, dann 750*0,03, sonst 10«. Die Formel in Excel lautet somit:
  `=WENN(D4>750;D4*0,03;10)`
- Bedingung 2: »Wenn Neukund*in, dann 25, sonst 10«. Hierfür lautet die Formel in Excel entsprechend:
  `=WENN(C4="ja";25;10)`

Um beide Bedingungen zu kombinieren, müssen also zwei Abfragen hintereinander ausgeführt werden. Hierzu gehen Sie folgendermaßen vor:

1. Markieren Sie die Zelle, in die die Bonusberechnung eingetragen werden soll. In unserem Beispiel ist dies die Zelle E4.

2. Rufen Sie per Klick auf das Symbol fx in der Bearbeitungsleiste den Dialog **Funktion einfügen** auf. Wählen Sie in der Kategorie **Logik** die Funktion **WENN** aus. Bestätigen Sie mit **OK**.

3. Im Dialog **Funktionsargumente** geben Sie im Feld **Wahrheitstest** ① die Bedingung `D4>750` ein. Im Feld **Wert_wenn_wahr** ② tragen Sie die Formel `D4*0,03` ein.

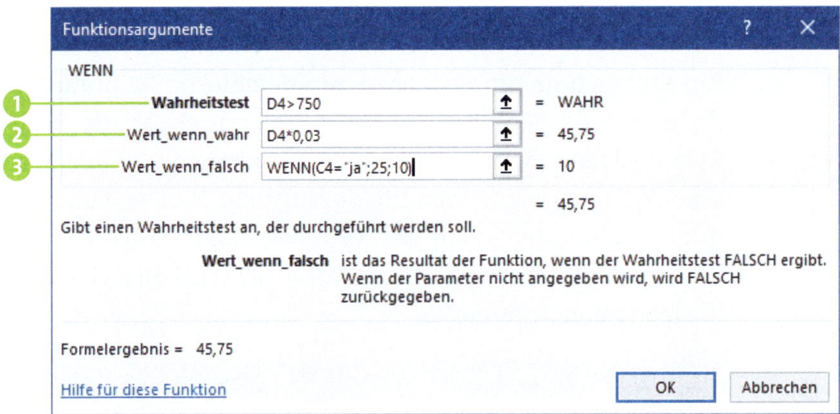

4. Die zweite Abfrage geben Sie vollständig im Feld **Wert_wenn_falsch** ③ ein, in unserem Beispiel also:

   `WENN(C4="ja";25;10)`

   Bestätigen Sie Ihre Eingaben mit **OK**.

5. Werfen Sie nun einen Blick in die Bearbeitungsleiste, finden Sie hier die vollständige Formel ④:

   `=WENN(D4>750;D4*0,03;WENN(C4="ja";25;10))`

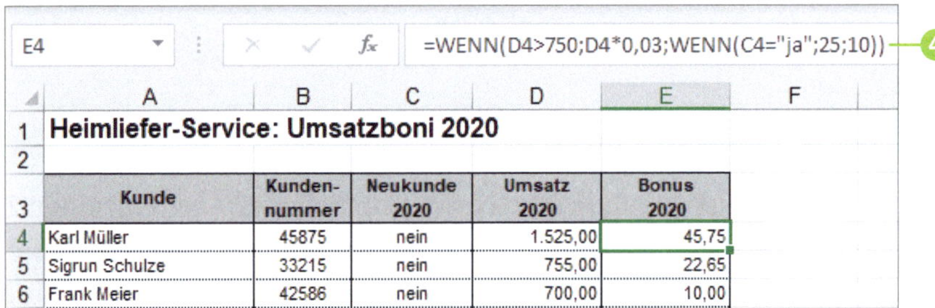

	A	B	C	D	E
1	Heimliefer-Service: Umsatzboni 2020				
2					
3	Kunde	Kunden-nummer	Neukunde 2020	Umsatz 2020	Bonus 2020
4	Karl Müller	45875	nein	1.525,00	45,75
5	Sigrun Schulze	33215	nein	755,00	22,65
6	Frank Meier	42586	nein	700,00	10,00

Tipp 062

Lange erwartet, endlich da: Bedingungen kombinieren mit WENNS

Seit Excel 365 gibt es nun auch die Möglichkeit, mehrere Bedingungen mithilfe der Funktion WENNS zu kombinieren und sich damit das Leben zu erleichtern. Sie brauchen die einzelnen Bedingungen nicht mehr direkt in die Bearbeitungsleiste einzugeben, sondern können sie bequem über den entsprechenden Dialog eingeben, den Sie über den Funktionsassistenten in der Kategorie **Logik** aufrufen. Für unser Beispiel aus Tipp 061 auf Seite 110 ergeben sich damit die folgenden Argumente:

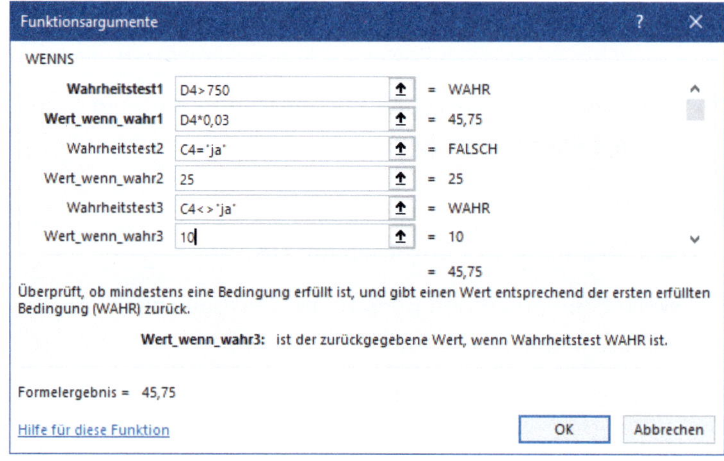

Tipp 063

Arrayformeln: der etwas andere Ansatz

Meist gibt man eine Formel zunächst in einer einzelnen Zelle ein und kopiert sie dann in alle weiteren Zellen. Mithilfe der sog. *Arrayformel* (auch *Matrixformel* genannt) können Sie Formeln aber auch für einen ganzen Bereich in einem einzigen

Schritt erstellen. Das spätere Kopieren wird hierdurch überflüssig. Bei der Eingabe einer Arrayformel sind allerdings einige Punkte zu beachten, wie das folgende Beispiel zeigt:

1. In diesem Beispiel soll die Abweichung zwischen geplantem und realisiertem Umsatz ermittelt werden. Dazu wird zunächst der gesamte Ergebnisbereich markiert, hier also die Zellen E5 bis E15 ❶.
2. In der Bearbeitungsleiste geben Sie nun die Formel ein, allerdings nicht auf Ebene einer einzelnen Zelle, sondern in einem Schritt für den gesamten Bereich. Tippen Sie hierfür zunächst = ein.
3. Markieren Sie nun den Bereich des realisierten Umsatzes (im Beispiel die Zellen D5 bis D15 ❷), ergänzen Sie das Divisionszeichen /, und markieren Sie dann den Bereich des geplanten Umsatzes (hier die Zellen C5 bis C15 ❸). In der Bearbeitungsleiste steht nun die folgende Formel `=D5:D15/C5:C15` ❹.

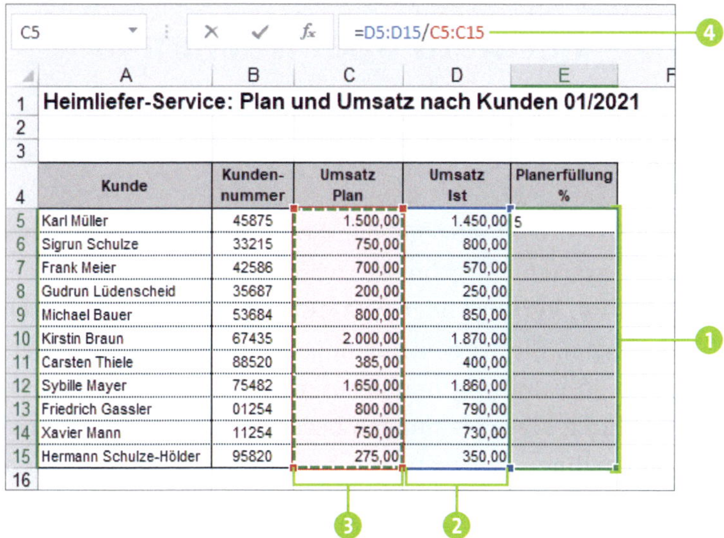

Heimliefer-Service: Plan und Umsatz nach Kunden 01/2021

Kunde	Kunden-nummer	Umsatz Plan	Umsatz Ist	Planerfüllung %
Karl Müller	45875	1.500,00	1.450,00	5
Sigrun Schulze	33215	750,00	800,00	
Frank Meier	42586	700,00	570,00	
Gudrun Lüdenscheid	35687	200,00	250,00	
Michael Bauer	53684	800,00	850,00	
Kirstin Braun	67435	2.000,00	1.870,00	
Carsten Thiele	88520	385,00	400,00	
Sybille Mayer	75482	1.650,00	1.860,00	
Friedrich Gassler	01254	800,00	790,00	
Xavier Mann	11254	750,00	730,00	
Hermann Schulze-Hölder	95820	275,00	350,00	

4. Nun kommt der entscheidende Schritt! Denn die Eingabe muss jetzt mit der Tastenkombination Strg + ⇧ + ↵ bestätigt werden (also nicht nur durch Drücken der ↵-Taste wie sonst üblich). Nur dadurch wird die Arrayformel für den gesamten markierten Ergebnisbereich erzeugt. Die Arrayformel wird in der Bearbeitungsleiste anschließend in geschweifte Klammern eingeschlossen und ist dadurch eindeutig als Arrayformel zu erkennen.

Müssen Sie Korrekturen an einer Arrayformel vornehmen, ist ebenfalls eine Besonderheit zu beachten. Denn innerhalb einer Arrayformel können einzelne Zellen nicht geändert werden. Stattdessen müssen Sie erneut den gesamten Zellbereich markieren (in unserem Beispiel also die Zellen E5 bis E15). Anschließend können Sie die gewünschten Änderungen in der Bearbeitungsleiste vornehmen. Die Eingaben schließen Sie dann wieder mit der Tastenkombination Strg + ⇧ + ↵ ab.

Formeln überwachen und Fehler analysieren

Die Daten sind eingegeben, die Formeln erstellt, doch statt des erwarteten Ergebnisses werden seltsame Meldungen wie **######**, **#WERT!** oder **#NAME?** angezeigt. Etwas ist schiefgegangen. Sie wissen nur noch nicht was. Das ist aber gar nicht so schwierig herauszufinden, denn Excel unterstützt Sie durch diese Meldungen bereits bei der Fehlersuche. Wir stellen Ihnen in diesem Abschnitt die am häufigsten vorkommenden Fehlermeldungen vor.

Spaltenbreite nicht ausreichend

Tipp 064

Die auch als Gartenzaun bekannte Fehlermeldung ##### lässt sich am einfachsten beheben. Sie zeigt an, dass die Spalte zu schmal ist, um den dort hinterlegten Wert korrekt darzustellen.

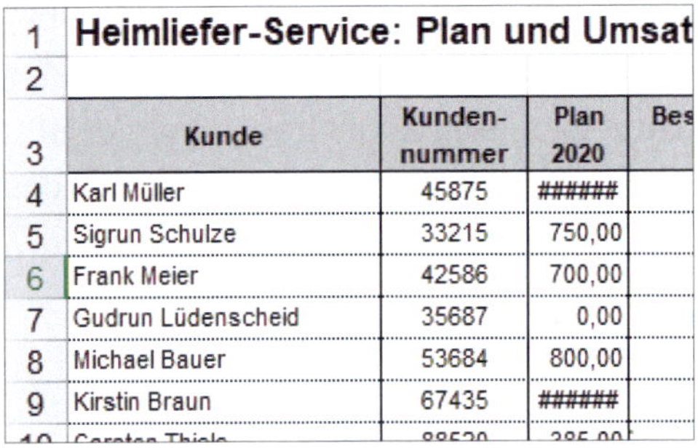

1	**Heimliefer-Service: Plan und Umsat**			
2				
3	**Kunde**	**Kunden-nummer**	**Plan 2020**	**Bes**
4	Karl Müller	45875	######	
5	Sigrun Schulze	33215	750,00	
6	Frank Meier	42586	700,00	
7	Gudrun Lüdenscheid	35687	0,00	
8	Michael Bauer	53684	800,00	
9	Kirstin Braun	67435	######	

Mit einem Doppelklick auf den rechten Rand des Spaltenkopfes lassen Sie die Spaltenbreite automatisch anpassen. Alternativ können Sie die Spaltenbreite auch nach Ihren Wünschen gestalten, indem Sie mit der rechten Maustaste auf den Spaltenkopf klicken und im Kontextmenü **Spaltenbreite** wählen.

Fehlerhafte Formel

Tipp 065

Liegt ein Fehler in der eingegebenen Formel oder Funktion vor, weist Excel in der Zelle darauf hin ①. Zusätzlich wird ein grünes Dreieck in der linken oberen Ecke der betreffenden Zelle eingeblendet – ein Zeichen dafür, dass Excel Ihnen noch mit weiteren Informationen zu diesem Fehler zur Seite steht.

Diese Informationen blenden Sie ein, indem Sie zunächst auf die betreffende Zelle klicken und dann auf das nun sichtbare Ausrufezeichen ②. Ein Klick hierauf, und Sie können z. B.

weitere Hinweise zum Fehler über die Online-Hilfe aufrufen **3**. Häufig hilft es bei der Eingrenzung des Fehlers aber auch, einfach die verschiedenen Berechnungsschritte einzeln durchzugehen **4**.

Allerdings liegt nicht immer ein Fehler vor, wenn das grüne Dreieck angezeigt wird. Excel vergleicht im Hintergrund die Formel in der aktiven Zelle mit den Formeln in den benachbarten Zellen. Weichen diese voneinander ab, weist das Programm Sie darauf hin. Ist diese Abweichung aber gewollt, wählen Sie **Fehler ignorieren** **5**. Damit verschwindet das grüne Dreieck.

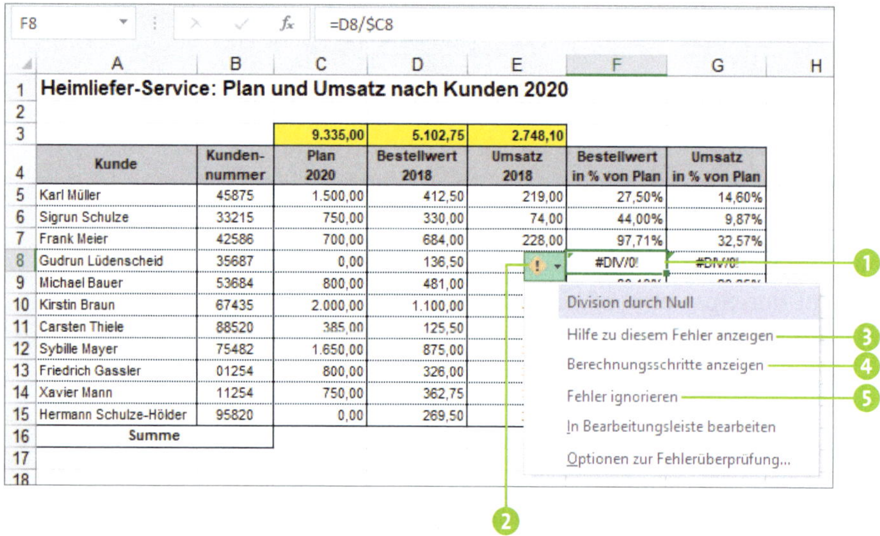

Kunde	Kunden-nummer	Plan 2020	Bestellwert 2018	Umsatz 2018	Bestellwert in % von Plan	Umsatz in % von Plan
		9.335,00	5.102,75	2.748,10		
Karl Müller	45875	1.500,00	412,50	219,00	27,50%	14,60%
Sigrun Schulze	33215	750,00	330,00	74,00	44,00%	9,87%
Frank Meier	42586	700,00	684,00	228,00	97,71%	32,57%
Gudrun Lüdenscheid	35687	0,00	136,50		#DIV/0!	#DIV/0!
Michael Bauer	53684	800,00	481,00			
Kirstin Braun	67435	2.000,00	1.100,00			
Carsten Thiele	88520	385,00	125,50			
Sybille Mayer	75482	1.650,00	875,00			
Friedrich Gassler	01254	800,00	326,00			
Xavier Mann	11254	750,00	362,75			
Hermann Schulze-Hölder	95820	0,00	269,50			
Summe						

Tipp 066

Übersicht über die wichtigsten Fehlermeldungen

Lassen Sie uns kurz die wichtigsten Fehlermeldungen erläutern, die Ihnen begegnen können:

Fehlermeldung	Ursache
#BEZUG!	Die Funktion verweist auf eine nicht existierende Zelle, die z. B. versehentlich gelöscht wurde.
#DIV/0!	Hier wird versucht, durch Null zu dividieren.
#NAME!	Excel kann innerhalb der Funktion ein verwendetes Textelement nicht erkennen, weil es z. B. falsch geschrieben ist.
#NULL!	Der Fehler tritt auf, wenn ein bestimmter Zellbereich von Excel nicht erkannt wird.
#NV	Die Fehlermeldung erscheint, wenn ein gesuchter Wert in einem vorgegebenen Bereich nicht gefunden wird.
#WERT!	Excel kann die Berechnung nicht durchführen, da einer der verwendeten Werte in einem falschen Format, z. B. als Text, angegeben ist.
#ZAHL!	Die Berechnung ergibt eine Zahl, mit der Excel nicht rechnen kann, da sie zu groß oder zu klein ist bzw. mathematisch nicht ermittelt werden kann.

Fehlermeldungen unterdrücken

So hilfreich die Fehlermeldungen von Excel sind, manchmal sind sie auch unerwünscht. Die Funktionsbibliothek bietet aber Möglichkeiten, diese Meldungen zu unterdrücken. Versuchen Sie z. B., durch den Wert 0 zu dividieren, gibt Excel normalerweise als Fehlermeldung `#DIV/0!` aus. Damit dies nicht geschieht, markieren Sie zunächst die Zelle, die die eigentliche Formel (hier also die Division) enthalten soll. Rufen Sie dann im Register **Formeln ▸ Logisch ▸ WENNFEHLER** auf. Im Dialog **Funktionsargumente** geben Sie im Feld **Wert** die Formel ein, allerdings ohne das Gleichheitszeichen zu Beginn ①. Im Feld **Wert_falls_Fehler** tragen Sie den Wert ein, der statt der Fehlermeldung #DIV/0! erscheinen soll, z. B. 0 ②. Bestätigen Sie mit **OK**.

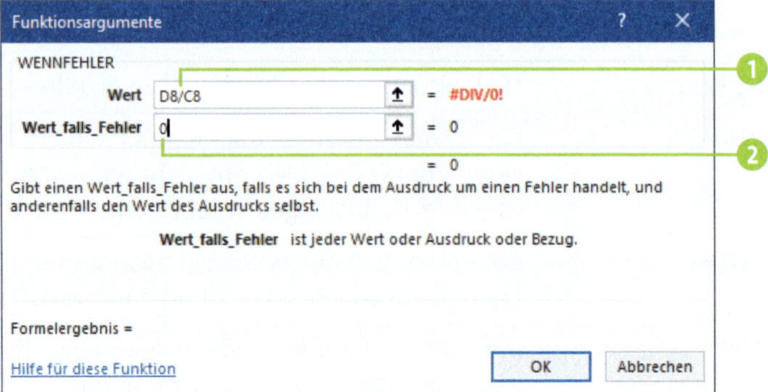

Tipp 067 Schritt für Schritt zur Fehlerursache

So hilfreich eine Fehlermeldung in einer Zelle auch sein mag, manchmal reicht sie doch nicht aus, um sofort die Fehlerursache zu erkennen. Zum Glück bietet Excel aber einige Hilfsmittel an, mit denen sich Fehler selbst in komplizierten Funktionen aufspüren lassen, die mehrere Bedingungen und Formeln enthalten. Im Folgenden stellen wir diese Werkzeuge, die Sie im Register **Formeln** in der Gruppe **Formelüberwachung** finden, kurz vor.

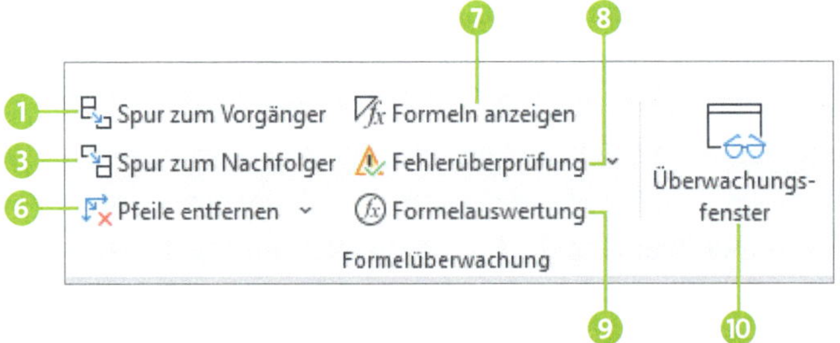

1. Manchmal reicht bereits eine visualisierte *Spur zum Vorgänger*, also zu den Zellen, die für die Berechnung genutzt

werden, um dem Fehler auf die Spur zu kommen. Hierzu markieren Sie die Zelle, die die zu untersuchende Formel enthält, und klicken dann auf die Schaltfläche **Spur zum Vorgänger** 1. Ein Pfeil weist nun aus der Zelle heraus, auf die in der Formel Bezug genommen wird, und zeigt auf die Zelle, die die Formel enthält 2.

2. Um herauszufinden, welche Zellen eine zuvor markierte Zelle in der Berechnung beeinflussen, nutzen Sie die Schaltfläche **Spur zum Nachfolger** 3. Hier zeigen die Pfeile aus der markierten Zelle 4 heraus auf die Zellen, deren Ergebnisse von der markierten Zelle abhängen 5.

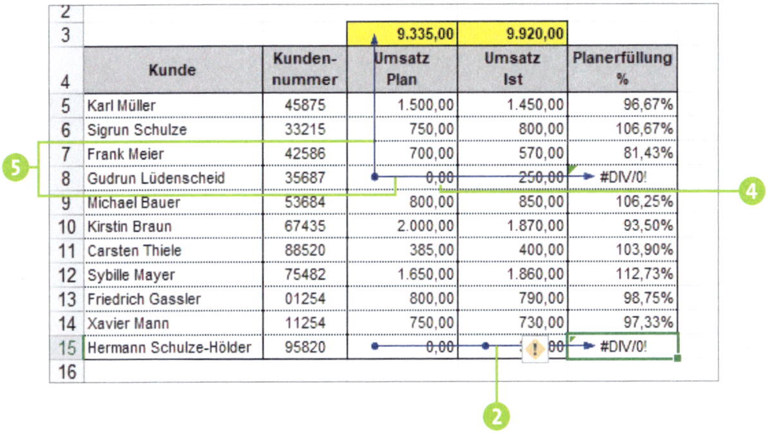

2					
3			9.335,00	9.920,00	
4	Kunde	Kunden-nummer	Umsatz Plan	Umsatz Ist	Planerfüllung %
5	Karl Müller	45875	1.500,00	1.450,00	96,67%
6	Sigrun Schulze	33215	750,00	800,00	106,67%
7	Frank Meier	42586	700,00	570,00	81,43%
8	Gudrun Lüdenscheid	35687	0,00	250,00	#DIV/0!
9	Michael Bauer	53684	800,00	850,00	106,25%
10	Kirstin Braun	67435	2.000,00	1.870,00	93,50%
11	Carsten Thiele	88520	385,00	400,00	103,90%
12	Sybille Mayer	75482	1.650,00	1.860,00	112,73%
13	Friedrich Gassler	01254	800,00	790,00	98,75%
14	Xavier Mann	11254	750,00	730,00	97,33%
15	Hermann Schulze-Hölder	95820	0,00	00	#DIV/0!
16					

3. Um die Pfeile wieder auszublenden, klicken Sie auf die Schaltfläche **Pfeile entfernen** 6.

4. Wollen Sie statt der Werte alle Formeln eines Arbeitsblatts auf einen Blick sehen, um die Syntax zu prüfen, reicht ein Klick auf die Schaltfläche **Formeln anzeigen** 7. Excel passt dabei automatisch die Spaltenbreite an. Mit einem erneuten Klick auf die Schaltfläche werden wieder die ermittelten Werte angezeigt und die Spaltenbreiten korrigiert.

5. Über die Schaltfläche **Fehlerüberprüfung** (8 auf Seite 118) wird die Überprüfung des gesamten Arbeitsblattes gestartet. Findet Excel einen Fehler, wird die entsprechende Zelle markiert und ein Dialog mit weiteren Informationen zum Fehler und möglichen Bearbeitungsschritten eingeblendet (siehe Tipp 065 auf Seite 115).

6. Möchten Sie eine komplexe Funktion Schritt für Schritt nachvollziehen, markieren Sie die entsprechende Zelle und klicken dann auf die Schaltfläche **Formelauswertung** 9. Im Dialog **Formel auswerten** können Sie nun über die weiteren Schaltflächen die Berechnung Schritt für Schritt nachvollziehen und so genau ermitteln, wo der Fehler steckt.

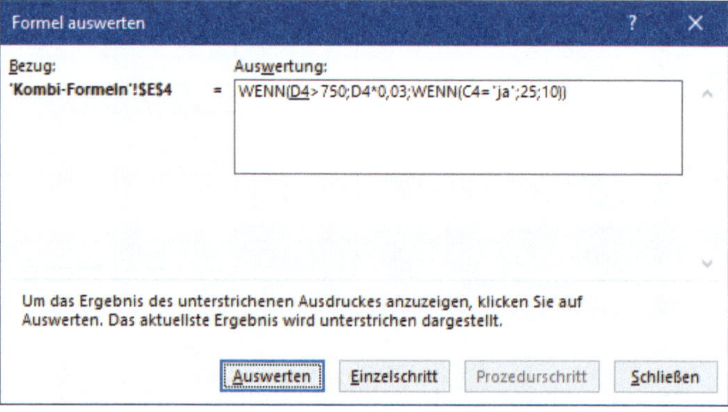

7. Zum Schluss bietet Excel noch eine Überwachung für von Ihnen ausgewählte Formeln an. Diese Funktion rufen Sie über die Schaltfläche **Überwachungsfenster** 10 im Register **Formeln** auf. Im gleichnamigen Dialog, der nun geöffnet wird, klicken Sie auf die Schaltfläche **Überwachung hinzufügen**. Markieren Sie anschließend die Zelle, deren Formeln bzw. Funktionen Sie überwachen möchten. Excel fügt die Formel dem Überwachungsfenster hinzu und zeigt dort eine eventuelle Fehlermeldung an.

8. Um die Überwachung einer Zelle zu beenden, klicken Sie zunächst auf die entsprechende Zeile innerhalb des Überwachungsfensters und dann auf die Schaltfläche **Überwachung löschen** 11.

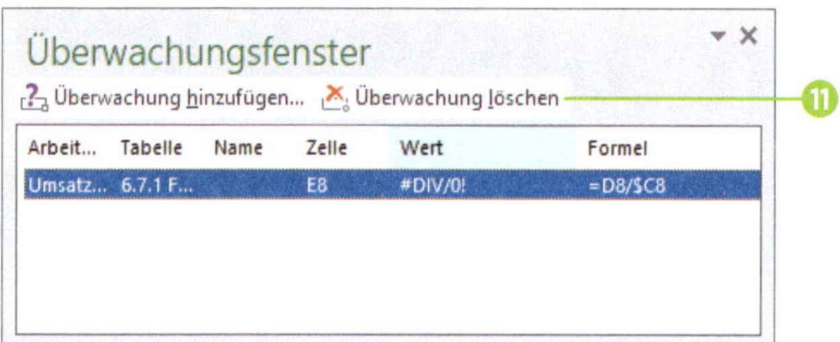

Wenn Excel bremst

Standardmäßig berechnet Excel Formeln und Funktionen nach jeder Eingabe neu. Das kann bei größeren Datenmengen und komplizierten Formeln oder Verlinkungen auf andere Dateien je nach Rechnerleistung schnell zu langen Reaktionszeiten führen. Im Register **Formeln** können Sie in der Gruppe **Berechnung** die Schaltfläche **Berechnungsoptionen** dazu nutzen, die Berechnung von **Automatisch** auf **Manuell** umzustellen. Über die Schaltflächen **Neu berechnen** und **Blatt berechnen** können Sie die Berechnung der gesamten Arbeitsmappe oder des Arbeitsblattes individuell starten. Vergessen Sie aber nicht, vor dem Speichern und Schließen der Datei die automatische Berechnung wieder zu aktivieren, sonst wundern Sie sich später womöglich, dass Excel nicht mehr für Sie rechnet.

Daten auswerten und visualisieren

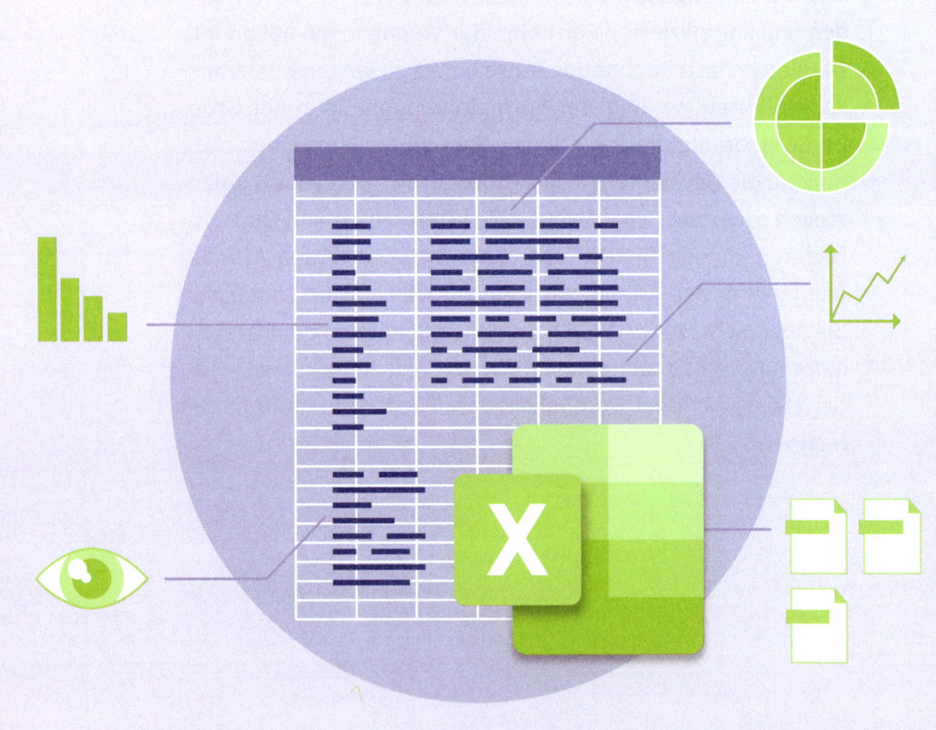

Ein erster Blick auf die Daten: Die Schnellanalyse

Sie haben Daten in Excel eingegeben oder importiert und möchten sich nun einen ersten Überblick verschaffen, ohne gleich tief in die Bearbeitung einzusteigen? Dafür bietet Excel mit der Schnellanalyse entsprechende Möglichkeiten an.

Die Schnellanalyse einsetzen

Tipp 068

Mithilfe der Schnellanalyse lässt sich mit wenigen Mausklicks u. a. eine Datenauswertung oder ein Diagramm erstellen:

1. Als Erstes markieren Sie den Zellbereich, den Sie auswerten möchten. Beachten Sie, dass dies ein zusammenhängender Bereich ohne Lücken sein muss, also z. B. die Zellen A4 bis C15.
2. Sobald Sie den Bereich markiert haben, wird in der rechten unteren Ecke der Markierung das Symbol **Schnellanalyse** ① angezeigt.

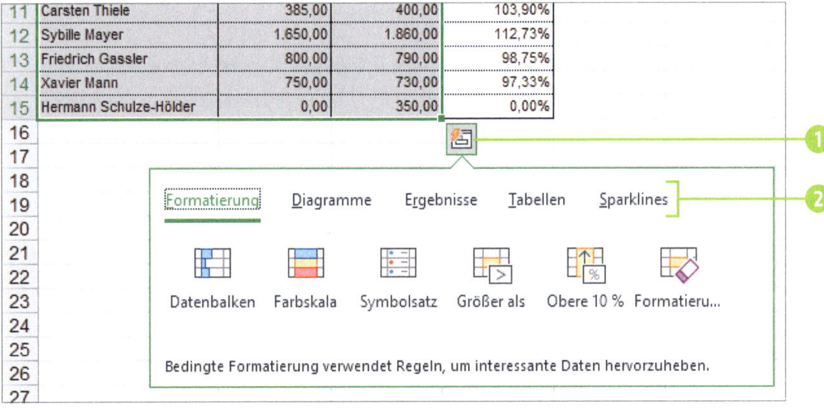

Wenn Sie es anklicken, wird ein Dialog mit den Registern **Formatierung**, **Diagramme**, **Ergebnisse**, **Tabellen** und **Sparklines** eingeblendet ②. (Sparklines sind Kleinstdiagramme, die in einer Zelle dargestellt werden.)

3. Wählen Sie das gewünschte Register aus, und fahren Sie dann mit dem Mauszeiger über die einzelnen Symbole ③. Excel blendet sofort eine Vorschau der jeweiligen Aktion ein ④. Per Mausklick auf das entsprechende Symbol wird die Aktion ausgeführt und z. B. ein Diagramm erstellt.

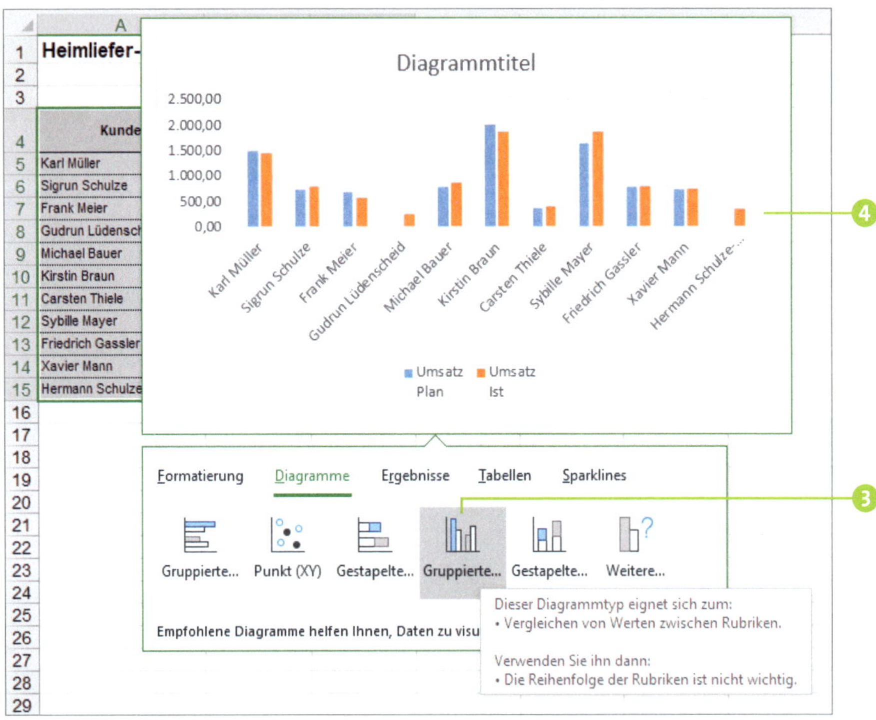

Den Blick auf wichtige Daten lenken

Besonders umfangreiche Tabellen werden schnell unübersichtlich. Um die Lesbarkeit zu verbessern, können Sie Daten, die bestimmte Bedingungen erfüllen, farblich hervorheben, wie die beiden folgenden Tipps zeigen. Enthält die Tabelle viele Spalten oder Zeilen, muss der Nutzer dadurch häufig scrollen. Hier verschafft die Gruppierung Abhilfe. Denn mit ihr lassen sich Informationen, die Sie gerade nicht benötigen, bequem ausblenden und bei Bedarf wieder einblenden. Dieses Verfahren wird in Tipp 071 auf Seite 128 vorgestellt.

Mehr Übersicht dank bedingter Formatierung

Tipp 069

Besonders wichtige Werte oder Informationen, die eine bestimmte Bedingung erfüllen, sollten sofort ins Auge springen. Mithilfe der *bedingten Formatierung* lässt sich dies schnell in die Tat umsetzen. Angenommen, Sie haben eine Umsatzauswertung, in der die geplanten Umsätze den realisierten Umsätzen gegenübergestellt werden. Nun sollen diejenigen Zellen besonders hervorgehoben werden, die deutlich machen, dass der Planumsatz nicht erreicht wurde:

1. Zunächst markieren Sie den Bereich, für den Sie die bedingte Formatierung definieren möchten. (In den meisten Fällen dürften das Spalten sein.)

2. Im Register **Start** in der Gruppe **Formatvorlagen** klicken Sie dann auf **Bedingte Formatierung** (1). Im aufklappenden Menü finden Sie bereits eine Auswahl vordefinierter Regeln, die nach Kategorien geordnet ist. Für unser Beispiel wählen wir nach dem Klick auf **Bedingte Formatie-**

rung die **Regeln zum Hervorheben von Zellen** und dann **Kleiner als** aus 2.

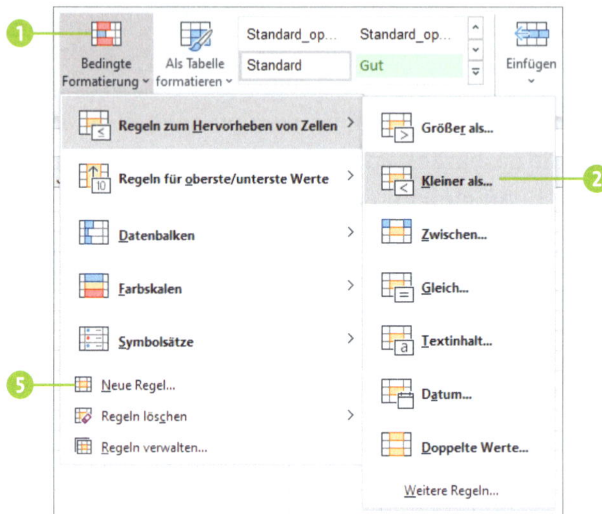

3. Geben Sie im Dialog **Kleiner als** im linken Feld Ihren Wert vor (im Beispiel 0), und wählen Sie im rechten Feld den gewünschten Farbton aus 3. Sobald Sie den Dialog mit **OK** schließen, färbt Excel alle Zellen, die kleinere Werte enthalten als den von Ihnen vorgegebenen Wert, im gewählten Farbton ein 4.

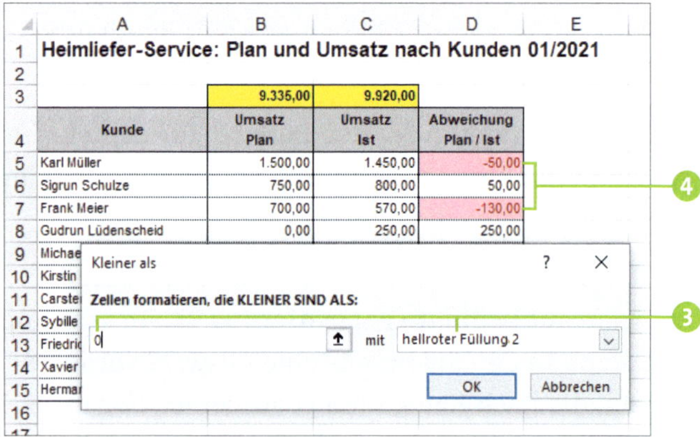

Eigene Regeln zur Formatierung definieren

Tipp 070

Falls unter den vordefinierten Regeln keine dabei ist, die sich für Ihre Zwecke nutzen lässt, können Sie auch eigene Regeln definieren:

1. Markieren Sie den Bereich, für den Sie eine Regel definieren möchten. Klicken Sie anschließend im Register **Start** auf **Bedingte Formatierung**, und wählen Sie **Neue Regel** (5 auf Seite 126).
2. Im Dialog **Neue Formatierungsregel** markieren Sie zunächst einen der sechs Regeltypen 6 und legen anschließend die Regelbeschreibung im Detail fest 7.

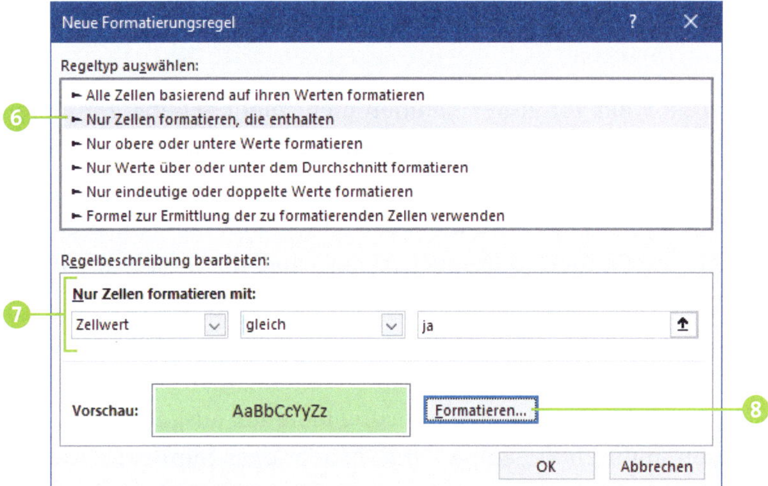

3. Klicken Sie dann auf **Formatieren** 8. Im Dialog **Zellen formatieren** können Sie nun z. B. im Register **Schrift** den Farbton für die Schrift oder im Register **Ausfüllen** die Füllfarbe für die Zellen auswählen. Bestätigen Sie diesen Dialog sowie den Dialog **Neue Formatierungsregel** mit einem Klick auf **OK**.

4. Nachdem Sie die Regel festgelegt haben, formatiert Excel nicht nur den bereits markierten Bereich entsprechend der definierten Bedingung 9, sondern zukünftig auch alle neu eingegebenen Werte.

	Kunde	Kunden-nummer	Neukunde 2020	Umsatz 2020
3				
4	Karl Müller	45875	nein	1.525,00
5	Sigrun Schulze	33215	nein	755,00
6	Frank Meier	42586	nein	700,00
7	Gudrun Lüdenscheid	35687	ja	350,00
8	Michael Bauer	53684	nein	80,00
9	Kirstin Braun	67435	nein	2.000,00
10	Carsten Thiele	88520	ja	755,00
11	Sybille Mayer	75482	nein	1.650,00

9

Tipp 071

Gruppierungen verbessern die Übersicht

»Den Wald vor lauter Bäumen nicht mehr sehen«: Diese bekannte Redewendung lässt sich auch auf eine Tabelle übertragen, die so umfangreich ist, dass man schnell Wichtiges übersieht. Die Lösung ist hier aber ganz einfach: Blenden Sie die Spalten (oder auch Zeilen) aus, die Sie gerade nicht benötigen. Erreichen lässt sich dies durch den geschickten Einsatz von Gruppierungen. Mit nur einem Mausklick sind die Spalten auch schnell wieder eingeblendet. Da nicht benötigte Daten bei der Gruppierung lediglich ausgeblendet werden, müssen Sie keine Sorge haben, dass hierdurch wichtige Informationen verloren gehen oder Berechnungen falsch durchgeführt werden.

1. Um eine bestimmte Spalte mit nur einem Mausklick schnell aus- und wieder einblenden zu können, markieren Sie diese Spalte. Hierzu reicht ein Klick auf den entsprechenden Spaltenkopf. In unserem Beispiel wählen wir hierfür den Spaltenkopf **C**.

2. Wählen Sie nun im Register **Daten** in der Gruppe **Gliederung** die Schaltfläche **Gruppieren** ❶ aus.

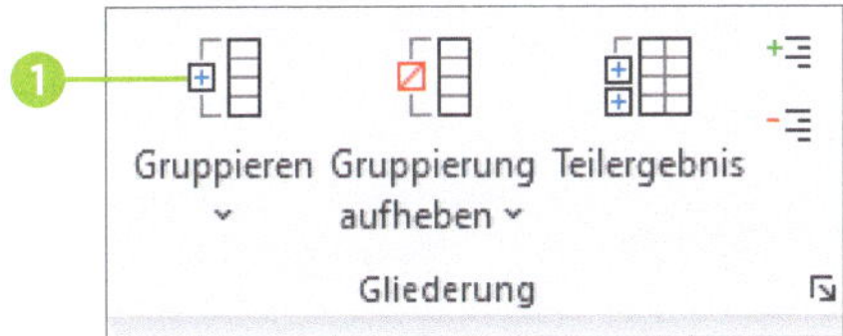

3. Excel markiert die entsprechende Spalte durch einen Punkt über dem Spaltenkopf und blendet ein kleines Minussymbol ein ❷. Klicken Sie auf dieses Symbol ⊟, wird die Spalte ausgeblendet. Das Symbol ändert sich daraufhin in ein Pluszeichen. Möchten Sie die Spalte wieder einblenden, genügt ein Klick auf das Plussymbol ❸.

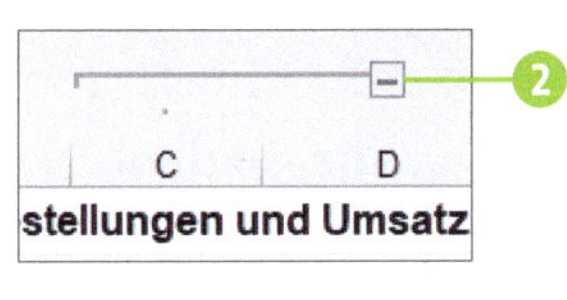

4. Am linken Bildrand finden Sie oberhalb der Zeilenköpfe die zwei Symbole 1 sowie 2 ❹. Falls Sie mehrere Spalten ausgeblendet haben und alle in einem Rutsch wieder einblenden möchten, klicken Sie auf 2. Mit einem Klick auf 1 blenden Sie die Spalten wieder aus.

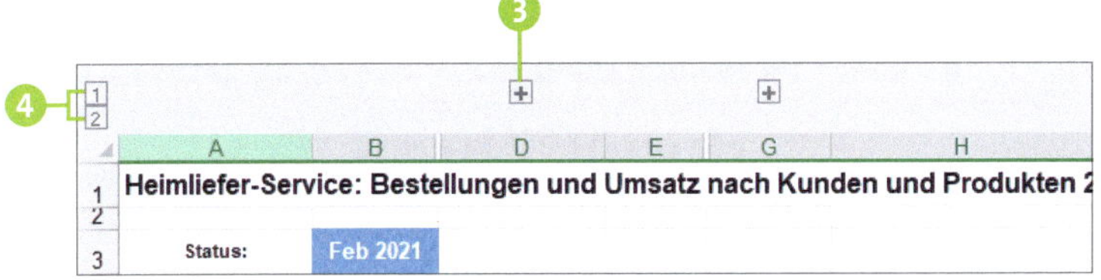

5. Die Gruppierungen lassen sich auch hierarchisch staffeln. Haben Sie also bereits einzelne Spalten gruppiert (in der Abbildung auf Seite 130 z. B. die ausgeblendete Spalte F sowie die ebenfalls ausgeblendeten Spalten J bis L), können Sie zusätzlich nochmals einen Spaltenbereich gruppieren, der diese Gruppierungen enthält. Die Zah-

lensymbole am linken Bildrand werden entsprechend um das Symbol [3] erweitert 5. Per Klick auf diese Symbole können Sie die Spalten schrittweise ein- und ausblenden.

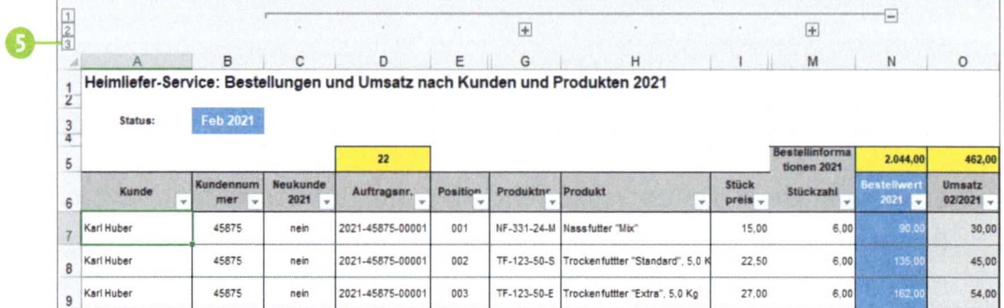

Heimliefer-Service: Bestellungen und Umsatz nach Kunden und Produkten 2021

Status: Feb 2021

Kunde	Kundennummer	Neukunde 2021	Auftragsnr.	Position	Produktnr	Produkt	Stück preis	Stückzahl	Bestellwert 2021	Umsatz 02/2021
			22					Bestellinformationen 2021	2.044,00	462,00
Karl Huber	45875	nein	2021-45875-00001	001	NF-331-24-M	Nassfutter "Mix"	15,00	6,00	90,00	30,00
Karl Huber	45875	nein	2021-45875-00001	002	TF-123-50-S	Trockenfuttter "Standard", 5,0 K	22,50	6,00	135,00	45,00
Karl Huber	45875	nein	2021-45875-00001	003	TF-123-50-E	Trockenfuttter "Extra", 5,0 Kg	27,00	6,00	162,00	54,00

6. Um eine Gruppierung wieder aufzuheben, markieren Sie die Spalten. Klicken Sie dann im Register **Daten** in der Gruppe **Gliederung** auf die Schaltfläche **Gruppierung aufheben**.

In den gezeigten Schritten wurde das Prinzip der Gruppierung anhand der Spalten vorgestellt. Sie können eine Gruppierung selbstverständlich in gleicher Weise auch auf Zeilen anwenden.

Was-wäre-wenn-Analysen durchführen

»Was wäre, wenn ....?« Für solche Fragestellungen eignen sich Tabellenkalkulationsprogramme sehr gut. Excel bietet hierfür eigens diverse Werkzeuge an, mit denen sich Ergebnisse auf Basis unterschiedlicher Annahmen ermitteln lassen. Die Tools werden unter dem Begriff *Was-wäre-wenn-Analysen* zusammengefasst.

Ausgangswerte mit der Zielwertsuche verändern

Tipp 072

Als Erstes betrachten wir die Zielwertsuche. Mit ihr wird ein Ausgangswert so lange verändert, bis ein bestimmter Zielwert erreicht ist. Excel rechnet dabei auf Basis Ihrer Vorgaben zurück. Wichtig ist, dass die Zielzelle, in der ein bestimmter Wert erreicht werden soll, eine Formel enthält, während die mittels der Zielwertsuche veränderbare Zelle einen festen Wert aufweisen muss. Wie dies im Detail aussieht, verdeutlicht das folgende Beispiel. In ihm soll der Zielwert einer Investition nach fünf Jahren berechnet werden, der benötigt wird, um eine jährliche Verzinsung von 5,0 % zu erreichen:

1. Angenommen, Sie möchten einen Youngtimer für 10.000 € erwerben und spekulieren darauf, dass der Wiederverkaufswert in fünf Jahren bei 12.000 € liegt. Geben Sie zunächst die Daten so in die Zeilen 2 bis 4 ein, wie es in der folgenden Abbildung zu sehen ❶ ist. Mithilfe der Funktion **ZSATZINVEST** wird die Verzinsung berechnet. In Zelle B5 tragen Sie entsprechend `=ZSATZINVEST(B3;B2;B4)` ein ❷. Die Funktion berechnet einen jährlichen Zinssatz von 3,71 %.

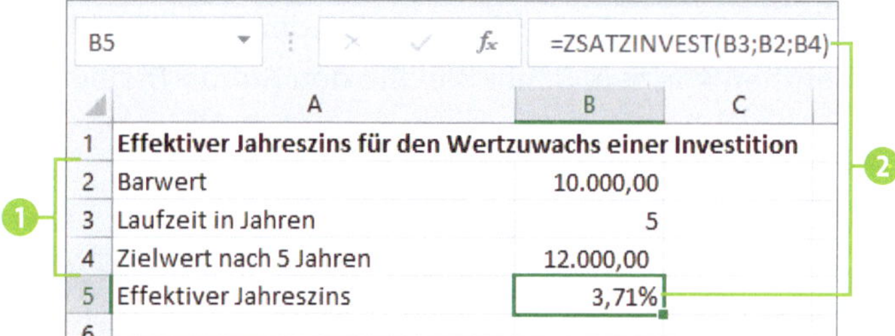

	A	B	C
1	**Effektiver Jahreszins für den Wertzuwachs einer Investition**		
2	Barwert	10.000,00	
3	Laufzeit in Jahren	5	
4	Zielwert nach 5 Jahren	12.000,00	
5	Effektiver Jahreszins	3,71%	
6			

2. Als Nächstes soll die Frage beantwortet werden, wie hoch der Zielwert, also der Wiederverkaufswert in fünf Jahren bei einer gewünschten jährlichen Verzinsung von

ca. 5,0 %, sein muss. Markieren Sie hierzu zunächst die Zelle B5. Klicken Sie dann im Register **Daten** in der Gruppe **Prognose** auf **Was-wäre-wenn-Analyse ► Zielwertsuche**.

3. Im Dialog **Zielwertsuche** ist das Feld **Zielzelle** bereits mit der Zelladresse B5 vorbelegt ❸. Der **Zielwert** ist 5,0 %, der hier aber nicht als Prozentwert, sondern als Zahl mit `0,05` einzugeben ist ❹. Die veränderbare Zelle ist der Zielwert der Investition in fünf Jahren, also die Zelle B4. Klicken Sie diese Zelle an, wird die Zelladresse im Feld **Veränderbare Zelle** automatisch als absoluter Zellbezug in der Form `$B$4` eingefügt ❺. Bestätigen Sie Ihre Eingaben mit **OK**.

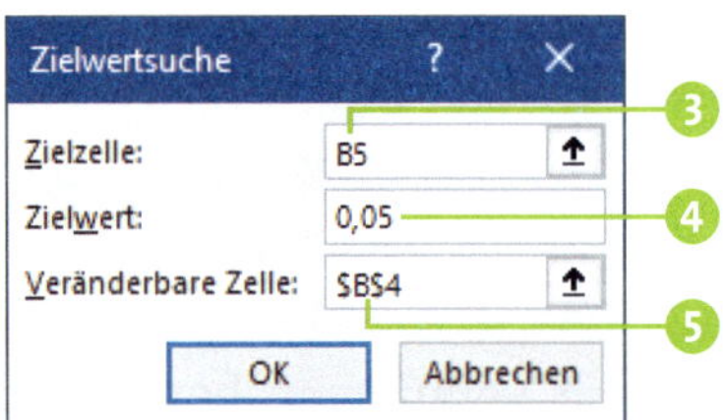

4. Excel ermittelt nun den Zielwert der Investition ❻, also den notwendigen Wiederverkaufspreis, um eine jährliche Verzinsung von ca. 5,0 % zu erreichen. Der exakt berechnete Zinswert beträgt 4,97 %, wie Sie der Statusmeldung entnehmen können. Schließen Sie den Status-Dialog mit **OK**.

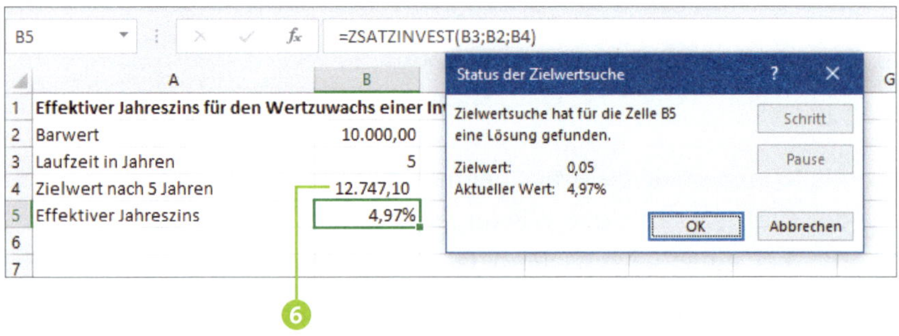

Alternativen mithilfe der Datentabelle bewerten

Tipp 073

Wollen Sie mehrere Alternativen in einem Schritt berechnen, bietet sich die Nutzung der sog. *Datentabelle* an. Im folgenden Beispiel soll die jährliche Verzinsung einer Investition in Abhängigkeit von einem zukünftigen Zielwert nach fünf Jahren berechnet werden. Wie im vorigen Tipp nehmen wir wieder an, dass ein Youngtimer für 10.000 € erworben werden soll. Es wird darauf spekuliert, dass der Wiederverkaufswert in fünf Jahren bei 12.000 € liegt.

1. Geben Sie zunächst in den Zeilen 2 bis 4 die Daten so ein, wie es in der folgenden Abbildung zu sehen ist ❶. Um die Verzinsung zu berechnen, nutzen Sie wieder die Funktion ZSATZINVEST. Die entsprechende Formel tragen Sie dieses Mal in Zelle C6 ❷ ein: `=ZSATZINVEST(B3;B2;B4)`. Der Zinssatz liegt wieder bei 3,71 %.
2. Mithilfe der Datentabelle soll die Verzinsung für andere Zielwerte berechnet werden. Diese Zielwerte geben Sie in den Zellen B7 bis B12 ein ❸.

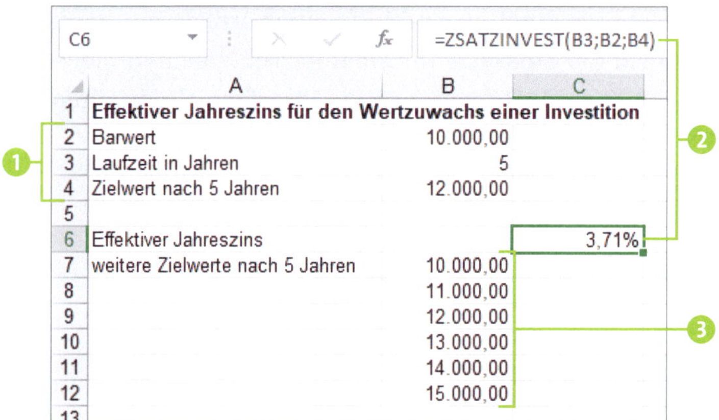

C6 =ZSATZINVEST(B3;B2;B4)

	A	B	C
1	**Effektiver Jahreszins für den Wertzuwachs einer Investition**		
2	Barwert	10.000,00	
3	Laufzeit in Jahren	5	
4	Zielwert nach 5 Jahren	12.000,00	
5			
6	Effektiver Jahreszins		3,71%
7	weitere Zielwerte nach 5 Jahren	10.000,00	
8		11.000,00	
9		12.000,00	
10		13.000,00	
11		14.000,00	
12		15.000,00	
13			

3. Markieren Sie nun den gesamten zu berechnenden Bereich einschließlich der Formel, in unserem Beispiel also

die Zellen B6 bis C12. Klicken Sie dann im Register **Daten** in der Gruppe **Prognose** auf **Was-wäre-wenn-Analyse**, und wählen Sie die **Datentabelle** aus.

4. Im Dialog **Datentabelle** müssen Sie nun angeben, welcher feste Wert durch die variablen Werte in Spalte B ersetzt werden soll. Im Beispiel ist das der Zielwert der Investition in Zelle B4. Sobald Sie die Zelle per Mausklick ausgewählt haben, wird wieder automatisch im Feld **Werte aus Spalte** der absolute Zellbezug `$B$4` ergänzt (4). Bestätigen Sie die Eingabe mit **OK**.

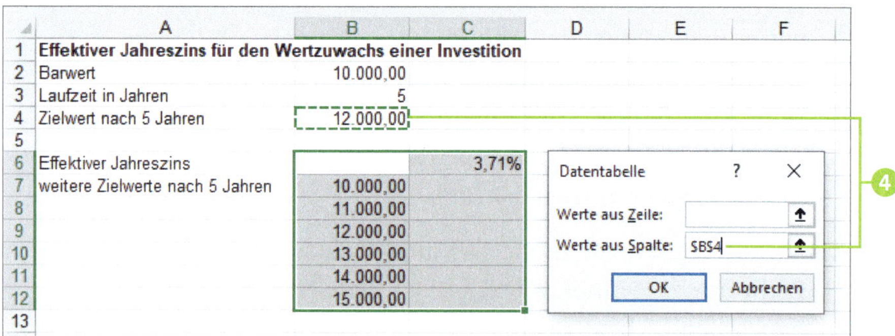

	A	B	C	D	E	F
1	**Effektiver Jahreszins für den Wertzuwachs einer Investition**					
2	Barwert	10.000,00				
3	Laufzeit in Jahren	5				
4	Zielwert nach 5 Jahren	12.000,00				
5						
6	Effektiver Jahreszins		3,71%			
7	weitere Zielwerte nach 5 Jahren	10.000,00				
8		11.000,00				
9		12.000,00				
10		13.000,00				
11		14.000,00				
12		15.000,00				
13						

5. Excel berechnet nun mithilfe einer *Arrayformel* in einem Schritt die Zinssätze für die unterschiedlichen Zielwerte (5). Weitere Informationen zu Arrayformeln erhalten Sie in Tipp 063 auf Seite 112.

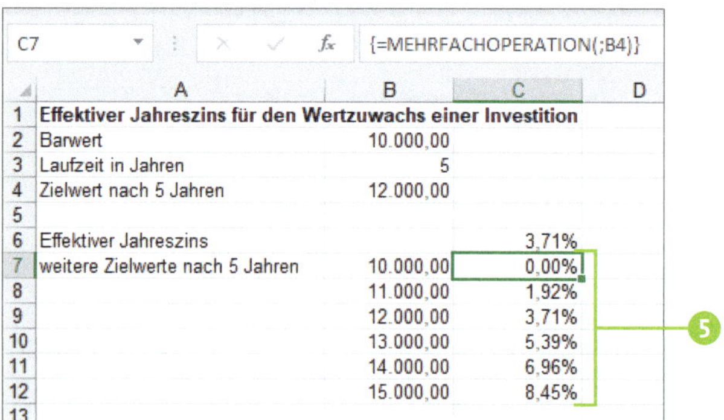

C7 {=MEHRFACHOPERATION(;B4)}

	A	B	C	D
1	**Effektiver Jahreszins für den Wertzuwachs einer Investition**			
2	Barwert	10.000,00		
3	Laufzeit in Jahren	5		
4	Zielwert nach 5 Jahren	12.000,00		
5				
6	Effektiver Jahreszins		3,71%	
7	weitere Zielwerte nach 5 Jahren	10.000,00	0,00%	
8		11.000,00	1,92%	
9		12.000,00	3,71%	
10		13.000,00	5,39%	
11		14.000,00	6,96%	
12		15.000,00	8,45%	
13				

Datentabelle: Berechnung mit zwei Variablen

Tipp 074

Auch eine Berechnung mit zwei Variablen ist über die Datentabelle möglich. In unserem Beispiel sollen wieder die Zinssätze berechnet werden. Neben dem Zielwert werden dieses Mal aber zusätzlich noch unterschiedliche Laufzeiten einbezogen. In der Tabelle müssen Sie hierfür nur eine kleine Änderung vornehmen:

1. Markieren Sie die Zelle C6, und drücken Sie die Tastenkombination Strg + X, um den Zellinhalt auszuschneiden. Klicken Sie dann in die Zelle B6, und fügen Sie den Inhalt der Zwischenablage über die Tastenkombination Strg + V in die Zelle ein ①. Ergänzen Sie dann in Zeile 6 beginnend mit Zelle C6 die unterschiedlichen Laufzeiten in Jahren, für die Sie die Verzinsung berechnen wollen ②.

2. Markieren Sie nun wieder den gesamten zu berechnenden Bereich einschließlich der Formel, in unserem Beispiel also die Zellen B6 bis G12 ③. Im Register **Daten** klicken Sie dann wieder auf **Was-wäre-wenn-Analyse ▸ Datentabelle**.

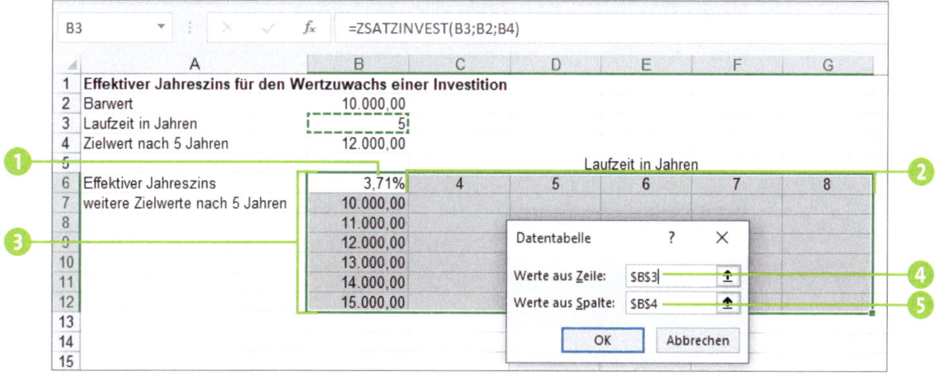

3. Für die Berechnung sollen die zwei festen Werte in den Zellen B3 sowie B4 durch variable Werte ersetzt werden. Im Dialog **Datentabelle** wird im Feld **Werte aus Zeile** in unserem Beispiel $B$3 (4) eingetragen sowie im Feld **Werte aus Spalte** $B$4 (5). Auch hier reicht nach Auswahl des gewünschten Feldes jeweils ein Klick auf die entsprechende Zelle. Excel ergänzt dann automatisch die absolute Zelladresse. Bestätigen Sie die Eingabe mit **OK**.

4. Excel berechnet nun wieder mithilfe einer Arrayformel die Zinssätze für die unterschiedlichen Zielwerte und Laufzeiten in einem Schritt.

B6 =ZSATZINVEST(B3;B2;B4)

	A	B	C	D	E	F	G
1	**Effektiver Jahreszins für den Wertzuwachs einer Investition**						
2	Barwert	10.000,00					
3	Laufzeit in Jahren	5					
4	Zielwert nach 5 Jahren	12.000,00					
5					Laufzeit in Jahren		
6	Effektiver Jahreszins	3,71%	4	5	6	7	8
7	weitere Zielwerte nach 5 Jahren	10.000,00	0,00%	0,00%	0,00%	0,00%	0,00%
8		11.000,00	2,41%	1,92%	1,60%	1,37%	1,20%
9		12.000,00	4,66%	3,71%	3,09%	2,64%	2,31%
10		13.000,00	6,78%	5,39%	4,47%	3,82%	3,33%
11		14.000,00	8,78%	6,96%	5,77%	4,92%	4,30%
12		15.000,00	10,67%	8,45%	6,99%	5,96%	5,20%
13							

Noch flexibler: der Szenario-Manager

Noch flexibler als die beiden bereits vorgestellten Möglichkeiten der *Was-wäre-wenn-Analyse* ist der *Szenario-Manager*. Denn im Gegensatz zu einer Variablen bei der *Zielwertsuche* oder zwei Variablen bei der *Datentabelle* können hier auch mehr als zwei Variablen für Berechnungen genutzt werden. Angenommen, es soll ein neuer Lieferwagen angeschafft werden. Über veränderbare Zellen können Sie Werte wie Anschaffungspreis, Verbrauch, Steuern oder auch Versicherung für jedes infrage kommende Fahrzeug eingeben. Voraussetzung ist auch hier, dass Sie zunächst eine Tabelle mit den notwendigen

Bezeichnungen und Werten erstellen und sie dann als Basis für die im Szenario-Manager zu erstellenden Szenarien nutzen. Die erzeugten Szenarien können dann miteinander verglichen werden. Im Szenario-Bericht lassen sich diese Werte anschließend gegenüberstellen und miteinander vergleichen.

Ein Bild sagt mehr als tausend Werte

Müssen Sie während einer Konferenz Auswertungen präsentieren, bietet es sich häufig an, statt unübersichtlicher Tabellen griffige Diagramme zu zeigen. Auch hierfür bietet Excel diverse Möglichkeiten.

Ein Diagramm erstellen

Tipp 075

Möchten Sie z.B. die Umsatzentwicklung der letzten Jahre grafisch darstellen, gehen Sie folgendermaßen vor:

1. Markieren Sie zunächst wie üblich den Zellbereich, den Sie als Diagramm darstellen möchten (im Beispiel die Zellen A3 bis D9 (1)). Klicken Sie dann im Register **Einfügen** in der Gruppe **Diagramme** auf die Schaltfläche **Empfohlene Diagramme** (2).
2. Im Dialogfenster **Diagramm einfügen** wird Ihnen im Register **Empfohlene Diagramme** (3) in der linken Spalte eine Auswahl möglicher Diagramme auf Basis der von Ihnen markierten Zellen angeboten. Wenn Sie eine dieser Miniaturansichten anklicken, dann wird in der rechten

Spalte eine Detailansicht mit Erläuterungen eingeblendet. Gefällt Ihnen bereits eines dieser Diagramme, markieren Sie es in der linken Spalte und schließen den Dialog mit **OK**. Das Diagramm wird nun erzeugt und in das aktuelle Arbeitsblatt eingebettet.

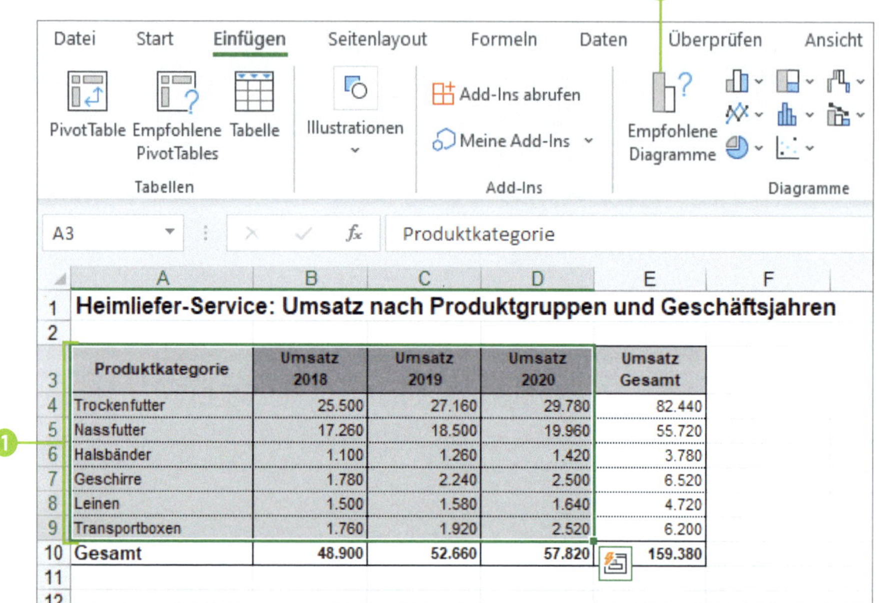

3. Sagt Ihnen keiner der Vorschläge zu, wechseln Sie im Dialog **Diagramm einfügen** in das Register **Alle Diagramme** ❹. Hier werden in der linken Spalte alle verfügbaren Diagrammkategorien aufgelistet, z. B. **Säule**, **Linie** oder auch **Balken** ❺. Im rechten oberen Bildbereich finden Sie diverse Unterkategorien ❻ und direkt darunter einige Beispiele ❼. Auch diese basieren bereits auf den von Ihnen markierten Daten.

4. Wählen Sie nun die Kategorie (im Beispiel **Säule**) sowie die Unterkategorie (hier **Gestapelte Säulen**) per Mausklick aus.

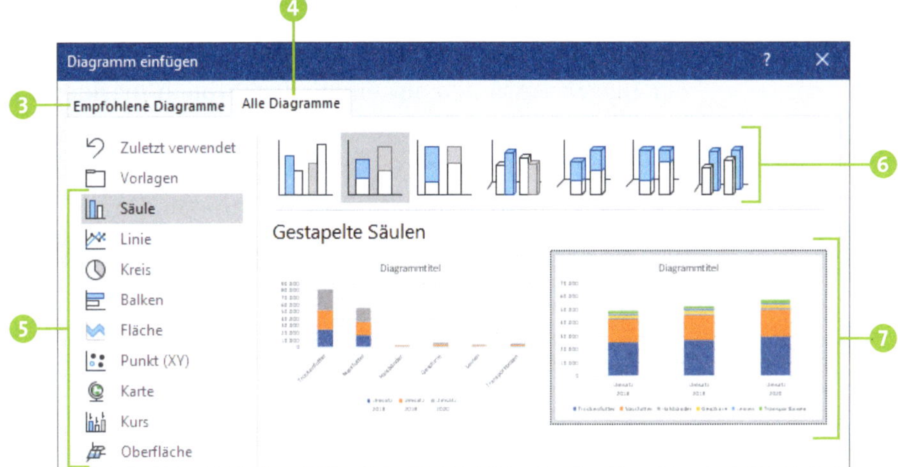

5. Haben Sie sich für ein Beispiel entschieden, reicht ein Doppelklick darauf aus, und schon wird das Diagramm erzeugt und in das Arbeitsblatt eingebettet.

Diagramme individuell anpassen

Tipp 076

Nach den Schritten aus Tipp 075 auf Seite 137 haben Sie nun zwar ein Diagramm, das die einzelnen Datenreihen aus Ihrer Tabelle enthält. In den meisten Fällen ist dieses Diagramm aber noch nicht präsentabel und sollte daher überarbeitet werden:

1. Zunächst schieben Sie das Diagramm mit gedrückter linker Maustaste an die von Ihnen gewünschte Stelle in der Arbeitsmappe. Über die Markierungspunkte können Sie die Größe anpassen, sodass alle Daten gut lesbar sind 1.
2. Klicken Sie dann auf den **Diagrammtitel**, und überschreiben Sie den Text mit einem aussagekräftigen Titel, hier z.B. mit »Umsatz nach Jahren« 2. Falls gewünscht, können Sie den Titel über die Befehle in der Gruppe **Schriftart** des Registers **Start** wie gewohnt formatieren.

3. Positionieren Sie nun den Mauszeiger innerhalb einer der Diagrammsäulen auf einem der farblich markierten Bereiche einer Datenreihe ❸. Drücken Sie die rechte Maustaste, und wählen Sie im Kontextmenü per linkem Mausklick den Befehl **Datenbeschriftungen hinzufügen** aus ❹. Excel ergänzt in dem ausgewählten Bereich nun die entsprechenden Werte. Führen Sie diesen Schritt für jeweils einen Datenpunkt innerhalb einer Datenreihe durch. Eine Datenreihe lässt sich übrigens anhand des gleichen Farbtons im Diagramm erkennen.

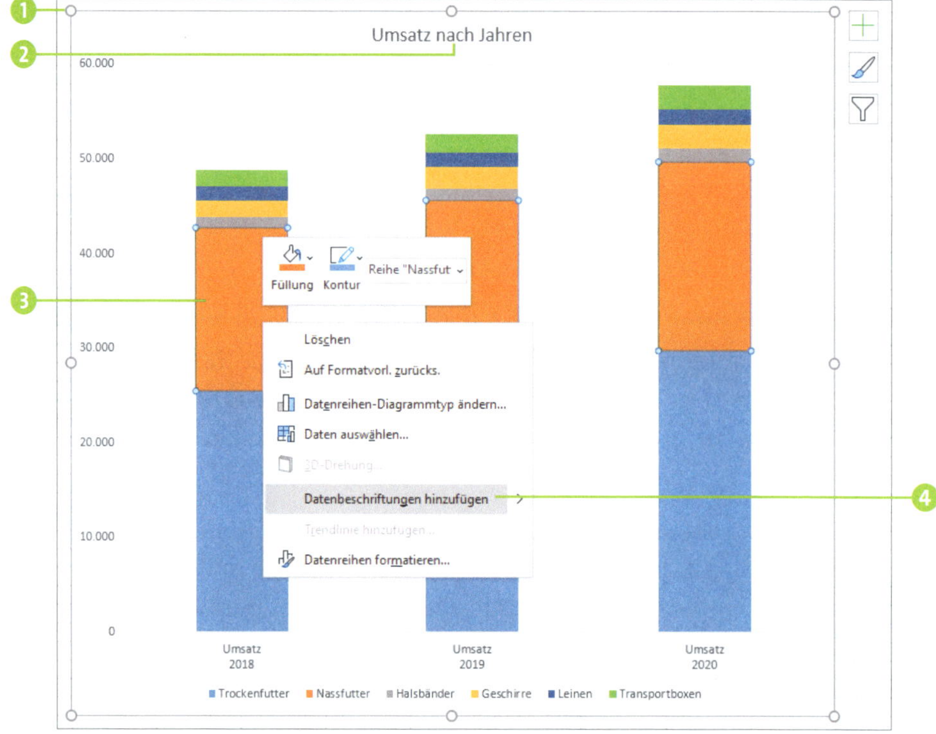

4. Die Zahlendarstellung im Diagramm basiert auf dem Zahlenformat in der Tabelle. Zur besseren Übersicht bietet es sich meist an, die Zahlen bereits in der Tabelle ohne

Dezimalstellen zu formatieren. Das Zahlenformat kann aber auch nachträglich noch im Diagramm selbst angepasst werden. Klicken Sie hierzu auf eine der eingeblendeten Zahlen. Hierdurch werden zugleich alle Werte der entsprechenden Datenreihe markiert. Drücken Sie die rechte Maustaste, und wählen Sie im Kontextmenü den Befehl **Datenbeschriftungen formatieren**.

5. Am rechten Bildschirmrand wird der Aufgabenbereich **Datenbeschriftungen formatieren** eingeblendet. Die **Beschriftungsoptionen** 5 sind hier bereits ausgewählt, sodass Sie im Bereich **Zahl** 6 nun die Darstellung ändern können.

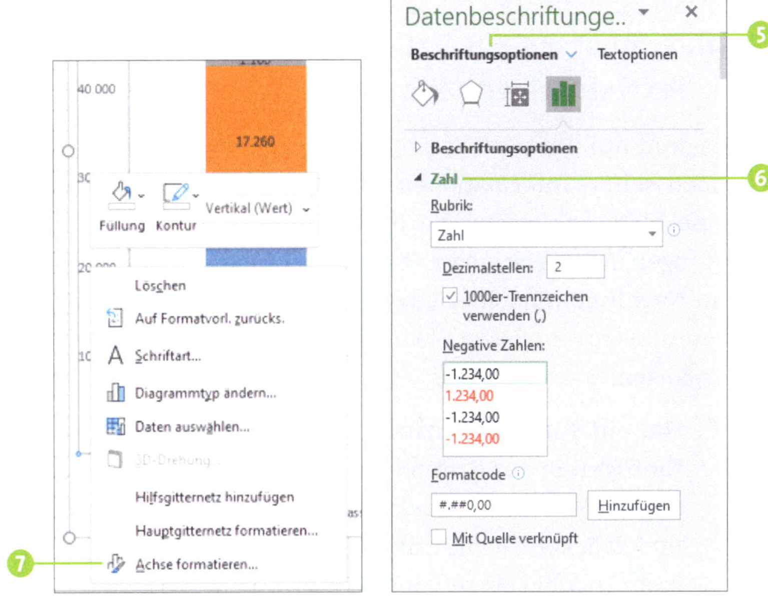

6. Die Skalierung der Y-Achse lässt sich ebenfalls anpassen. Markieren Sie die Y-Achse hierzu zunächst per Mausklick. Nach einem rechten Mausklick wählen Sie dann im Kontextmenü den Befehl **Achse formatieren** 7.

7. Am rechten Bildschirmrand wird jetzt der Aufgabenbereich **Achse formatieren** eingeblendet. Über die Felder **Minimum**, **Maximum**, **Hauptstriche** und **Teilstriche** passen Sie nun die Grenzen sowie Einheiten der Y-Achse an.
8. Auch die X-Achse, die Legende und die Zeichnungsfläche (sprich der Bereich zwischen der X- und der Y-Achse, in dem die Säulen dargestellt werden) lassen sich Ihren Wünschen gemäß ändern. Hierzu markieren Sie den entsprechenden Bereich zunächst per Mausklick. Klicken Sie die Markierung dann mit der rechten Maustaste an, und wählen Sie im Kontextmenü den passenden Befehl zur Formatierung aus.

Tipp 077

Diagramm um zusätzliche Informationen in Textfeldern erweitern

Es kommt immer wieder vor, dass man in einem Diagramm noch weitere Informationen ergänzen möchte. Für unser Beispiel bietet es sich etwa an, die Gesamtumsätze je Jahr hinzuzufügen. Dies lässt sich z. B. durch Einfügen eines Textfeldes im Nachhinein noch erledigen. Die Werte (hier also die Gesamtumsätze) müssen Sie in diesem Fall allerdings manuell ergänzen.

1. Um ein Textfeld hinzuzufügen, klicken Sie im Register **Einfügen** in der Gruppe **Text** auf **Textfeld**. Positionieren Sie den Mauszeiger über der ersten Säule des Diagramms, und drücken Sie die linke Maustaste. Hierdurch wird das erste Textfeld eingefügt (1).
2. In unserem Beispiel wird in diesem Textfeld der Gesamtumsatz des entsprechenden Jahres eingegeben. Sollten Sie die Daten der Tabelle ändern, beachten Sie, dass diese nur in den Datenreihen des Diagramms über-

nommen werden. Die Gesamtumsätze in den Textfeldern müssen Sie bei Änderungen hingegen manuell anpassen.

3. Über die Markierungspunkte 2 können Sie die Größe des Textfelds anpassen. Falls Sie das Textfeld noch weiter formatieren möchten (z. B. die Hintergrundfarbe ändern), klicken Sie es mit der rechten Maustaste an und wählen im Kontextmenü **Objekt formatieren**. Im Aufgabenbereich **Form formatieren** finden Sie nun alle Einstellungen, um die Schrift, den Rahmen oder auch die Füllung zu ändern 3.

4. Ergänzen Sie auf diese Weise auch über den restlichen Säulen ein Textfeld, in dem Sie jeweils den Gesamtumsatz des entsprechenden Jahres eingeben.

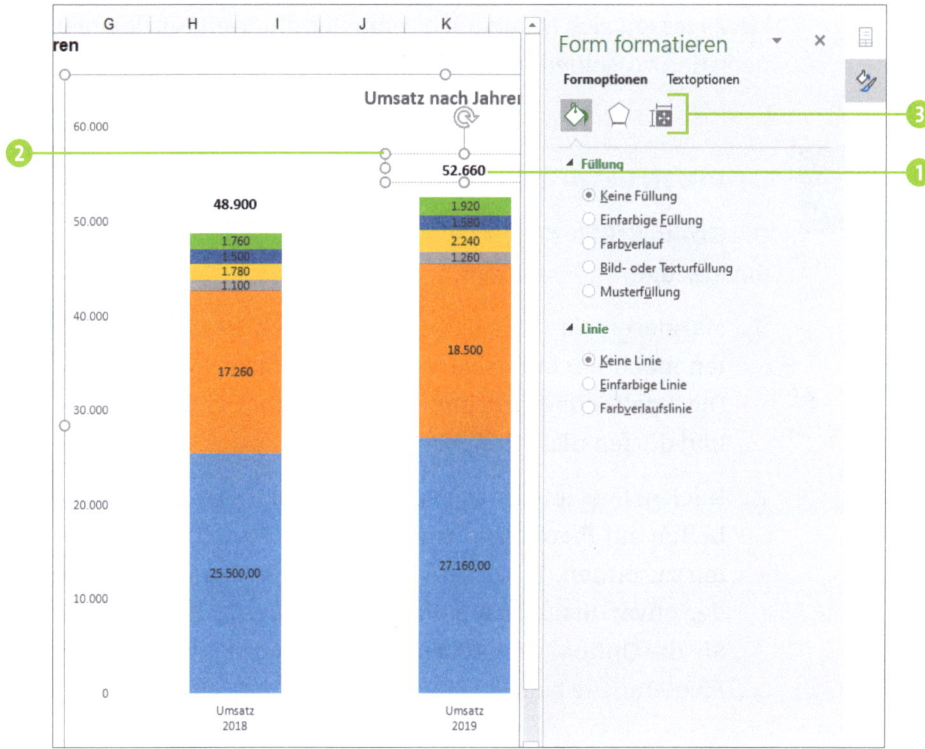

Auswertungen mithilfe von Pivot-Tabellen generieren

Im Abschnitt »Gezielte Datensuche durch den Einsatz von Filtern« ab Seite 36 haben Sie erfahren, wie Sie Daten mithilfe von Filtern auswerten können. Diese Art der Auswertung kann bei großen Tabellen und beim gleichzeitigen Setzen mehrerer Filter (z. B. nach Kunde, Region, Produktkategorie und Bestellzeitpunkt) schnell unübersichtlich werden. Auch die Möglichkeiten, Auswertungen schnell und flexibel zu generieren, sind bei Filtern recht beschränkt.

Abhilfe schafft hier die *Pivot-Tabelle*: Mit nur wenigen Mausklicks lassen sich Daten noch schneller und weitaus flexibler nach den verschiedensten Fragestellungen analysieren.

Tipp 078

Grundstruktur der Pivot-Tabelle erstellen

Die Grundstruktur einer Pivot-Tabelle ist mit wenigen Schritten erzeugt:

1. Markieren Sie zunächst den Zellbereich, den Sie auswerten möchten, inklusive Spaltenüberschriften und Daten. Die Spaltenüberschriften müssen dabei eindeutig sein und dürfen nicht doppelt vorkommen.
2. Klicken Sie dann im Register **Einfügen** in der Gruppe **Tabellen** auf **PivotTable**, um den Dialog **PivotTable erstellen** zu öffnen. In diesem wird im Feld **Tabelle/Bereich** der zuvor markierte Zellbereich angezeigt ①. Behalten Sie die Option **Neues Arbeitsblatt** ② zur Platzierung der Pivot-Tabelle bei.

3. Nach einem Klick auf **OK** wird nun die Grundstruktur der Pivot-Tabelle erzeugt.

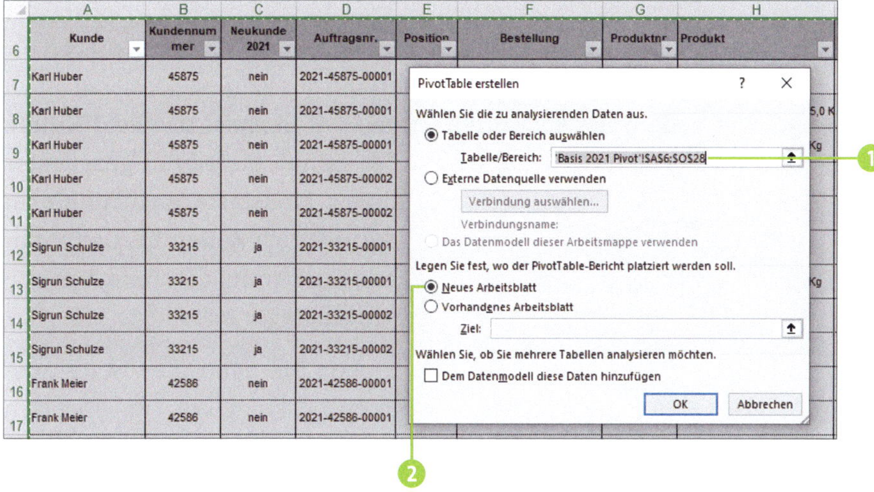

Eine Analyse mithilfe der Pivot-Tabelle durchführen

Tipp 079

Im neuen Arbeitsblatt wird am rechten Rand des Programmfensters der Aufgabenbereich **PivotTable-Felder** ❶ eingeblendet. Sollten Sie ihn in der Zwischenzeit versehentlich ausgeblendet haben: Klicken Sie einmal auf den Tabellenbereich links, um das Register **PivotTable-Analyse** einzublenden. Über die Schaltfläche **Feldliste** ❷ in der Gruppe **Einblenden** des Registers blenden Sie den Arbeitsbereich schnell wieder ein.

In der oberen Hälfte des Arbeitsbereichs befindet sich die Feldliste, die alle Spaltenüberschriften aus der Ausgangstabelle enthält. Sie ist die Basis für die weitere Bearbeitung. In der unteren Hälfte des Aufgabenbereichs finden Sie die vier Bereiche **Filter**, **Spalten**, **Zeilen** und **Werte**, mit denen Sie nun das Aussehen der Pivot-Tabelle festlegen, die in der linken Hälfte des neuen Arbeitsblatts angezeigt wird. Möchten Sie z. B. analysieren, welche Bestellwerte Kund*innen mit welchen Produkten bisher im Jahr 2021 generiert haben, gehen Sie folgendermaßen vor:

1. Markieren Sie oben innerhalb der Feldliste das Feld, nach dem Sie auswerten wollen, im Beispiel das Feld **Kunde** ③. Ziehen Sie es mit gedrückter linker Maustaste nach unten in den Bereich **Zeilen** ④. Damit haben Sie bereits die erste Auswertungskategorie festlegt.

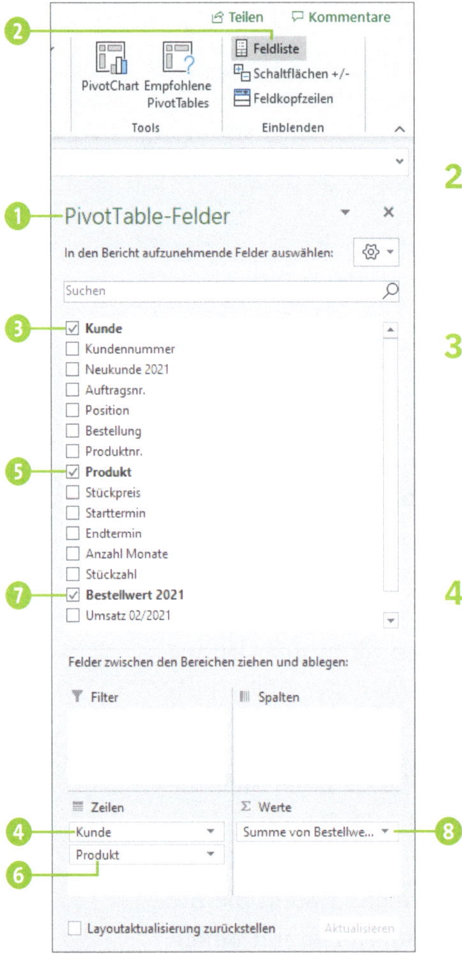

2. Ziehen Sie dann die zweite Auswertungskategorie, in unserem Beispiel also **Produkt** ⑤, ebenfalls in den Bereich **Zeilen** ⑥.

3. Um zu erfahren, welche Bestellwerte je Kunde je Produkt erzeugt wurden, ziehen Sie das entsprechende Feld, hier also **Bestellwert 2021** ⑦, in den Bereich **Werte** ⑧.

4. Klicken Sie auf das gerade eingefügte Feld im Bereich **Werte**, können Sie über die Menüliste die **Wertfeldeinstellungen** aufrufen. Im gleichnamigen Dialog können Sie nun z. B. die **Anzahl** zum Zählen oder, wie in unserem Beispiel, die **Summe** ⑨ zur Summierung der Werte auswählen. Bestätigen Sie den Dialog mit **OK**.

Mit all diesen Angaben haben Sie bereits die Grundstruktur der Pivot-Tabelle gefüllt, die Ihnen auf der linken Seite des Programmfensters angezeigt wird.

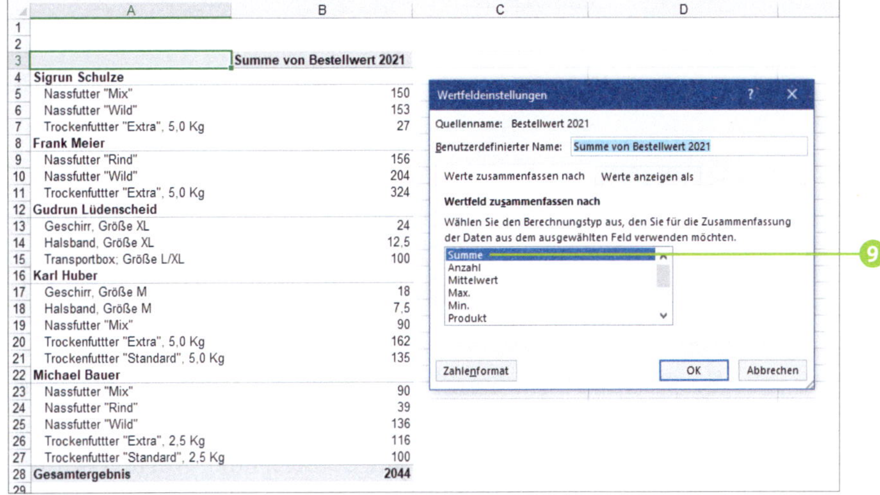

Auswertungen flexibel erweitern

Tipp 080

Eine Auswertung lässt sich auch problemlos erweitern. Hierzu ziehen Sie einfach zusätzliche Felder in den Bereich **Filter** oder in den Bereich **Spalten**:

1. Möchten Sie z. B. den Bestellwert feststellen, den Sie im Jahr 2021 über Neukunden generiert haben, ziehen Sie das Feld **Neukunde 2021** in den Bereich **Filter**.
2. Excel blendet nun oberhalb der eigentlichen Pivot-Tabelle eine Zeile mit dem ausgewählten Filter ein. Klicken Sie auf den Pfeil in der Zeile ①, wird eine Liste mit den bestehenden Einträgen, hier **ja** sowie **nein**, eingeblendet.
3. Entfernen Sie nun das Häkchen vor **nein** ②, werden nur noch die Bestellungen von Neukunden in 2021 angezeigt.

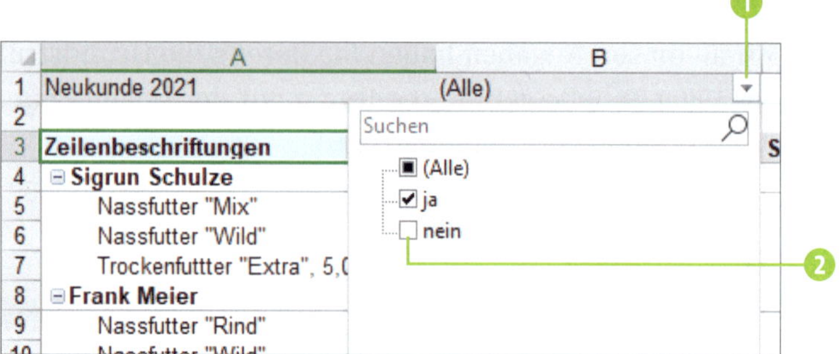

4. Sie können auch mehrere Filter miteinander kombinieren, indem Sie weitere Felder in den Bereich **Filter** ziehen. Genauso schnell heben Sie Filter auch wieder auf. Ziehen Sie einfach das entsprechende Feld aus dem Bereich **Filter** zurück in die Feldliste.

5. Möchten Sie weitere Daten in der Pivot-Tabelle darstellen, ziehen Sie auch in diesem Fall die entsprechenden Felder in die Bereiche **Zeilen**, **Spalten** oder **Werte**. Dadurch können Sie die Beispielauswertung über z. B. **Kunde**, **Auftragsnr.**, **Position** und **Produkt** immer weiter verfeinern.

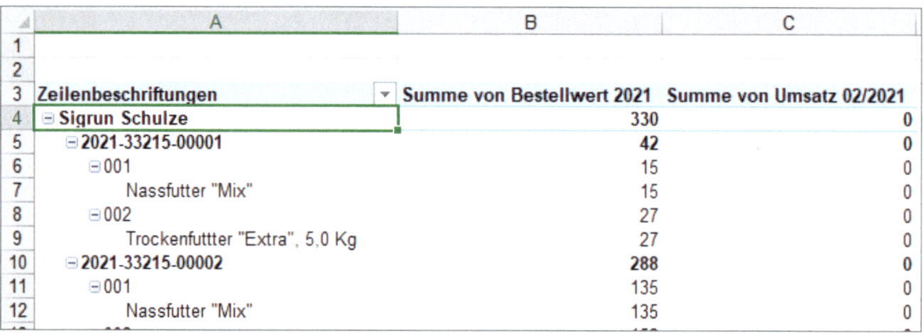

	A	B	C
1			
2			
3	Zeilenbeschriftungen	Summe von Bestellwert 2021	Summe von Umsatz 02/2021
4	Sigrun Schulze	330	0
5	2021-33215-00001	42	0
6	001	15	0
7	Nassfutter "Mix"	15	0
8	002	27	0
9	Trockenfuttter "Extra", 5,0 Kg	27	0
10	2021-33215-00002	288	0
11	001	135	0
12	Nassfutter "Mix"	135	0

Tipp 081 Die Tabelle gestalten und Farbe ins Spiel bringen

Im Menüband wird zusätzlich zum Register **PivotTable-Analyse** auch das Register **Entwurf** angezeigt, sofern denn im

Arbeitsblatt die Pivot-Tabelle markiert wurde. Ist dies bei Ihnen nicht der Fall, reicht ein Klick auf diese Tabelle. Über die Befehle im Register **Entwurf** lässt sich die Pivot-Tabelle noch etwas ansprechender gestalten.

In der Gruppe **Layout** finden Sie mehrere Schaltflächen, mit denen Sie die Tabellenstruktur anpassen können. So können Sie u.a. **Teilergebnisse** positionieren oder ausblenden, **Gesamtergebnisse** aktivieren oder deaktivieren und das **Berichtslayout** durch verschieden strukturierte Berichte unterschiedlich gestalten. Im Tabellenformat ① wird jedes Feld (in unserem Beispiel aus Tipp 078 auf Seite 144 also z.B. **Kunde**, **Auftragsnr.**, **Position**, **Produkt**, **Bestellwert 2021** und **Umsatz 02/2021**) in einer eigenen Spalte dargestellt. Zusätzlich können Sie einstellen, dass Elementnamen wiederholt werden ②.

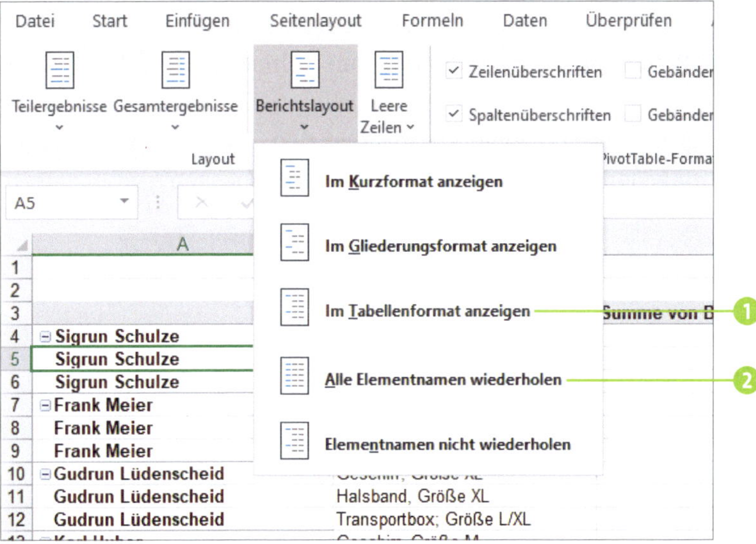

Die Pivot-Tabelle erscheint recht mausgrau. Excel stellt in der Gruppe **PivotTable-Formate** des Registers **Entwurf** vordefinierte Designvorschläge in unterschiedlicher Farbgebung zur Verfügung. Wählen Sie einen Entwurf per Mausklick aus, wird dieser sofort auf die Pivot-Tabelle angewendet.

Tipp 082

Die Basisdaten im Blick behalten

Haben sich die Daten in der Ausgangstabelle geändert, finden Sie im Register **PivotTable-Analyse** mit den beiden Schaltflächen **Aktualisieren** und **Datenquelle ändern** die nötigen Befehle, um die Daten auch in der Pivot-Tabelle zu aktualisieren oder auch die Datenquelle selbst zu ändern. Letzteres ist z. B. nötig, falls die Basisdatei um weitere Zeilen oder Spalten erweitert wurde. Nach einem Klick auf **Datenquelle ändern** können Sie im folgenden Dialog den Zellbereich für die zu analysierenden Daten entsprechend anpassen.

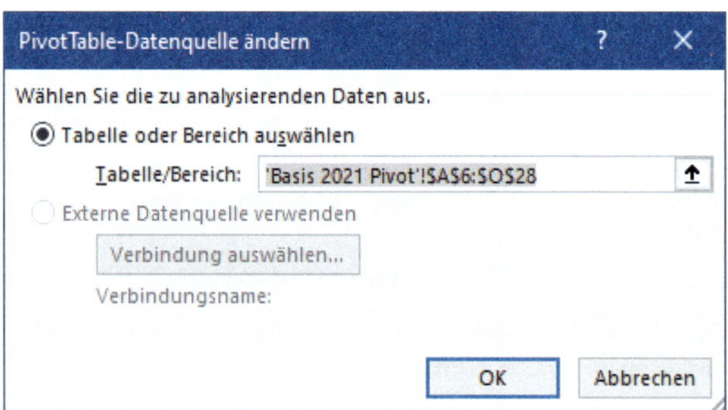

Daten visuell filtern mithilfe des Datenschnitts

Tipp 083

Ein zusätzliches praktisches Hilfsmittel für die Filterung von Daten ist der *Datenschnitt*.

1. Klicken Sie im Register **PivotTable-Analyse** in der Gruppe **Filtern** auf die Schaltfläche **Datenschnitt einfügen** 1.

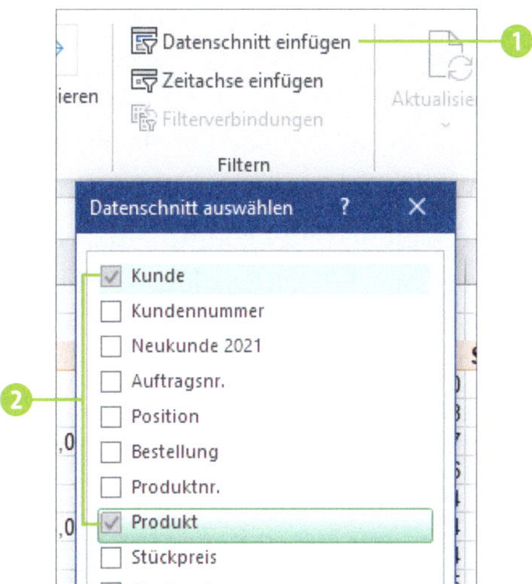

2. Der Dialog **Datenschnitt auswählen** zeigt alle Felder der Pivot-Tabelle an. Wählen Sie einfach das Feld aus, nach dem Sie filtern wollen, indem Sie Häkchen setzen. Sie können auch mehrere Felder in einem Schritt auswählen, im Beispiel **Kunde** und **Produkt** 2.

3. Excel blendet nun die entsprechenden Schaltflächen für den oder die ausgewählten Datenschnitte im Arbeitsblatt ein 3. Zugleich wird das Register **Datenschnitt** mit weiteren Möglichkeiten eingeblendet, u. a. zur Formatierung, zur Ausrichtung und zur Größeneinstellung der Schaltflächen. Verschieben Sie die Elemente nun so, dass Sie die einzelnen Schaltflächen problemlos bedienen können.

4. Nach einem Klick auf die gewünschte Schaltfläche, hier **Michael Bauer** 4, wird die Pivot-Tabelle entsprechend gefiltert. Elemente im zweiten Datenschnitt, hier **Produkt**, die aufgrund der ersten Filterung nicht verfügbar sind, werden transparent dargestellt 5.

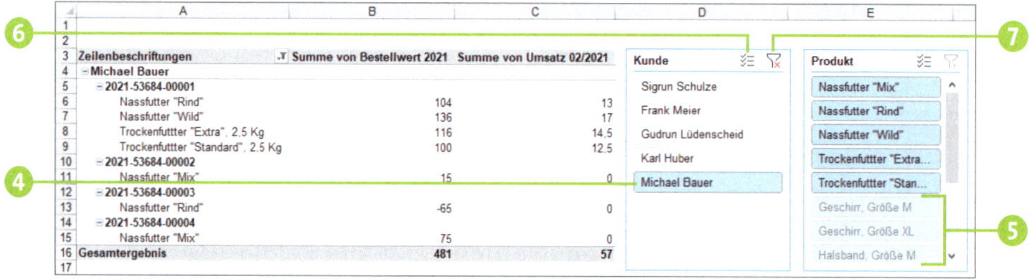

5. Sie können nun mit wenigen Klicks die Daten in jeder beliebigen Kombination auswerten, die sich aus den definierten Datenschnitten ergibt. Über das Symbol [Mehrfachauswahl] innerhalb des Datenschnitts 6 lässt sich die Mehrfachauswahl aktivieren, und über das Symbol [Filter löschen] in der rechten oberen Ecke eines jeden Datenschnitts 7 wird der Filter wieder gelöscht.

6. Möchten Sie den Datenschnitt komplett löschen, achten Sie darauf, alle Filter zu löschen, bevor Sie den Datenschnitt markieren und mit der Taste `Entf` aus dem Arbeitsblatt entfernen.

Power Pivot: Noch einen Schritt weiter

Für die Auswertung großer Datenmengen aus externen Quellen stellt Excel das Add-In *Power Pivot* zur Verfügung. Mit Power Pivot lassen sich externe Daten importieren, Verknüpfungen zwischen Tabellen erstellen und daraus wieder Pivot-Tabellen erzeugen und auswerten. Vor der ersten Nutzung müssen Sie es allerdings zunächst aktivieren. Rufen Sie hierzu **Datei ▸ Optionen** auf. Im Dialog **Excel-Optionen** markieren Sie in der linken Spalte die **Add-Ins**. Wählen Sie am unteren Rand des Dialogfensters im Feld **Verwalten** die **COM-Add-Ins** aus, und bestätigen Sie mit **Los**. Im Dialog **COM-Add-Ins** versehen Sie **Microsoft Power Pivot for Excel** mit einem Häkchen und bestätigen mit **OK**. Dieses Add-In steht Ihnen anschließend über eine eigene Registerkarte **Power Pivot** zur Verfügung.

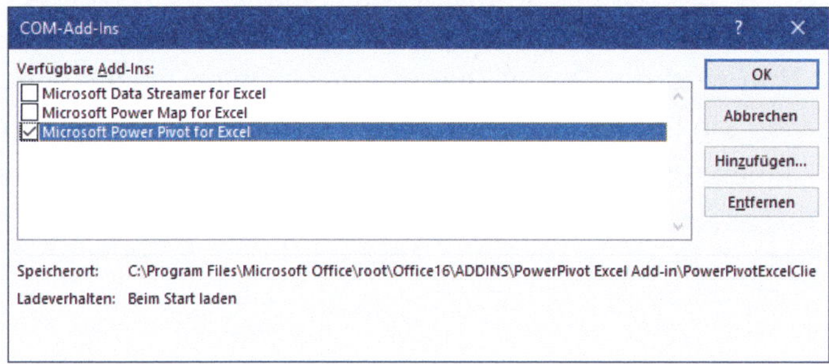

Direkte Visualisierung durch PivotCharts

Auch eine Pivot-Tabelle lässt sich grafisch aufbereiten. Die Diagramme einer Pivot-Tabelle werden *PivotCharts* genannt. Die folgenden Tipps zeigen, wie Sie ein solches PivotChart erzeugen und damit arbeiten.

Tipp 084

Ein PivotChart erzeugen

Bei PivotCharts nutzt Excel die aktuell in der Pivot-Tabelle angezeigten Daten, um eine Voransicht des Diagramms zu erstellen. Je komplexer die Datenstruktur dabei ist, desto unübersichtlicher wird das Diagramm. Daher überlegen Sie genau, welche Details Sie in dem Diagramm darstellen wollen. Nicht benötigte Daten sollten Sie ausblenden. Hierzu verschieben Sie die entsprechenden Felder im Aufgabenbereich **PivotTable-Felder** aus den Bereichen **Zeile**, **Spalte** und **Werte** zurück in die Feldliste (siehe auch Schritt 4 in Tipp 080 auf Seite 148). Um ein PivotChart zu erzeugen, gehen Sie dann folgendermaßen vor:

1. Klicken Sie im Register **PivotTable-Analyse** in der Gruppe **Tools** auf die Schaltfläche **PivotChart**.
2. Nun wird der Dialog **Diagramm einfügen** eingeblendet, den Sie bereits in Tipp 075 auf Seite 139 kennengelernt haben. In unserem Beispiel sollen die Bestell- und Umsatzwerte je Kunde und Produkt als gruppierte Säulen angezeigt werden.

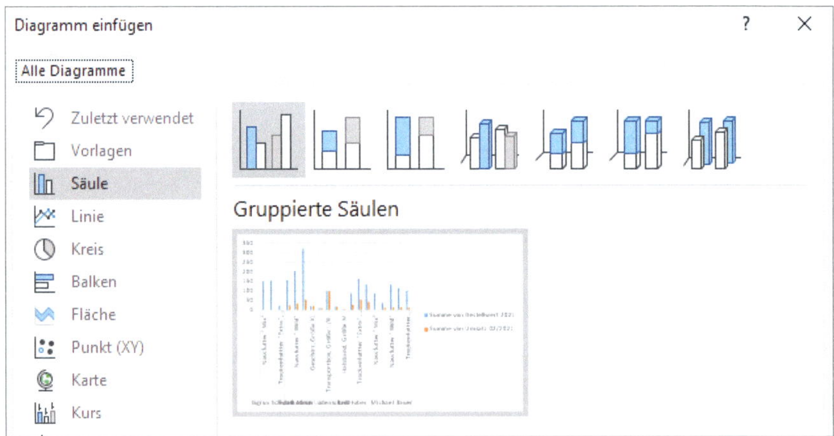

Entsprechend wählen Sie **Säule** als Kategorie und **Gruppierte Säulen** als Unterkategorie aus. Excel erstellt eine Voransicht, die Sie mit einem Klick auf **OK** bestätigen.

3. Excel erzeugt nun das PivotChart und bettet es in das aktuelle Arbeitsblatt ein. Auch hier verschieben Sie das Diagramm an die von Ihnen gewünschte Stelle und passen die Größe über die Markierungspunkte Ihren Vorstellungen entsprechend an.

4. In PivotCharts haben Sie natürlich ebenfalls die Möglichkeit, die einzelnen Elemente des Diagramms zu bearbeiten, z. B. die X- und Y-Achse, die Zeichnungsfläche und die Legende. Markieren Sie das entsprechende Element zunächst per Mausklick, drücken Sie dann die rechte Maustaste, und wählen Sie im Kontextmenü den passenden Formatierungsbefehl aus.

5. Weitere Möglichkeiten der Bearbeitung finden Sie in den Registern **Entwurf** und **Format**, die nach dem Markieren des Diagramms im Menüband eingeblendet werden.

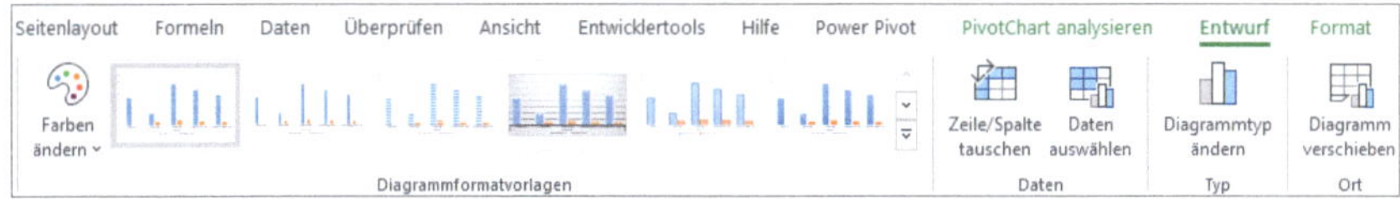

Mit PivotCharts arbeiten

Tipp 085

Im Unterschied zu normalen Diagrammen können Sie mit PivotCharts aktiv arbeiten. So lässt sich z. B. über die Schaltflächen, die im PivotChart enthalten sind, die Darstellung interaktiv anpassen.

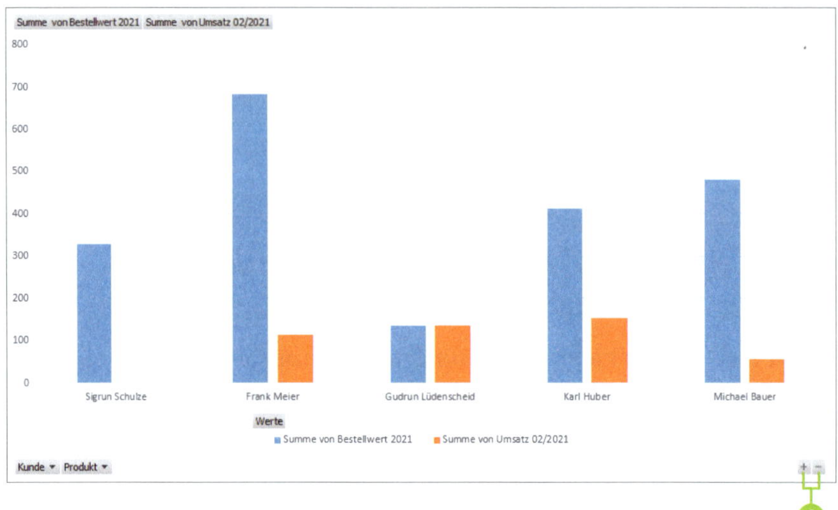

In unserem Beispiel können Sie über das Plus- und Minussymbol in der rechten unteren Ecke **1** die Darstellung auf die oberste Ebene (also *Kunde*) verdichten, wie in der Abbildung oben gezeigt wird, oder alternativ auf die unterste Ebene (hier *Produkt*) extrahieren. Letzteres ist in der folgenden Abbildung zu sehen.

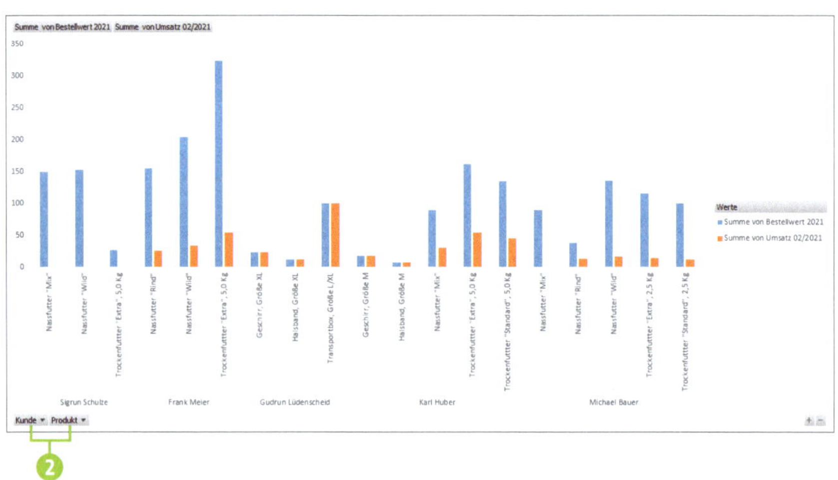

Über die Auswahlfelder **Kunde** und **Produkt** 2 in der linken unteren Ecke lassen sich auch innerhalb des Diagramms Filterungen durchführen, z. B. auf Kunden- oder Produktebene.

Microsoft Power BI – die Verbindung nach außen

Noch mehr Möglichkeiten zur Auswertung externer Daten bietet *Microsoft Power BI* (die Abkürzung BI steht für *Business Intelligence*). Dahinter verbirgt sich eine Sammlung von Softwarediensten, Apps und Konnektoren, die zusammenwirken, um aus unterschiedlichen, nicht miteinander verbundenen Datenquellen Auswertungen zu erzeugen. Über eine einfach zu bedienende, an Excel angelehnte Oberfläche können Anwender ihre eigenen Berichte und Dashboards erstellen. Weitere Informationen zu Microsofts Power BI-Tools erhalten Sie unter der Webadresse *https://powerbi.microsoft.com/de-de*.

Arbeitsmappen im Team bearbeiten

Tabellen vor unberechtigten Änderungen schützen

Wenn Sie gemeinsam mit anderen Personen eine Excel-Datei bearbeiten, werden Sie es immer wieder erleben, dass jemand unerwünschte Änderungen in den Tabellen vornimmt. Dies kann absichtlich passieren, genauso aber auch aus Versehen. Excel bietet verschiedene Mechanismen an, wie Sie Änderungen verhindern können. Dies beginnt beim Schutz der gesamten Datei und reicht bis zum Schutz einzelner Zellen.

Eine Excel-Datei per Kennwort schützen

Tipp 086

Möchten Sie verhindern, dass unberechtigte Personen Ihre Excel-Datei öffnen können? Dann schützen Sie die Datei mit einem Kennwort. Nur wer im Besitz dieses Kennworts ist, erhält Zugang zur Datei. Doch Vorsicht, denn dies gilt natürlich auch für Sie selbst. Sollten Sie also das Kennwort vergessen, können auch Sie die Datei nicht mehr öffnen. Notieren Sie sich das Kennwort deshalb zur Sicherheit, und bewahren Sie es an einem sicheren Ort auf. Es versteht sich von selbst, dass weder der Bildschirm noch die Rückseite der Tastatur für ein entsprechendes Post-it geeignet sind.

1. Rufen Sie **Datei ▸ Informationen** (1) auf. Klicken Sie auf **Arbeitsmappe schützen** (2), und wählen Sie dann **Mit Kennwort verschlüsseln** (3) aus.

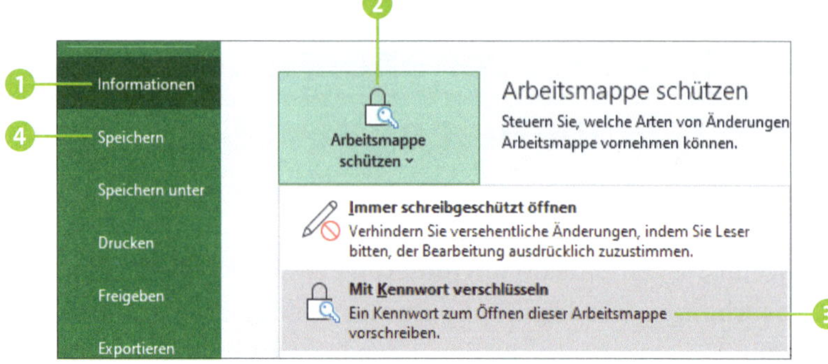

2. Geben Sie im Dialog **Dokument verschlüsseln** im Feld **Kennwort** ein Kennwort ein, und klicken Sie auf **OK**. Im Dialog **Kennwort bestätigen** werden Sie zur erneuten Eingabe des Kennworts aufgefordert. Auch hier bestätigen Sie mit **OK**.

3. Sichern Sie die Datei mit einem Klick auf **Speichern** 4 in der linken Spalte des Menüs **Datei**, und kehren Sie über den Pfeil oben links zur Arbeitsmappe zurück.

Wann immer Sie oder eine andere Person die Datei öffnen möchte, ist von nun an die Eingabe des Kennworts erforderlich. Wenn Sie ein neues Kennwort vergeben möchten, wiederholen Sie die Schritte 1 bis 3 und überschreiben das alte Kennwort durch ein neues. Auch das Aufheben des Kennwortschutzes erfolgt analog, nur dass Sie hier das bisherige Kennwort im Feld **Kennwort** löschen, sodass das Feld anschließend leer ist.

Tipp 087

Eine Arbeitsmappe schützen

Besteht Ihre Arbeitsmappe aus mehreren Tabellenblättern, möchten Sie vielleicht nicht, dass andere Personen neue Blätter hinzufügen oder vorhandene Blätter umbenennen, verschieben oder löschen können. Verhindern lässt sich dies, indem Sie die Arbeitsmappe mit einem Kennwort schützen.

1. Wechseln Sie in der Excel-Arbeitsmappe in das Register **Überprüfen**, und klicken Sie in der Gruppe **Schützen** auf **Arbeitsmappe schützen** ①.

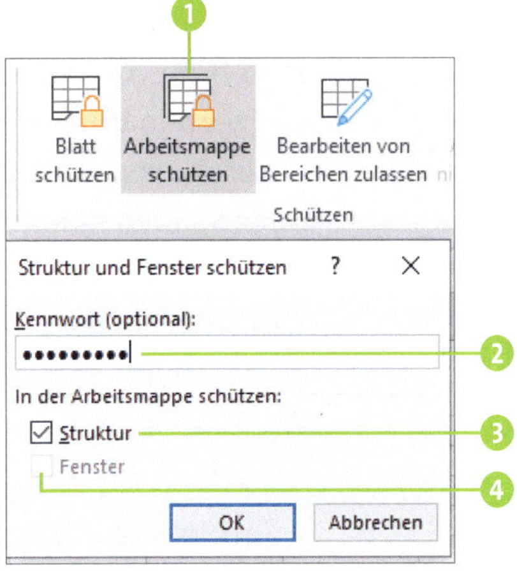

2. Geben Sie im Dialog **Struktur und Fenster schützen** ein Kennwort ein ②. Stellen Sie außerdem sicher, dass **Struktur** ③ mit einem Häkchen versehen ist. **Fenster** ④ lässt sich auf einem Windows-Computer nicht aktivieren, dies ist Nutzern eines Macs vorbehalten. Bestätigen Sie mit **OK**. Wiederholen Sie das Kennwort im folgenden Dialog, und klicken Sie auf **OK**.

3. Der Schutz der Arbeitsmappe ist an der grau hervorgehobenen Schaltfläche **Arbeitsmappe schützen** erkennbar. Sollten Sie den Schutz später aufheben wollen, ist ein erneuter Klick auf die Schaltfläche ①, dann die Eingabe des Kennworts und anschließend eine Bestätigung mit **OK** nötig.

Gute Argumente für den Blattschutz

Tipp 088

Stellen Sie sich vor, Sie haben eine Tabelle aufwendig formatiert und komplizierte Funktionen ergänzt. Erhalten andere Nutzer Zugriff auf diese Arbeitsmappe, reicht manchmal bereits eine fehlerhafte Eingabe einer Person aus, und schon ist die ganze Tabelle »zerschossen«, wie man umgangssprachlich sagt. Für Sie bedeutet das unnötige Mehrarbeit, da Sie alles wieder in Ordnung bringen müssen. Umgehen lässt sich solch ein Ärgernis, indem Sie die Tabellenblätter entsprechend schützen. Hierfür stehen Ihnen verschiedene Möglichkeiten zur Auswahl. So können Sie z. B. festlegen, dass andere Nutzer den Inhalt einer Tabelle lediglich sortieren oder AutoFilter anwenden dürfen. Auch das Formatieren von Zeilen oder Spalten kann explizit erlaubt werden. Häufig ist es auch nötig, einige zuvor ausgewählte Zellen zur Bearbeitung freizugeben und den Zugriff auf alle restlichen Tabellenzellen zu unterbinden. Wie Sie hierzu jeweils vorgehen, zeigen die folgenden Tipps.

Formeln ausblenden

Falls Sie bestimmte Formeln vor den Augen anderer Nutzer verbergen möchten, markieren Sie die entsprechenden Zellen. Rufen Sie dann, wie im folgenden Tipp 089 gezeigt, den Dialog **Zellen formatieren** auf, und versehen Sie im Register **Schutz** ① das Kontrollkästchen **Ausgeblendet** ② mit einem Häkchen. Nachdem Sie den Dialog mit **OK** geschlossen haben, ist auch hier anschließend die Aktivierung des Blattschutzes notwendig.

Tipp 089

Zellen vom Blattschutz ausschließen

Sie möchten, dass Kollegen und Kolleginnen nur eine von Ihnen vorgegebene Auswahl an Zellen bearbeiten können, die restlichen Zellen aber gesperrt sind? Es mag zunächst für viele verwirrend klingen: Wenn Sie eine neue Arbeitsmappe anlegen, sind bereits alle Zellen innerhalb eines Tabellenblatts gesperrt. Die Sperrung wird allerdings erst dann wirksam, wenn Sie die Tabelle mit einem Blattschutz versehen. Wie Sie diesen aktivieren, wird in Tipp 090 auf Seite 164 gezeigt. Falls Sie die gesamte Tabelle sperren möchten, können Sie direkt zu diesem Tipp blättern. Möchten Sie hingegen einzelne Zellen für die Bearbeitung freigeben, sind zuvor folgende Schritte notwendig:

1. Markieren Sie die freizugebenden Zellen wie gewohnt per Mausklick oder im Falle zusammenhängender Zellen mit gedrückter linker Maustaste. Klicken Sie die markierten Zellen mit der rechten Maustaste an, und wählen Sie im Kontextmenü den Befehl **Zellen formatieren**.
2. Im Dialog **Zellen formatieren** wechseln Sie in das Register **Schutz** 1. Entfernen Sie hier das Häkchen vor **Gesperrt** 3 mit einem Mausklick.

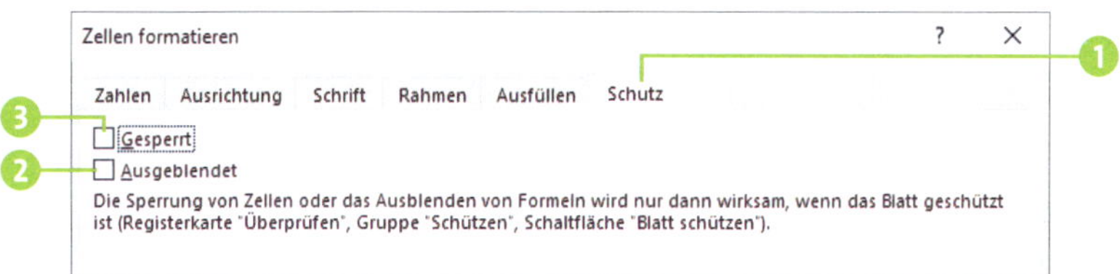

3. Bestätigen Sie mit **OK**. Damit Ihre Einstellungen wirksam werden, müssen Sie nun den Blattschutz aktivieren, wie im folgenden Tipp gezeigt wird.

Bearbeitung von Zellbereichen zusätzlich per Kennwort schützen

Wenn Sie Zellen so, wie in den Schritten oben beschrieben, zur Bearbeitung freigeben, kann jeder, der die Datei öffnet, in diesen Zellen Änderungen vornehmen. Möchten Sie dies verhindern, versehen Sie die freigegebenen Zellen zusätzlich mit einem Kennwortschutz. Sollten Sie den Blattschutz bereits aktiviert haben, müssen Sie diesen zuvor wieder aufheben. Klicken Sie dann in der Gruppe **Schützen** des Registers **Überprüfen** auf **Bearbeiten von Bereichen zulassen** 1. Im Dialog **Benutzerberechtigungen zum Bearbeiten von Bereichen** klicken Sie auf **Neu.** Nach einem Klick auf das Pfeilsymbol [↑] 2 können Sie in der Tabelle nun den gewünschten Zellbereich markieren. Über den Pfeil [icon] blenden Sie den Dialog **Neuer Bereich** wieder vollständig ein. Geben Sie ein Kennwort 3 ein. Falls gewünscht, können Sie für den Bereich noch einen Titel vergeben 4, bevor Sie Ihre Einstellungen mit **OK** betätigen. Die Wiederholung der Kennworteingabe bestätigen Sie ebenfalls mit **OK**.

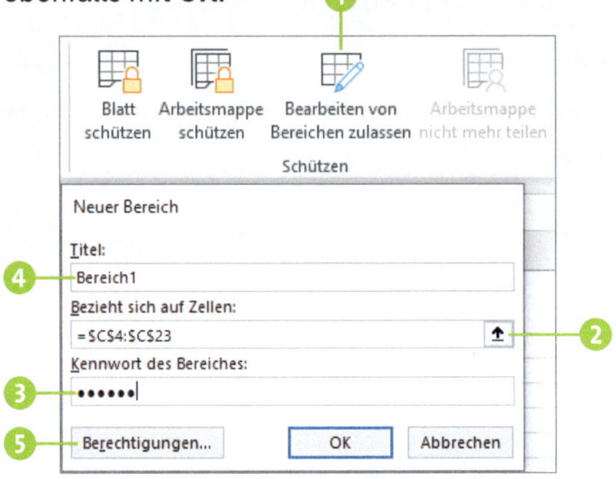

Gibt es Benutzer, denen Sie die Bearbeitung der Zellen ohne Kennworteingabe ermöglichen möchten, klicken Sie auf **Berechtigungen** 5 ▸ **Hinzufügen**. Geben Sie den Benutzernamen der Person ein, und klicken Sie auf **Namen überprüfen**. Nun können Sie alle noch geöffneten Dialoge mit **OK** schließen. Aktivieren Sie jetzt den Blattschutz, wird bei Auswahl der zugelassenen Zellbereiche das Kennwort abgefragt. Erst nach korrekter Eingabe können die Zellen bearbeitet werden. Nur die Personen, denen Sie eine entsprechende Berechtigung erteilt haben, können die Zellen ohne Kennworteingabe ändern.

Tipp 090

Den Blattschutz aktivieren

Um nicht erwünschte Änderungen an einem Tabellenblatt zu verhindern, müssen Sie den Blattschutz aktivieren:

1. Wechseln Sie in das Register **Überprüfen**, und klicken Sie auf **Blatt schützen**.
2. Stellen Sie sicher, dass im Dialog **Blatt schützen** vor **Arbeitsblatt und Inhalt gesperrter Zellen schützen** ein Häkchen gesetzt ist ❶.

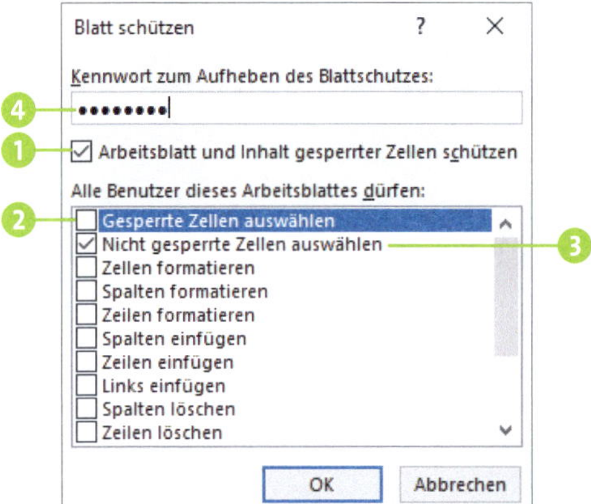

3. In der Liste **Alle Benutzer dieses Arbeitsblattes dürfen** legen Sie nun fest, welche Änderungen Sie den Benutzern gestatten. Entfernen Sie hier z. B. das Häkchen vor **Gesperrte Zellen auswählen** ❷, lassen sich die gesperrten Zellen nicht mehr auswählen.
4. Die Aktivierung des Kontrollkästchens **Nicht gesperrte Zellen auswählen** ❸ sollten Sie unbedingt beibehalten. Würden Sie das Häkchen entfernen, würde die Zellmarkierung in der Tabelle nicht mehr angezeigt; eine Markierung der zu bearbeitenden Zellen per Mausklick wäre damit nicht mehr möglich. Eine Auswahl könnte dann nur noch mühselig über das Namensfeld in der Bearbeitungsleiste erfolgen.
5. Sehen Sie sich auch die weiteren Einstellungen an, und aktivieren Sie die gewünschten Optionen. Bei umfangrei-

chen Tabellen bietet es sich z. B. an, **Sortieren** oder **Auto-Filter verwenden** zu aktivieren. Die Benutzer können die Daten somit zwar nach ihren Bedürfnissen darstellen, das Ändern ist aber nicht möglich.

6. Geben Sie abschließend im Feld **Kennwort zum Aufheben des Blattschutzes** ein Kennwort ein (4 auf Seite 165), und bestätigen Sie die Eingabe mit **OK**. Wiederholen Sie das Kennwort im Dialog **Kennwort bestätigen**, und klicken Sie auf **OK**.

Merken Sie sich das Kennwort gut, bzw. notieren Sie es, denn es kann nicht wiederhergestellt werden. Bei Verlust bleibt die Arbeitsmappe gesperrt.

Tipp 091

Blattschutz aufheben

Sobald Sie den Blattschutz aktiviert haben, ändert sich die Schaltfläche **Blatt schützen** in **Blattschutz aufheben** 1. Alle Benutzer, Sie selbst eingeschlossen, können nun nur noch die Aktivitäten durchführen, die Sie freigeschaltet haben (siehe Tipp 090 auf Seite 164). Möchten Sie darüber hinausreichende Änderungen am Tabellenblatt durchführen, müssen Sie den Blattschutz zuvor deaktivieren. Hierzu klicken Sie auf **Blattschutz aufheben**. Geben Sie im gleichnamigen Dialog das Kennwort ein 2, und bestätigen Sie die Eingabe mit **OK**.

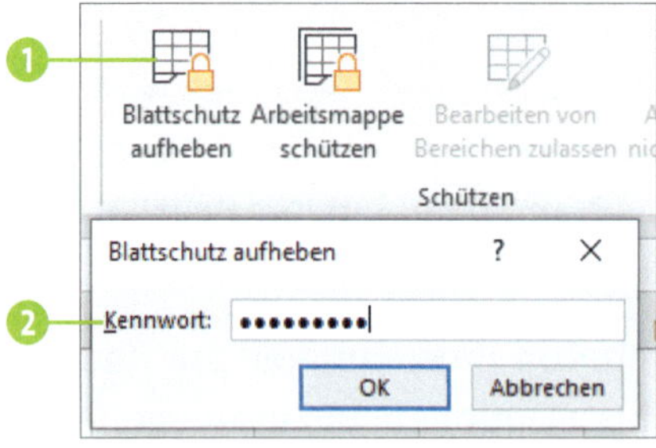

Kommentare und Notizen einfügen

Sie benötigen von Kolleg*innen noch wichtige Informationen, die diese in der Excel-Arbeitsmappe ergänzen sollen? Oder möchten Sie anderen einfach nur ein paar Hinweise zur Bearbeitung der Tabelle zukommen lassen? Hierfür bietet Excel bereits seit Langem die Kommentarfunktion. Neu in Excel 365 ist die Möglichkeit, kleine Erinnerungsstützen in Form von Notizen einzufügen.

Kommentare einfügen und bearbeiten

Tipp 092

Ein Kommentar ist schnell ergänzt, wie die folgenden Schritte zeigen:

1. Markieren Sie zunächst die gewünschte Zelle per Mausklick. Klicken Sie dann im Register **Überprüfen** in der Gruppe **Kommentare** auf **Neuer Kommentar**.
2. Neben der markierten Zelle wird ein Textfeld eingeblendet, in dem Sie nun Ihre Hinweise für die Kolleg*innen eingeben (1).

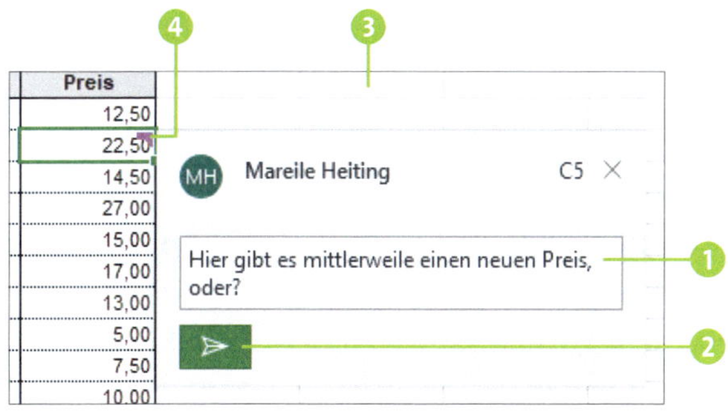

3. Mit einem Klick auf das Symbol **Posten** ➢ ❷ schließen Sie die Eingabe ab. Klicken Sie dann auf eine beliebige Zelle außerhalb des Textfeldes, um den Kommentar auszublenden ❸. Die Zelle wird mit einem kleinen lilafarbenen Indikator ❹ versehen, dem Zeichen dafür, dass hier ein Kommentar vorhanden ist.

4. Falls Sie noch Änderungen am Kommentar vornehmen möchten, positionieren Sie den Mauszeiger auf dem Indikator und dann auf dem nun eingeblendeten Kommentar. Nach einem Klick auf **Bearbeiten** nehmen Sie die Korrekturen vor und speichern diese dann.

Tipp 093 Kommentare einblenden, beantworten und löschen

Anhand des Indikators lässt sich erkennen, ob eine Zelle über einen Kommentar verfügt. In umfangreichen Tabellen übersieht man solch ein kleines Symbol aber schnell einmal. Um sich alle Kommentare anzeigen zu lassen, diese zu beantworten oder auch zu löschen, gehen Sie folgendermaßen vor:

1. Um sich einen Kommentar nach dem anderen anzusehen, markieren Sie zunächst am besten die erste Zelle der Tabelle, also **A1**. Klicken Sie dann im Register **Überprüfen** auf **Nächster Kommentar**. Der erste Kommentar der Tabelle wird eingeblendet.

2. Möchten Sie diesen gleich beantworten, geben Sie Ihren Text im entsprechenden Feld ein. Über das Symbol ➢ schließen Sie die Eingabe ab ❶. Falls Sie Ihre Antwort lieber entfernen möchten, klicken Sie stattdessen auf das Kreuzsymbol ❷ bzw. auf **Löschen**, falls Sie bereits auf ➢ geklickt haben.

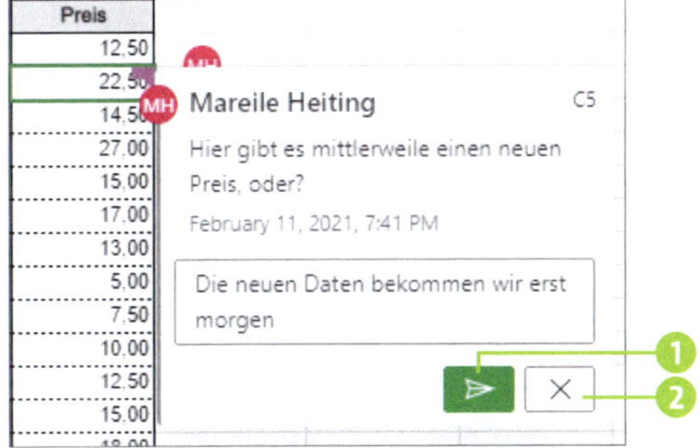

3. Über die Schaltfläche **Nächster Kommentar** gelangen Sie zum nächsten Kommentar, den Sie ebenfalls beantworten können. Mit einem Klick auf **Vorheriger Kommentar** kehren Sie zum vorherigen Kommentar zurück.

4. Falls Sie einen gelesenen Kommentar inklusive aller Antworten löschen möchten, blenden Sie den Kommentar zunächst ein. Klicken Sie auf das Symbol mit den drei kleinen Punkten 3 und anschließend auf **Thread löschen** 4.

5. Mit **Thread auflösen** 5 werden die Kommentare zwar weiterhin angezeigt, können aber nicht mehr bearbeitet werden. Sollte dies anschließend dennoch nötig sein, klicken Sie im eingeblendeten Kommentarverlauf auf **Thread erneut öffnen**.

6. Wer alle Kommentare auf einen Blick sehen möchte, klickt im Register **Überprüfen** auf **Kommentare anzeigen**. Am rechten Bildschirmrand wird die Spalte **Kommentare** eingeblendet. Sie können hier alle Kommentare wie zuvor beschrieben beantworten, löschen oder einen Thread auflösen. Die Zelladresse gibt an, in welcher Zelle der Kommentar eingefügt wurde.
7. Mit einem erneuten Klick auf **Kommentare anzeigen** blenden Sie die Spalte **Kommentare** wieder aus.

Tipp 094

Notizen ergänzen

Sie müssen in einer Tabelle Informationen ergänzen, die Ihnen noch nicht bekannt sind? Damit Sie dies später nicht vergessen, können Sie sich in den entsprechenden Zellen schon eine kleine Erinnerungsstütze in Form einer Notiz einbauen:

1. Markieren Sie die gewünschte Zelle, und klicken Sie im Register **Überprüfen** in der Gruppe **Notizen** auf **Neue Notiz**. Meist wird diese Schaltfläche erst nach einem Klick auf den Gruppentitel **Notizen** angezeigt.
2. Geben Sie in das kleine Textfeld, das nun eingeblendet wird, Ihre Notiz ein. Über die Markierungspunkte (1) lässt sich die Größe des Textfeldes anpassen. Ein Klick außerhalb des Feldes reicht, und es wird ausgeblendet. Ausnahme: Haben Sie die Spalte **Kommentare** nicht so ausgeblendet, wie in Schritt 7 des vorigen Tipps gezeigt wurde, dann bleibt auch die Notiz bestehen.

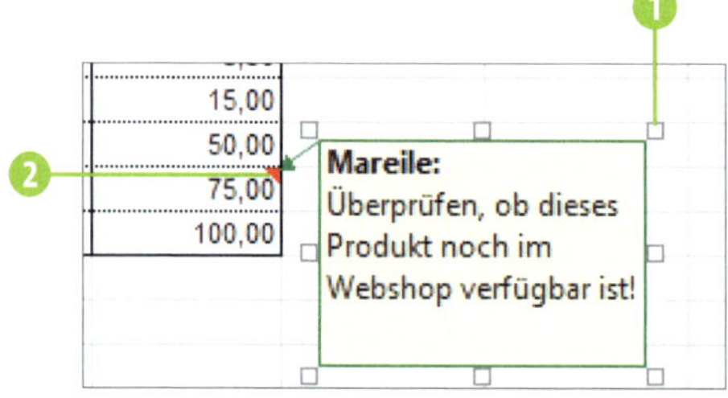

3. Zellen, die mit einer Notiz versehen wurden, werden mit einem kleinen roten Indikator gekennzeichnet **2**. Klicken Sie eine solche Zelle mit der rechten Maustaste an, finden Sie im Kontextmenü alle nötigen Befehle, um die Notiz ein- bzw. auszublenden, zu bearbeiten und zu löschen.
4. Bis auf den Befehl **Notiz löschen** lassen sich diese Befehle analog auch über die Gruppe **Notizen** aufrufen. Hier finden Sie dafür zusätzlich den Befehl **In Kommentar konvertieren**, mit dem Sie eine Notiz in einen Kommentar umwandeln. Im Gegensatz zu einer Notiz kann ein Kommentar von anderen Personen beantwortet werden.

Dateien freigeben und gemeinsam bearbeiten

Wer ein Microsoft-365-Abonnement nutzt und mit der neuesten Version von Excel arbeitet, kann eine Arbeitsmappe ganz bequem zeitgleich mit anderen Personen bearbeiten. Hierzu wird die Datei zunächst in die Cloud *OneDrive* geladen und kann anschließend für andere Nutzer freigegeben werden. Microsoft bezeichnet diese neue Art der Zusammenarbeit als *gemeinsame Dokumenterstellung*.

Voraussetzungen für die gemeinsame Dokumenterstellung

Tipp 095

Um die gemeinsame Dokumenterstellung nutzen zu können, müssen ein paar Voraussetzungen erfüllt sein. Zum einen benötigen Sie, wie zuvor erwähnt, das Abonnement Microsoft 365 und damit verbunden die neueste Version Excel 365. Außerdem müssen Sie bei Microsoft 365 mit Ihrem Abonnement-Konto angemeldet sein. Dabei handelt es sich z.B. um Ihr privates Microsoft-Konto, Ihr Geschäfts- oder auch Schulkonto. Alternativ zu Excel 365 können Sie oder die Person, die eine Datei gemeinsam mit Ihnen bearbeiten soll, auch die Online-Version des Tabellenkalkulationsprogramms nutzen, die Sie über den Browser öffnen (siehe dazu auch den Kasten »Über den Browser auf die Dateien in OneDrive zugreifen« auf Seite 177). Das ist vor allem für diejenigen praktisch, die noch eine ältere Excel-Version einsetzen: Diese Nutzer*innen brauchen auf diese Weise nicht auf die gemeinsame Dokumenterstellung zu verzichten.

Falls Sie sich nicht sicher sind, mit welcher Excel-Version Sie arbeiten, rufen Sie in Excel **Datei ▸ Konto** auf. In der rechten Fensterhälfte werden Ihnen nun nicht nur die Produktinformationen angezeigt ①, Sie erfahren zugleich auch, ob und wenn ja, mit welchem Microsoft-Konto Sie bei Excel angemeldet sind ②. Ihr Kontoname wird auch am rechten Rand der Titelleiste angezeigt ③. Sollten Sie nicht angemeldet sein, finden Sie hier die Schaltfläche **Anmelden**, über die Sie die Anmeldung nachholen können.

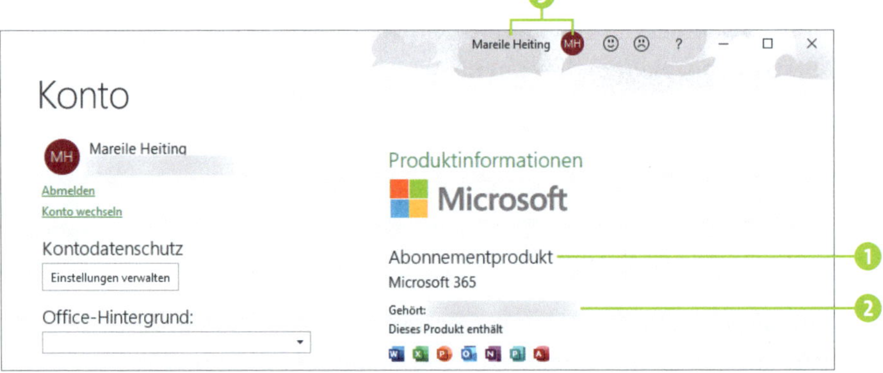

Um eine Excel-Arbeitsmappe zeitgleich mit anderen Personen bearbeiten zu können, muss diese im XLSX-, XLSM- oder XLSB-Dateiformat gespeichert sein. Ist dies nicht der Fall, können Sie das Format über **Datei ▸ Speichern unter** ändern (siehe Tipp 112 auf Seite 203).

Aus älteren Excel-Versionen bekannte Schaltflächen zurückholen

Wenn Sie z. B. bereits mit Excel 2016 oder einer noch älteren Version gearbeitet haben, werden Sie unter Excel 365 im Register **Überprüfen** vermutlich Schaltflächen wie **Arbeitsmappe freigeben** oder auch **Änderungen nachverfolgen** vermissen. Da Microsoft bei der Teamarbeit mittlerweile ganz auf die sog. *gemeinsame Dokumenterstellung* über die Cloud *OneDrive* setzt, wurden diese Schaltflächen ausgeblendet. Falls Sie das alte Vorgehen vorziehen, können Sie die Schaltflächen z. B. in der *Symbolleiste für den Schnellzugriff* einblenden. Rufen Sie hierzu **Datei ▸ Optionen** auf, und markieren Sie im Dialog **Excel-Optionen** links **Symbolleiste für den Schnellzugriff**. Stellen Sie im Feld **Befehle auswählen** den Eintrag **Nicht im Menüband enthaltene Befehle** ein. Blättern Sie in der Liste darunter bis zu den Einträgen, die Sie aus alten Excel-Versionen vermissen. Markieren Sie also z. B. **Arbeitsmappe teilen (Legacy)**, und bestätigen Sie die Auswahl mit **Hinzufügen**. Wiederholen Sie dies für alle weiteren Symbole, die in der Symbolleiste für den Schnellzugriff angezeigt werden sollen. Haben Sie versehentlich das falsche Symbol ausgewählt, markieren Sie es in der rechten Spalte und klicken auf **Entfernen**. Mit **OK** übernehmen Sie Ihre Einstellungen. Im Abschnitt »Excel individuell anpassen« ab Seite 243 erfahren Sie, wie Sie Schaltflächen, die Sie häufig benötigen, in einer eigenen Registerkarte anordnen können.

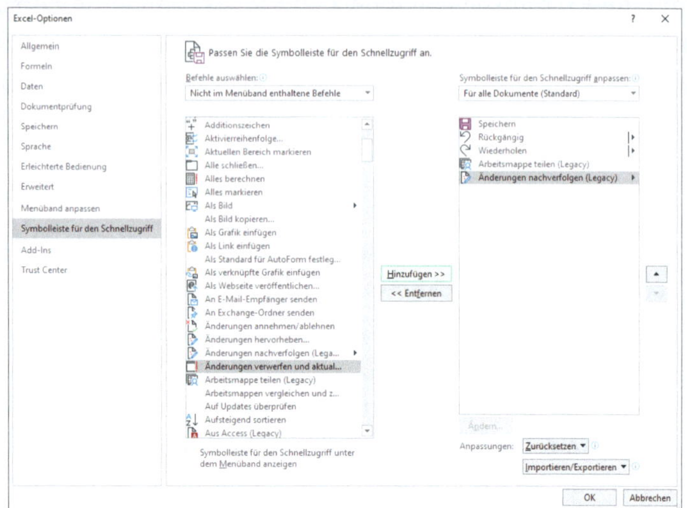

Um die alte Freigabefunktion anwenden zu können, klicken Sie in der Symbolleiste für den Schnellzugriff auf das Symbol **Arbeitsmappe teilen.** Dann erscheint der Dialog **Arbeitsmappe freigeben.** Im Register **Status** müssen Sie nun ein Häkchen vor **Die alte Funktion "Arbeitsmappenfreigabe" anstelle der neuen Erfahrung für gemeinsame Dokumenterstellung verwenden** setzen, um die Arbeitsmappe wie von früher gewohnt freigeben zu können. Die Dateien, die Sie gemeinsam bearbeiten möchten, müssen sich bei diesem Verfahren auf einem Laufwerk befinden, auf das alle Nutzer zugreifen können.

Tipp 096

Arbeitsmappe in OneDrive hochladen

Haben Sie die Arbeitsmappe, die Sie gemeinsam mit anderen Nutzern bearbeiten möchten, lokal auf Ihrem Computer gespeichert, müssen Sie sie zunächst in die Cloud *OneDrive* hochladen. Befindet sich die Datei bereits im Online-Speicher, können Sie direkt mit Tipp 097 auf Seite 175 fortfahren.

1. Öffnen Sie die Arbeitsmappe, die Sie gemeinsam mit Kolleg*innen bearbeiten möchten. Klicken Sie oben rechts auf das Symbol **Teilen** ①. Alternativ hierzu können Sie auch **Datei ▸ Freigeben** aufrufen.

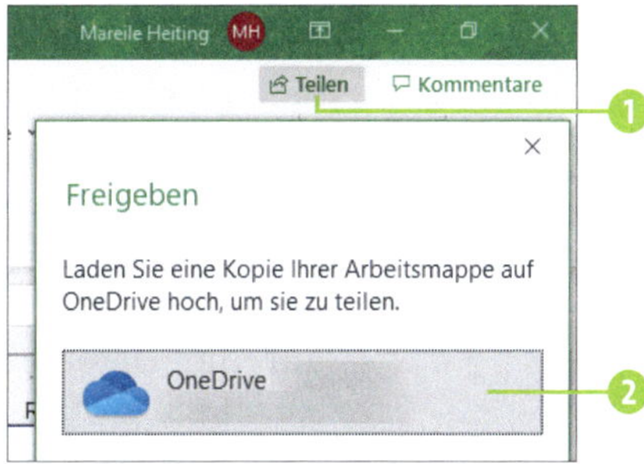

2. Im Dialog **Freigeben** wird Ihnen bereits **OneDrive** ② angeboten. Ein Mausklick hierauf reicht, und die Datei wird in die Cloud geladen.

Nun erscheint der Dialog **Link senden**. Welche Einstellungen Sie hier zum Freigeben der Datei vornehmen, zeigt der folgende Tipp.

Arbeitsmappe in OneDrive freigeben

Tipp 097

Auf alle Dateien, die Sie in OneDrive speichern – seien es Arbeitsmappen, Dokumente, Bilder etc. – haben zunächst nur Sie allein Zugriff. Um eine Datei mit anderen Nutzer*innen bearbeiten zu können, müssen Sie sie explizit freigeben. Hierzu teilen Sie ihnen die Adresse in Form eines Links mit, über den die Datei aufgerufen werden kann. Dies erfolgt über den Dialog **Link senden**. Sollten Sie die Datei gerade erst in die Cloud geladen haben, ist dieser Dialog in Excel 365 bereits geöffnet, wie im vorigen Tipp gezeigt. Andernfalls blenden Sie ihn per Klick auf **Teilen** ein. Dann geht es folgendermaßen weiter:

1. Per Standardeinstellung kann jeder Nutzer, der im Besitz des Links ist, die Arbeitsmappe bearbeiten. Wenn Sie möchten, können Sie den Zugriff auf die Datei per Kennwort schützen und zeitlich einschränken. Klicken Sie

hierzu auf **Jeder mit dem Link kann bearbeiten** ①. Der Dialog **Linkeinstellungen** wird geöffnet.

2. Damit die Datei nicht nur betrachtet, sondern auch bearbeitet werden kann, muss das Häkchen vor **Bearbeitung zulassen** ② gesetzt sein.

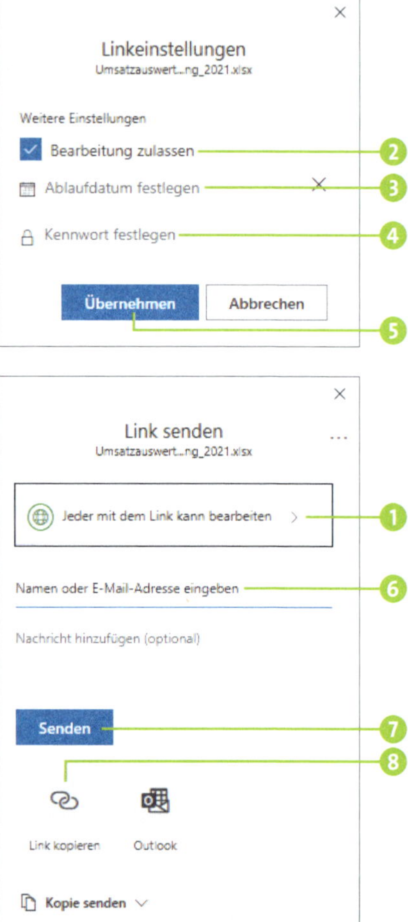

3. Falls eine Person nur vorübergehend Zugriff auf die Datei erhalten soll, klicken Sie in das Feld **Ablaufdatum festlegen** ③. Markieren Sie im aufklappenden Kalender das gewünschte Datum, ab dem ein Zugriff nicht mehr möglich sein soll.

4. Möchten Sie die Datei per Kennwort schützen, geben Sie dieses im entsprechenden Feld ein ④. Vergessen Sie in diesem Fall nicht, das Kennwort Ihren Kolleg*innen mitzuteilen.

5. Mit einem Klick auf **Übernehmen** ⑤ gelangen Sie wieder zum Dialog **Link senden** zurück.

6. Klicken Sie auf **Namen oder E-Mail-Adresse eingeben** ⑥, und tragen Sie die E-Mail-Adressen der Personen

ein, denen Sie den Link zur Freigabe der Datei schicken möchten. Die einzelnen Adressen trennen Sie durch ein Semikolon (;) voneinander.

7. Wenn Sie möchten, können Sie noch eine Nachricht hinzufügen, bevor Sie den Link mit **Senden** ⑦ abschicken. Die jeweiligen Empfänger erhalten nun eine E-Mail mit dem Hinweis, dass eine Datei für sie freigegeben wurde.

8. Möchten Sie Ihren Kolleg*innen den Link auf andere Weise zukommen lassen, können Sie den Link zur freigegebenen Datei mit einem Klick auf **Link kopieren** ⑧ in die Zwischenablage kopieren. Mit der Tastenkombination [Strg] + [V] lässt er sich von dort z. B. in das Nachrichtenfenster Ihres E-Mail-Programms einfügen.

Über den Browser auf die Dateien in OneDrive zugreifen

Wer nicht über Microsoft 365 verfügt oder von einem anderen Computer aus auf die in OneDrive abgelegten und freigegebenen Dateien zugreifen muss, kann dies auch über jeden beliebigen Browser erledigen. Rufen Sie in diesem Fall die Webadresse *www.onedrive.de* auf. Klicken Sie auf der Webseite oben rechts auf **Anmelden**, und melden Sie sich mit der E-Mail-Adresse und dem Kennwort Ihres Microsoft-Kontos an.

Freigegebene Arbeitsmappe öffnen

Tipp 098

Erhalten Sie eine E-Mail, in der Sie darüber informiert werden, dass eine Excel-Arbeitsmappe für Sie freigegeben wurde, reicht ein Klick auf den in der E-Mail enthaltenen Link, um diese Datei zu öffnen.

Alternativ hierzu können Sie auch über den Browser den Online-Speicher *OneDrive* aufrufen, wie im Kasten »Über den Browser auf die Dateien in OneDrive zugreifen« auf Seite 177 beschrieben wird. Klicken Sie dort links auf **Geteilt** 1. In der rechten Fensterhälfte werden nun alle Dateien aufgeführt, die Sie selbst freigegeben haben 2 und die für Sie freigegeben wurden 3. Ein Klick auf eine dieser Dateien reicht, und sie wird in der entsprechenden Web-App, z. B. Excel, geöffnet.

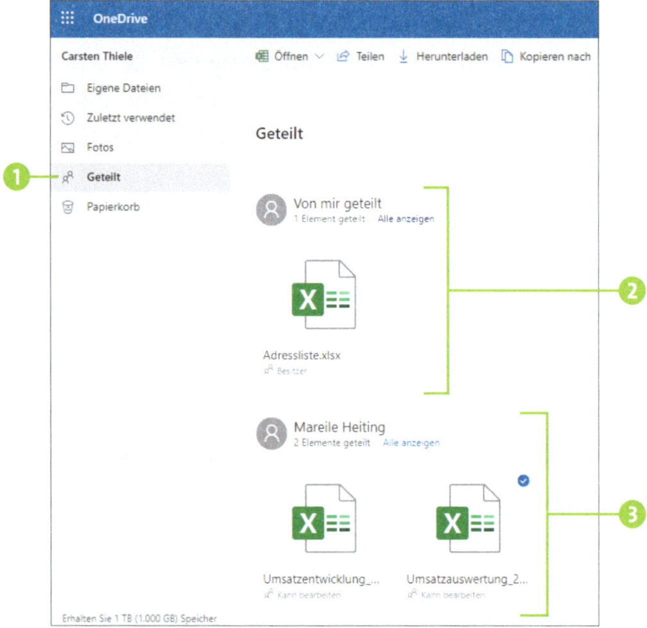

Verfügen Sie über Microsoft 365, können Sie die Excel-Arbeitsmappe über die Schaltfläche **In Desktop-App öffnen** auch in Ihrer Desktop-App von Excel 365 öffnen. (Sie finden diese Schaltfläche im Menüband.) Falls Sie eine ältere Excel-Version nutzen, sollten Sie allerdings nicht zur Desktop-App wechseln, denn damit ist die gemeinsame Bearbeitung der Arbeitsmappe nicht mehr möglich. Stattdessen wird die Datei den anderen Personen als **Gesperrt** angezeigt.

Wenn Sie also eine ältere Excel-Version verwenden, sollten Sie die Datei nur in der Online-Version von Excel öffnen, falls Sie sie zeitgleich mit anderen bearbeiten müssen.

Tipps zur gemeinsamen Bearbeitung der Arbeitsmappe

Tipp 099

Die gemeinsame Dokumenterstellung erlaubt es, dass Sie zeitgleich mit Ihren Kolleg*innen an ein und derselben Datei arbeiten können. Um sofort sehen zu können, welche Änderungen die anderen an einer Excel-Arbeitsmappe vorgenommen haben, muss das sog. *Automatische Speichern* aktiviert sein. Damit werden alle Aktualisierungen an der Datei sofort in OneDrive gesichert.

1. Um das automatische Speichern zu aktivieren, setzen Sie den gleichnamigen Regler in der Symbolleiste für den Schnellzugriff nach rechts, sodass ein Häkchen ❶ angezeigt wird.

2. Links von der **Teilen**-Schaltfläche werden die Profilbilder bzw. Initialen aller Nutzer eingeblendet, die in diesem Moment ebenfalls die Excel-Arbeitsmappe geöffnet haben ❷. Klicken Sie das Symbol an, wird unterhalb des Namens der Zellbereich angezeigt ❸, den die Person gerade bearbeitet.

3. Jeder Person wird ein eigener Farbton zugeordnet, z. B. Lila, Blau etc. In der Tabelle selbst wird der Zellbereich, den die Person gerade markiert hat, in eben diesem Farbton umrahmt ④. Ihre eigenen Zellmarkierungen können Sie immer am grünen Farbton erkennen ⑤.

4. Je nach Internetverbindung kann es ein paar Sekunden dauern, bis die Änderungen, die eine Person in einer Zelle vorgenommen hat, den anderen Nutzern angezeigt werden. Excel übernimmt immer die letzte Änderung an einer Zelle. Bei komplexen Aufgaben ist es deshalb ratsam, sich bei der Bearbeitung abzusprechen und klare Aufgaben zu verteilen. So lassen sich Überschneidungen und damit womöglich verbundene Fehler verhindern.

Ältere Dateiversionen anzeigen und wiederherstellen

Wenn Sie Ihre Dateien in der Cloud *OneDrive* ablegen, speichert Excel automatisch alle Änderungen an der Datei. Benötigen Sie eine ältere Dateiversion, rufen Sie **Datei ▸ Informationen** auf. Nach einem Klick auf **Versionsverlauf** wird am rechten Fensterrand die Spalte **Versionsverlauf** eingeblendet. Hier erfahren Sie, wann welcher Nutzer die Datei gespeichert hat. Mit einem Klick auf **Version öffnen** können Sie sich die entsprechende Dateiversion ansehen. Möchten Sie diese Version beibehalten, müssen Sie warten, bis alle anderen Nutzer die Bearbeitung der Datei abgeschlossen haben. Klicken Sie anschließend auf **Wiederherstellen**, um die alte Version zu übernehmen.

Gemeinsame Bearbeitung einer Datei beenden

Tipp 100

Sind alle Arbeiten beendet, die Sie gemeinsam mit einer anderen Person an einer Arbeitsmappe durchführen mussten? Möchten Sie die Freigabe der Datei deshalb beenden? Diesen Schritt können Sie in OneDrive selbst durchführen:

1. Rufen Sie den Online-Speicher so auf, wie es im Kasten »Über den Browser auf die Dateien in OneDrive zugreifen« auf Seite 177 beschrieben wird.
2. Markieren Sie in der linken Spalte die Kategorie **Geteilt**. Wählen Sie dann rechts die gewünschte Datei per Mausklick aus. Sie sollte anschließend mit einem Häkchen gekennzeichnet sein.
3. Klicken Sie nun in der rechten oberen Fensterecke auf das Symbol ⓘ. Sie finden es direkt unterhalb Ihres Profilbildes ❶.
4. In der aufklappenden Spalte werden nun die Profilbilder der Personen aufgeführt, für die Sie die Datei freigegeben haben. Klicken Sie auf **Zugriff verwalten** ❷.
5. Klicken Sie nun unterhalb der Person, der Sie die Freigabe wieder entziehen möchten, auf **Kann bearbeiten**. Sie können nun entscheiden, ob die Person die Datei weiterhin öffnen und ansehen darf ❸ oder ob selbst das nicht mehr möglich sein soll ❹.
6. Mit einem Klick auf das Kreuzsymbol ❺ blenden Sie die Spalte **Zugriff verwalten** anschließend wieder aus.

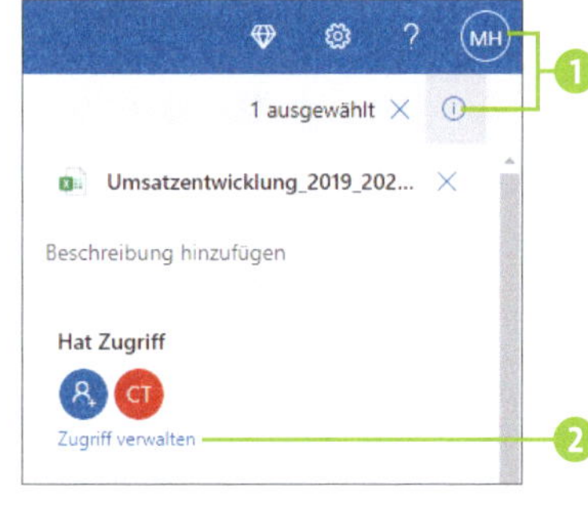

Tabellen veröffentlichen und drucken

Komplexe Tabellen zu Papier bringen

Auch im digitalen Zeitalter muss man ab und an eine Excel-Tabelle ausdrucken. Speziell bei umfangreichen Tabellen sollten Sie die Voreinstellungen genau prüfen und ggf. anpassen, um unangenehme Überraschungen wie fehlende Zeilen oder Spalten ohne Überschriften zu vermeiden.

Die ganze Tabelle oder nur einen Bereich drucken?

Tipp 101

Geben Sie nichts anderes vor, wählt Excel das gesamte gerade aktive Tabellenblatt für den Ausdruck aus. Möchten Sie hingegen nur einen Teil des Blatts zu Papier bringen, müssen Sie zunächst den entsprechenden Bereich markieren. Erst dann rufen Sie den Drucken-Dialog über **Datei ▸ Drucken** 1 auf.

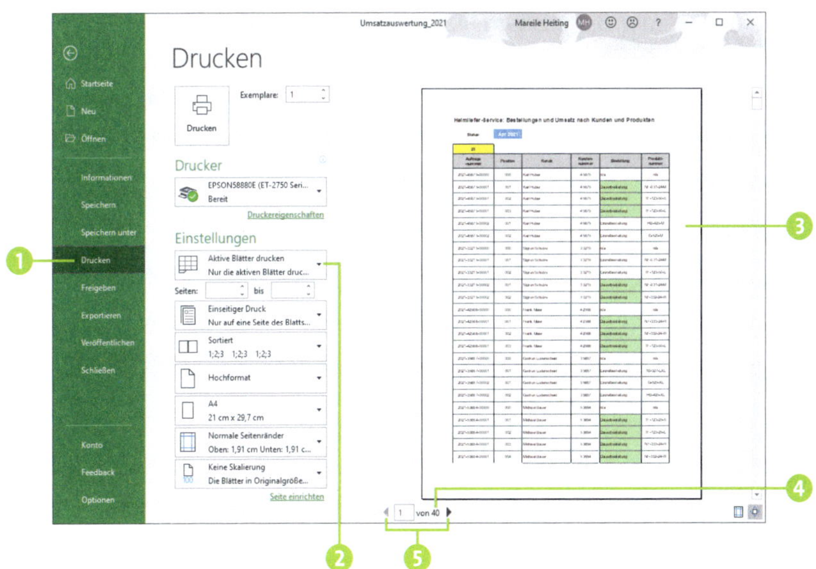

In der linken Spalte des Drucken-Dialogs legen Sie im Feld direkt unterhalb von **Einstellungen** fest, ob die aktiven Arbeitsblätter, die gesamte Arbeitsmappe oder die zuvor markierte Auswahl gedruckt werden soll ②. Die Vorschau rechts zeigt, wie der Ausdruck der Tabelle aussehen wird ③. Links unterhalb der Vorschau erfahren Sie, wie viele Seiten der Ausdruck umfassen wird ④. Über die Pfeiltasten können Sie jede Seite einzeln überprüfen ⑤.

Einen Druckbereich festlegen

Falls Sie regelmäßig nur einen bestimmten Teilbereich einer Tabelle drucken möchten, können Sie sich durch das Festlegen eines sog. *Druckbereichs* viel Arbeit sparen. Hierzu markieren Sie zunächst den Tabellenbereich, den Sie ausdrucken möchten. Wählen Sie dann im Register **Seitenlayout** in der Gruppe **Seite einrichten** nacheinander **Druckbereich ▸ Druckbereich festlegen** ① aus. Wann immer Sie nun über **Datei ▸ Drucken** den Druckauftrag starten, wird nur dieser Bereich zu Papier gebracht. Ein vorheriges Markieren ist also nicht mehr notwendig. Allerdings müssen Sie aufpassen, wenn Sie doch einmal wieder die gesamte Tabelle oder einen anderen Bereich ausdrucken möchten. In diesem Fall müssen Sie zuvor die bisherige Markierung des Druckbereichs über **Seitenlayout ▸ Druckbereich ▸ Druckbereich aufheben** ② deaktivieren.

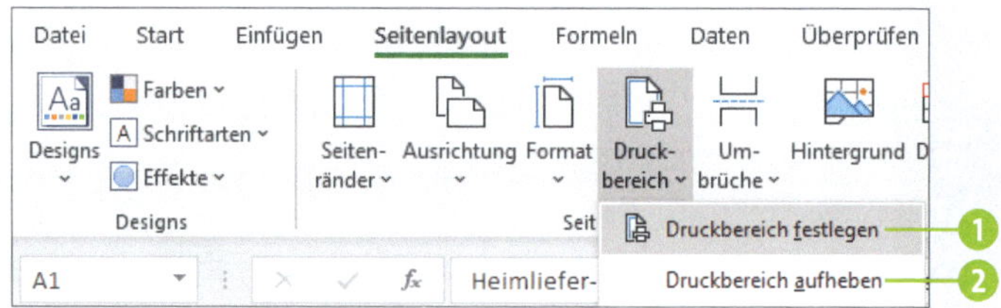

Wichtige Einstellungen im Drucken-Dialog

Tipp 102

Ein Druckauftrag ist blitzschnell per Klick auf die Schaltfläche **Drucken** im Drucken-Dialog gestartet. Zuvor sollten Sie allerdings die in diesem und den folgenden Tipps vorgestellten Einstellungen überprüfen:

1. Der erste Blick sollte dem Feld **Drucker** (1) gelten. Stellen Sie sicher, dass hier das gewünschte Gerät ausgewählt ist.
2. Im Feld **Exemplare** (2) legen Sie die gewünschte Anzahl an Kopien fest, die Sie vom Ausdruck benötigen. Handelt es sich um eine mehrseitige Tabelle, erfolgt der Ausdruck per Standardeinstellung **Sortiert** (3). Möchten Sie, dass zunächst alle Exemplare einer Seite zu Papier gebracht werden, bevor der Druck der Folgeseite beginnt, wählen Sie die Einstellung **Getrennt**.
3. Falls Sie nur bestimmte Seiten ausdrucken möchten, geben Sie die entsprechenden Seitenzahlen in den Feldern **Seiten** und **bis** (4) ein.
4. Manche Tabellen lassen sich besser im voreingestellten **Hochformat** (5) drucken, für manche ist hingegen das **Querformat** geeigneter. Sobald Sie die gewünschte Auswahl getroffen haben, wird die Vorschau rechts angepasst.
5. Das Papierformat ist standardmäßig meistens auf **A4** (6) eingestellt. Verfügen Sie über einen Drucker, der auch das Format **A3** beherrscht, ist dieses bei umfangreichen Tabellen gelegentlich die bessere Wahl.

Tipp 103

Die Seitenränder anpassen

Beim Überprüfen der Seiten stellt man manchmal fest, dass einige Seiten lediglich eine einzelne Spalte oder Zeile umfassen. Ein minimales Anpassen der Seitenränder – also des Abstands der Tabelle zum Papierrand – kann hier bereits Wunder wirken: Schon findet die Spalte oder Zeile noch auf einer anderen Seite Platz.

1. Für die Seitenränder bietet Excel mehrere Voreinstellungen, wie **Normal**, **Breit** oder **Schmal** an (7 auf Seite 185).
2. Um die Seitenränder individuell anzupassen, klicken Sie rechts unterhalb der Vorschau auf das Symbol **Seitenränder anzeigen** 8. Die nun mit grauen Linien gekennzeichneten Seitenränder 9 können mit gedrückter linker Maustaste verschoben werden.

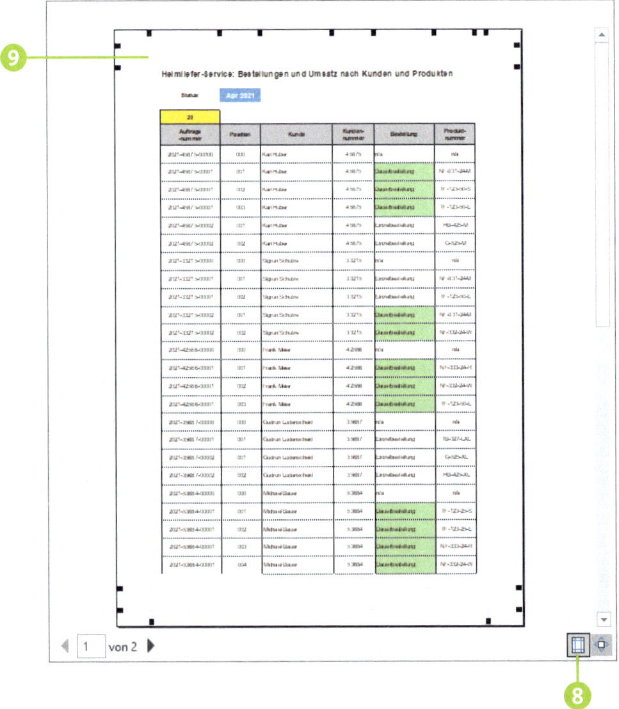

Mit einem erneuten Klick auf das Symbol blenden Sie die Seitenränder wieder aus.

3. Alternativ klicken Sie am unteren Rand der Spalte **Einstellungen** auf **Seite einrichten** (10 auf Seite 185), um den gleichnamigen Dialog zu öffnen. Im Register **Seitenränder** können Sie nun die Werte für die Seitenränder sowie die Kopf- und Fußzeile angeben 1.

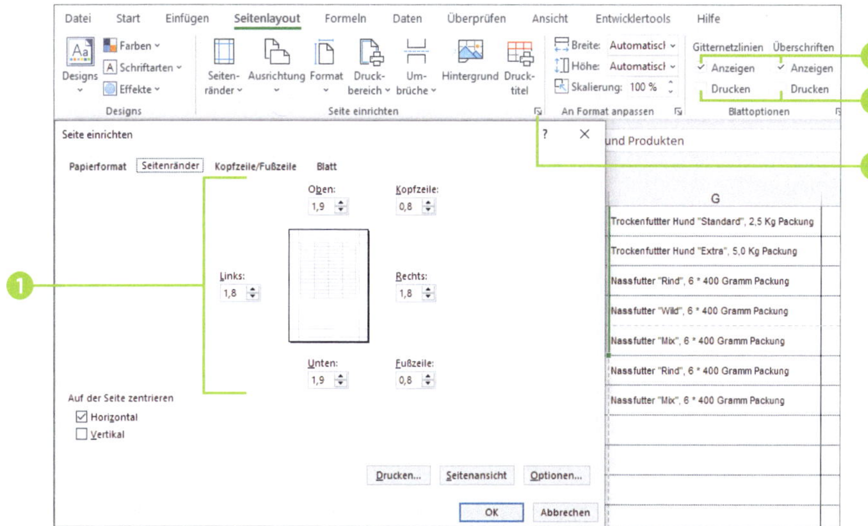

4. Der Dialog **Seite einrichten** lässt sich übrigens auch über das Register **Seitenlayout** aufrufen. Um zu diesem Register zu gelangen, müssen Sie zuvor über den Pfeil oben links den **Drucken**-Dialog verlassen.

5. Klicken Sie im Register **Seitenlayout** in der Gruppe **Seite einrichten** unten rechts auf das Symbol 2, wird der Dialog **Seite einrichten** geöffnet. Sollen die vorgenommenen Einstellungen gleich auf mehrere Tabellenblätter angewendet werden, markieren Sie diese zuvor (siehe Tipp 011 auf Seite 27), bevor Sie den Dialog aufrufen.

Gitternetzlinien und Überschriften drucken

Gitternetzlinien, Zeilen- und Spaltenköpfe (in Excel auch *Überschriften* genannt) werden nur auf dem Bildschirm angezeigt, nicht aber ausgedruckt. In der Gruppe **Blattoptionen** des Registers **Seitenlayout** lässt sich dies aber ändern, indem Sie jeweils das Kontrollkästchen **Drucken** (3 auf Seite 187) per Mausklick mit einem Häkchen versehen. Umgekehrt lassen sich durch Deaktivieren der Kontrollkästchen jeweils vor **Anzeigen** 4 die Gitternetzlinien und Überschriften auf dem Bildschirm ausblenden.

Tipp 104

Originalgröße beibehalten oder Blatt skalieren?

Das Ausdrucken einer Tabelle in Originalgröße führt manchmal zu einer ausgesprochen unpraktischen Seitenaufteilung, etwa wenn wenige Zeilen oder Spalten keinen Platz mehr auf einer Seite finden. Reicht das Anpassen der Seitenränder nicht aus, wie im vorigen Tipp gezeigt, passen Sie probeweise die Skalierung an:

1. Haben Sie bereits den **Drucken**-Dialog geöffnet, klicken Sie in das unterste Feld. Hier können Sie nun wählen, ob das gesamte Blatt, alle Spalten oder alle Zeilen auf einer Seite dargestellt werden sollen 1.

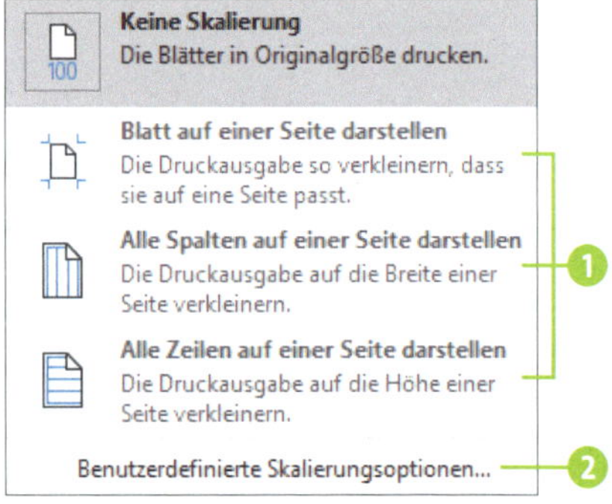

2. Detaillierter lässt sich die Skalierung der jeweiligen Blätter nach einem Klick auf **Benutzerdefinierte Skalierungsoptionen** 2 vornehmen.

3. Im Register **Papierformat** des Dialogs **Seite einrichten** haben Sie nun die Möglichkeit, die Tabelle prozentual zur Normalgröße zu verkleinern bzw. zu vergrößern ③.

4. Alternativ hierzu können Sie über die Option **Anpassen** auch die gewünschte Anzahl an Seiten angeben. Die Breite beeinflusst, wie die Spalten auf den Seiten verteilt werden ④, die Höhe analog, wie die Verteilung der Zeilen erfolgt ⑤.

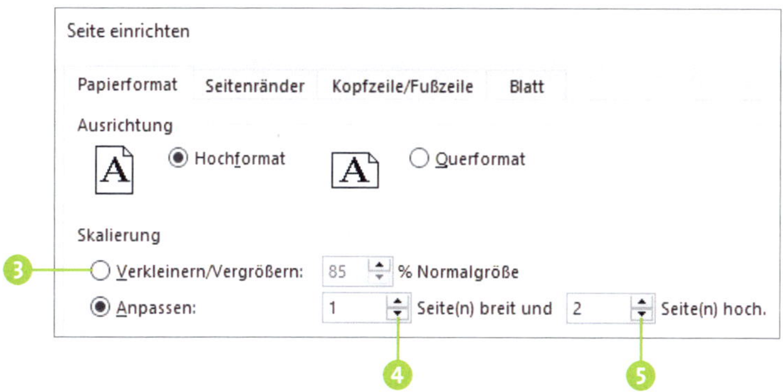

Drucktitel vergeben

Tipp 105

Drucken Sie eine mehrseitige Tabelle aus, in der Sie in einer Spalte oder auch einer Zeile Überschriften ergänzt haben (z. B. die klassischen Titel einer Adressliste wie Name, Straße und Ort), erscheinen diese Überschriften nur auf der ersten Seite des Ausdrucks. Das erschwert aber die Orientierung auf den Folgeseiten. Das Problem lässt sich leicht lösen, indem Sie die Überschriften als Drucktitel festlegen:

1. Klicken Sie im Register **Seitenlayout** in der Gruppe **Seite einrichten** auf **Drucktitel**. Hierdurch wird der Dialog **Seiten einrichten** direkt mit dem Register **Blatt** geöffnet.

2. Um die Spaltenüberschriften auszuwählen, die auf jeder Seite des Ausdrucks erscheinen sollen, klicken Sie

auf den Pfeil am rechten Rand des Feldes **Wiederholungszeilen oben** 1. Der Dialog **Seite einrichten** wird minimiert, sodass Sie in der Excel-Tabelle bequem auf den Zeilenkopf der Zeile klicken können, die die Spaltenüberschriften enthält. Per Klick auf das Symbol wird der Dialog **Seite einrichten** wieder vollständig angezeigt.

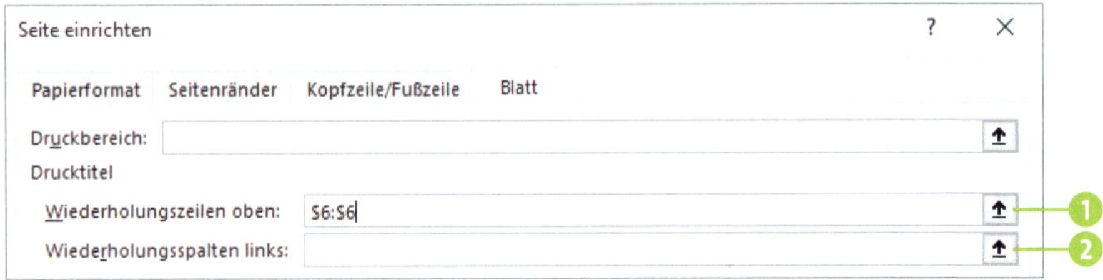

3. Die Auswahl der Zeilenüberschriften erfolgt ähnlich, nur dass Sie hier auf den Pfeil rechts vom Feld **Wiederholungsspalten links** 2 klicken und dann den Spaltenkopf der Spalte markieren, die alle Zeilenüberschriften enthält.

Tipp 106

Kopf- und Fußzeilen ergänzen

Bei umfangreichen Tabellenblättern ist es hilfreich, die Seitenzahlen auszudrucken. Diese Informationen ergänzen Sie am besten in der Kopf- oder Fußzeile. Der Platz lässt sich aber auch nutzen, um den Dateinamen oder das Datum hinzuzufügen. Für das Vorgehen gibt es verschiedene Möglichkeiten:

1. Der schnellste Weg führt über den Dialog **Seite einrichten**. Der Aufruf des Dialogs wurde bereits in Tipp 103 auf Seite 186 beschrieben. Wechseln Sie in das Register **Kopfzeile/Fußzeile**. In den Feldern **Kopfzeile** und **Fußzeile** stehen klassische Einstellungen wie die Seitenzahl zur Auswahl. Bestätigen Sie Ihre Angaben mit **OK**.

2. Wenn Sie die Kopf- und Fußzeilen aufwendiger gestalten möchten, sollten Sie einen anderen Weg wählen. Hierzu wechseln Sie in das Register **Ansicht** und klicken in der Gruppe **Arbeitsmappenansichten** auf **Seitenlayout**.

3. Ober- und unterhalb einer jeden Tabellenseite finden Sie nun jeweils drei Abschnitte für die Kopf- und Fußzeile 1. Jeder dieser Abschnitte lässt sich individuell gestalten. Klicken Sie den gewünschten Abschnitt hierzu doppelt an. Das Menüband wird hierdurch um das Register **Kopf- und Fußzeile** 2 ergänzt, in dem Sie eine Vielzahl an Optionen zur Gestaltung der Zeilen finden.

4. Um zwischen Kopf- und Fußzeile zu wechseln, nutzen Sie die beiden entsprechenden Schaltflächen in der Gruppe **Navigation** 3.

5. Mit einem Klick in einen Tabellenbereich außerhalb einer Kopf- bzw. Fußzeile beenden Sie die Bearbeitung 4.

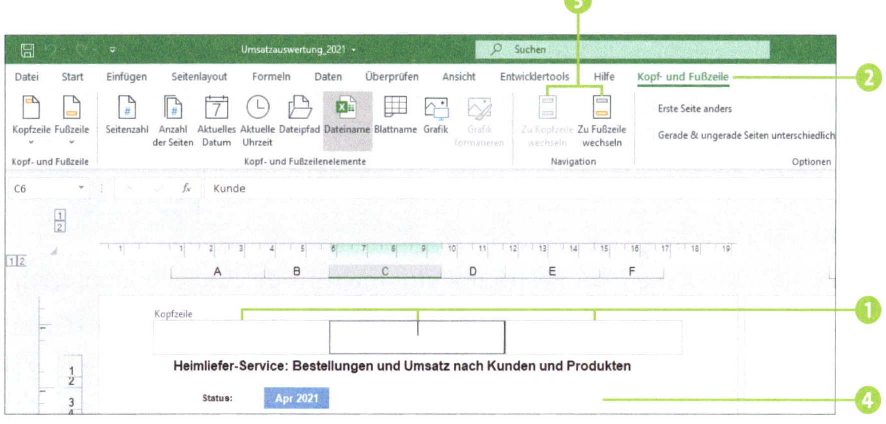

Seitenumbrüche selbst bestimmen

Tipp 107

Bei einer umfangreichen Tabelle, die mehrere Seiten umfasst, nimmt Excel die Seitenumbrüche automatisch vor. Sagt

Ihnen diese Aufteilung nicht zu, können Sie auch selbst bestimmen, an welchen Stellen ein Seitenwechsel erfolgen soll. Am einfachsten gelingt dies über die *Umbruchvorschau*:

1. Wählen Sie das Tabellenblatt aus, für das Sie die Seitenumbrüche anpassen möchten. Klicken Sie dann am rechten Rand der Statusleiste auf das Symbol **Umbruchvorschau** ▯. Alternativ hierzu wechseln Sie in das Register **Ansicht** und wählen die **Umbruchvorschau** ❶ per Mausklick aus.

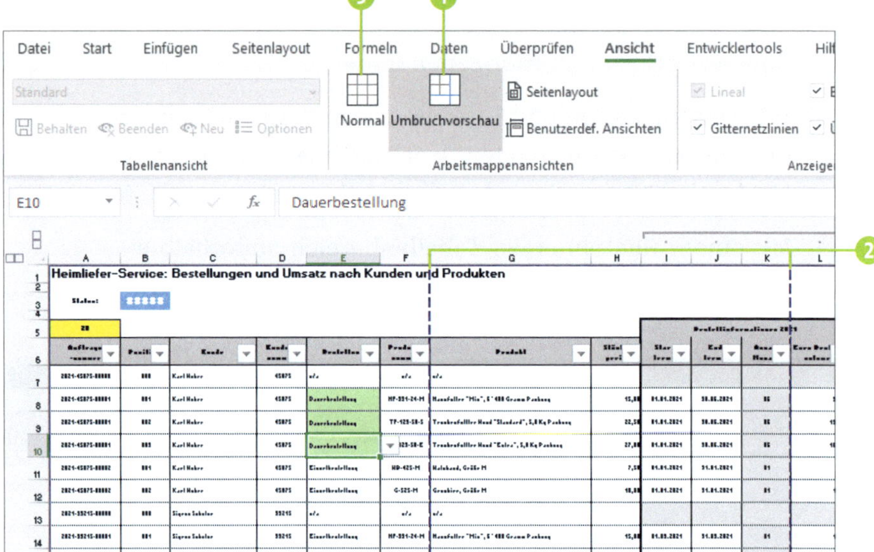

2. Die blau gestrichelten Linien in der Tabelle kennzeichnen die automatisch von Excel vorgenommenen Seitenumbrüche ❷. Befindet sich eine Linie nicht an der gewünschten Stelle, positionieren Sie den Mauszeiger auf der Linie. Ziehen Sie die Linie dann mit gedrückter linker Maustaste an die gewünschte Position zwischen zwei Zeilen bzw. Spalten. Manuell angepasste Seitenumbrüche werden mit einer durchgehend blauen Linie angezeigt.

3. Über das Symbol **Normal** ▦ in der Statusleiste bzw. mit einem Klick auf **Normal** ❸ im Register **Ansicht** kehren Sie wieder zur Normalansicht zurück. Seitenumbrüche werden in dieser Ansicht nun durch eine gestrichelte Linie markiert. Sollte sich eine dieser Linien z.B. durch Einfügen oder Löschen weiterer Zeilen oder Spalten an einer Stelle befinden, die Sie nicht als Seitenumbruch wünschen, wiederholen Sie einfach Schritt 1 und 2, um die Linie wieder korrekt zu positionieren.

Vertrauliche Informationen vor dem Drucken ausblenden

Manche Zellen innerhalb eines Tabellenblatts enthalten vertrauliche Daten, die nicht für fremde Blicke gedacht sind. Bevor Sie eine solche Tabelle ausdrucken oder z.B. für eine Präsentation in PowerPoint einbinden, sollten Sie diese Zellen deshalb ausblenden. Betrifft dies ganze Zeilen oder Spalten, reichen ein Mausklick auf den entsprechenden Zeilen- bzw. Spaltenkopf und die Auswahl des Befehls **Ausblenden**. Über **Einblenden** machen Sie die Daten später wieder sichtbar.

Für einzelne Zellen oder auch Zellbereiche gibt es eine andere pfiffige Lösung: Weisen Sie den zuvor markierten Zellen einfach ein benutzerdefiniertes Format zu, das den Inhalt dieser Zellen ausblendet. Hierzu klicken Sie im Register **Start** in der rechten unteren Ecke der Gruppe **Zahl** auf das Symbol ⧉ ❶. Im Register **Zahlen** des Dialogs **Zellen formatieren** markieren Sie links **Benutzerdefiniert** ❷ und anschließend rechts in der Liste unterhalb von **Typ** z.B. die **0** ❸. Diese wird nun im Feld **Typ** angezeigt. Markieren Sie sie, und überschreiben Sie sie mit drei Semikola (;;;) ❹. Sobald Sie den Dialog mit **OK** schließen, wird der Inhalt der zuvor markierten Zellen ausgeblendet. Die Zellen scheinen nun leer zu sein. Sobald Sie ihnen wieder das korrekte Format (z. B. **Zahl**) zuweisen, wird der Inhalt wieder sichtbar.

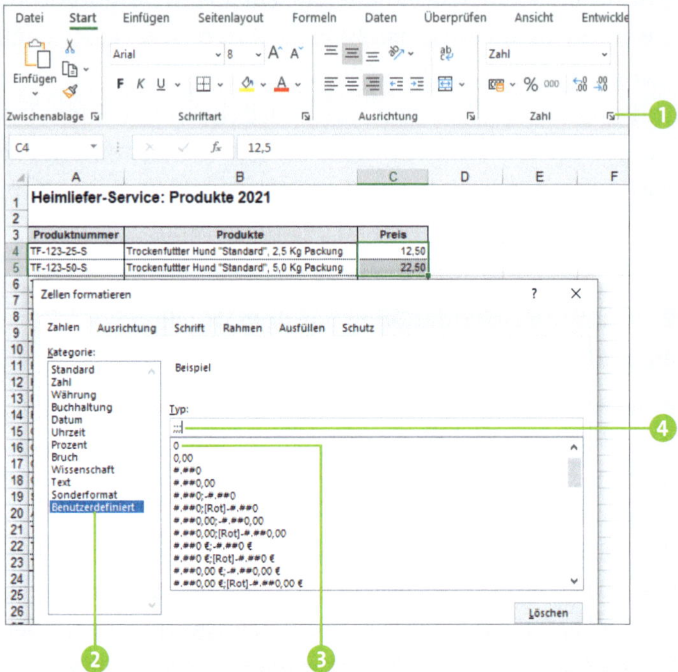

Tipp 108

Einen Druckauftrag abbrechen

Ab und an kommt es durchaus vor, dass ein Druckauftrag gestartet wird, bevor alle Einstellungen überprüft wurden. Besteht der Ausdruck aus nur wenigen Seiten, ist dies nicht allzu schlimm, bei umfangreichen Dokumenten ist der Ärger hingegen schon größer. Wenn Sie schnell reagieren, können Sie das Malheur aber noch in Grenzen halten, indem Sie den Druckauftrag abbrechen.

1. Klicken Sie hierzu im Infobereich der Taskleiste auf das Symbol Ihres Druckers ①. Gegebenenfalls müssen Sie

zuvor auf das kleine Pfeilsymbol ② klicken, um das Symbol einzublenden.

2. Im folgenden Dialog markieren Sie den Druckauftrag, den Sie abbrechen möchten ③. Rufen Sie dann im Menü **Dokument** den Befehl **Abbrechen** ④ auf. Die folgende Nachfrage bestätigen Sie mit **Ja**. Waren Sie nicht schnell genug mit dieser Aktion, kann es sein, dass einige Seiten des Druckauftrags bereits ausgedruckt wurden.

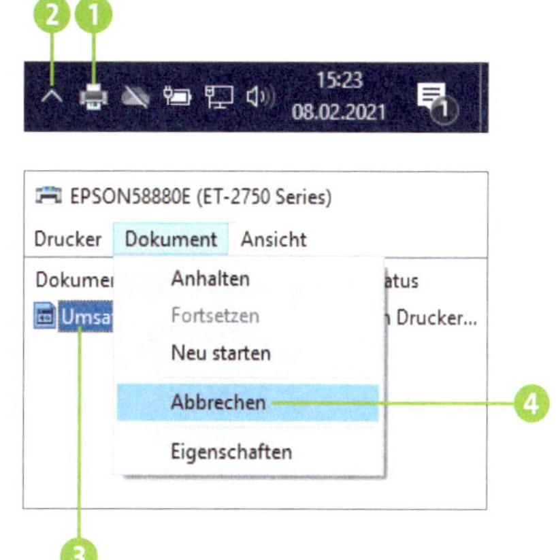

Excel-Tabellen in PowerPoint oder Word einbinden

Möchten Sie für Ihren nächsten Vortrag einen Ausschnitt einer Excel-Tabelle in Ihre PowerPoint-Präsentation einbinden? Dies lässt sich auf unterschiedliche Weise realisieren. Jede Methode hat dabei ihre Vor-, aber auch Nachteile. Die folgenden Tipps werden am Beispiel von PowerPoint gezeigt. Das Vorgehen lässt sich analog aber auch in Word durchführen.

Excel-Daten einfügen und bearbeiten

Tipp 109

In diesem ersten Tipp zum Einbinden von Excel-Daten in PowerPoint soll ein zuvor markierter Teilbereich einer Excel-Tabelle in eine PowerPoint-Präsentation eingefügt werden. Die derart eingefügten Excel-Daten können ganz bequem direkt in PowerPoint bearbeitet werden. Die Änderungen werden allerdings nicht in die Original-Excel-Arbeitsmappe übernommen. Umgekehrt erscheinen Aktualisierungen, die in der Original-Arbeitsmappe vorgenommen werden, auch nicht mehr in PowerPoint. (Wie eine automatische Aktualisierung gelingt, wird in Tipp 111 auf Seite 200 gezeigt.) Zum Einfügen gehen Sie folgendermaßen vor:

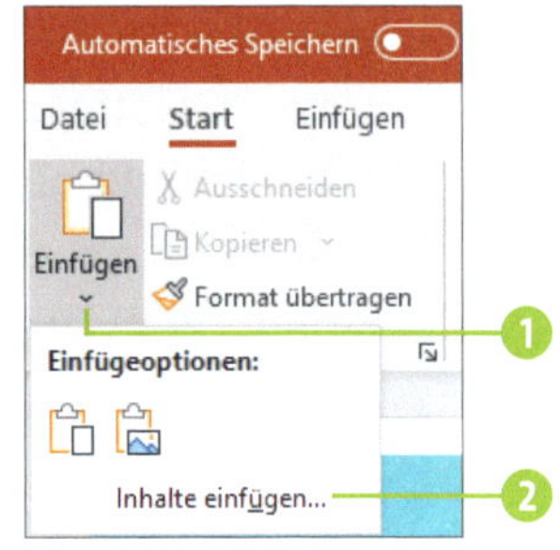

1. Markieren Sie in Excel den Zellbereich, der in Ihrer Präsentation gezeigt werden soll. Drücken Sie die Tastenkombination Strg + C, um ihn in die Zwischenablage zu kopieren.
2. Wechseln Sie zu PowerPoint, und positionieren Sie die Einfügemarke an der Stelle, an der der markierte Zellbereich eingefügt werden soll. Klicken Sie im Register **Start** in der Gruppe **Zwischenablage** auf den Pfeil 1 der Schaltfläche **Einfügen**. Wählen Sie den Befehl **Inhalte einfügen** 2 aus.
3. Im Dialog **Inhalte einfügen** behalten Sie die voreingestellte Option **Einfügen** 3 bei. Stellen Sie sicher, dass in der Liste **Als** das **Microsoft Excel-Arbeitsmappe-Objekt** 4 markiert ist.

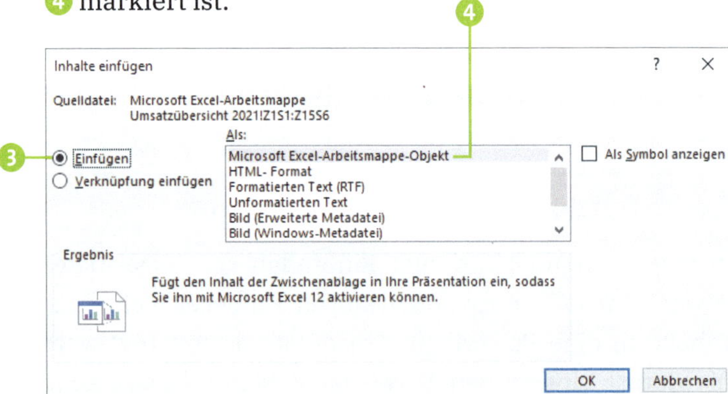

4. Wenn Sie den Dialog mit **OK** bestätigen, wird der zuvor kopierte Zellbereich in Form einer Tabelle innerhalb Ihrer PowerPoint-Präsentation ergänzt.

5. Falls Sie die Excel-Daten noch korrigieren möchten, klicken Sie die Tabelle doppelt an. Statt des Tabellenausschnitts wird nun die gesamte Excel-Arbeitsmappe (also inklusive aller Tabellenblätter, sofern vorhanden) auf der PowerPoint-Folie angezeigt 5. Im Menüband erscheinen außerdem die Registerkarten von Excel 6. Sie können nun die gewünschten Änderungen vornehmen.

6. Wollen Sie den Bearbeitungsmodus wieder beenden, reicht ein Klick auf einen beliebigen Folienbereich außerhalb der Tabelle 7. Zur Erinnerung: Die vorgenommenen Änderungen gelten nur für diese PowerPoint-Präsentation, sie werden nicht in die Original-Excel-Arbeitsmappe übernommen.

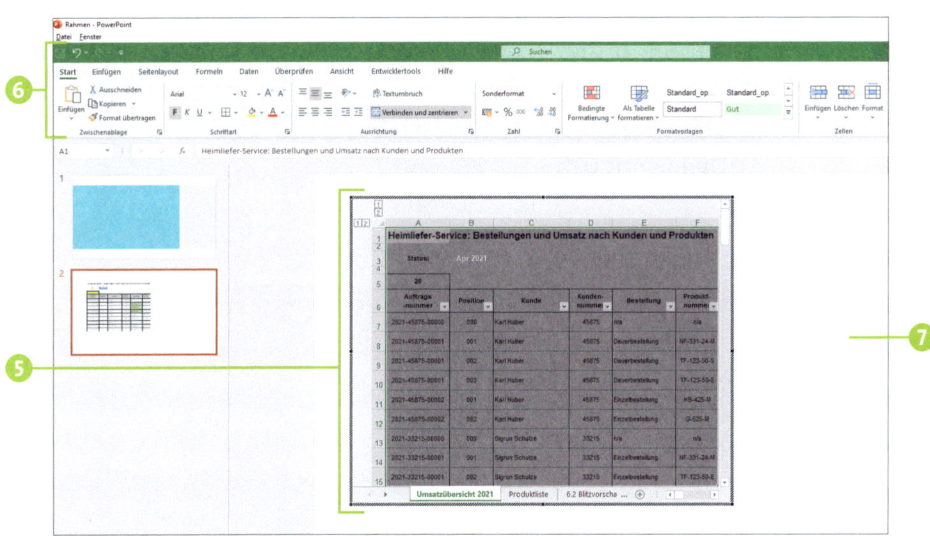

Tipp 110

Verknüpfung zu Excel-Daten erstellen

Falls Sie eine Präsentation bereits längere Zeit vor dem eigentlichen Vortrag vorbereiten, ist der zuvor beschriebene Weg nicht günstig. Denn sollten Sie selbst oder auch Kolleg*innen die Daten innerhalb der Excel-Arbeitsmappe in der Zwischenzeit überarbeitet haben, werden diese Aktualisierungen nicht in die Präsentation übernommen. Damit diese berücksichtigt werden, müssen Sie den zuvor markierten Zellbereich als Verknüpfung in die Präsentation einbinden:

1. Gehen Sie zunächst so vor, wie in den Schritten 1 und 2 des Tipps 109 auf Seite 196 gezeigt wurde, um den gewünschten Zellbereich zu markieren und zu kopieren und dann den Dialog **Inhalte einfügen** aufzurufen.

2. Aktivieren Sie im Dialog **Inhalte einfügen** die Option **Verknüpfung einfügen** ①. Markieren Sie in der Liste rechts nun wieder **Microsoft Excel-Arbeitsmappe-Objekt**. Sollten Sie in der Excel-Arbeitsmappe ein Diagramm ausgewählt haben, erscheint in der Liste **Als** stattdessen **Microsoft Excel-Diagramm-Objekt** ②. Schließen Sie den Dialog mit **OK**.

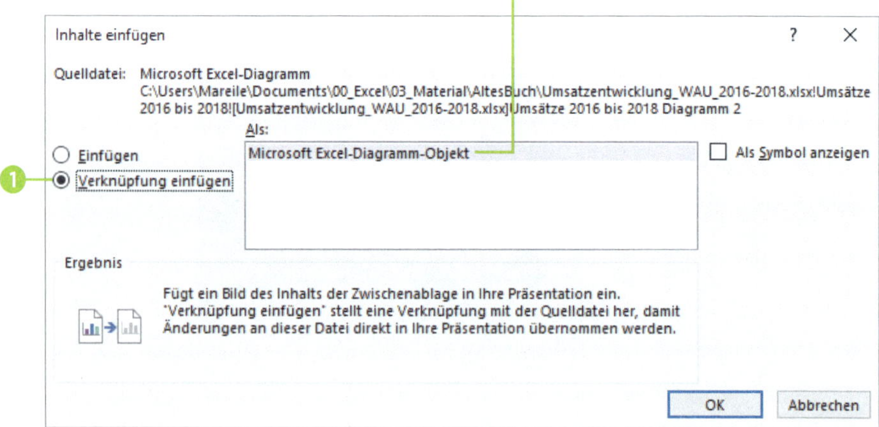

3. Rein optisch sieht die gerade als Verknüpfung eingefügte Tabelle genauso aus wie die Variante, die im vorigen Tipp vorgestellt wurde. Der Unterschied zeigt sich dann, wenn Sie Änderungen in der Original-Excel-Arbeitsmappe vornehmen. Denn ist die Datei mit der Präsentation geöffnet, werden diese Aktualisierungen sofort in die eingefügte Tabelle übernommen. Sollten Sie die PowerPoint-Datei in der Zwischenzeit geschlossen haben, erscheint beim nächsten Öffnen ein Sicherheitshinweis. Bestätigen Sie diesen mit **Verknüpfungen aktualisieren** ③. Die Daten in der Präsentation werden dann automatisch auf den neuesten Stand gebracht.

4. Stellen Sie in PowerPoint selbst fest, dass einige der eingefügten Daten korrigiert werden müssen, doppelklicken Sie einfach auf die Tabelle. Hierdurch wird die verknüpfte Arbeitsmappe direkt in Excel geöffnet, wo Sie nun Ihre Änderungen vornehmen. Diese werden dann automatisch in PowerPoint übernommen.

Tipp 111 Excel-Arbeitsmappe als verknüpftes Objekt einfügen

Die in den beiden vorangehenden Tipps beschriebenen Methoden eignen sich dann, wenn Sie lediglich einen Teilbereich eines Tabellenblatts in Ihrer Präsentation zeigen möchten. Bei umfangreichen Tabellen sollten Sie stattdessen eine Verknüpfung zur Excel-Arbeitsmappe in Form eines Objekts einfügen. Während des Vortrags reicht dann ein Doppelklick auf das Objektsymbol, und schon wird die damit verknüpfte Excel-Arbeitsmappe geöffnet. Auch hier ist das Vorgehen nicht weiter schwierig:

1. Wechseln Sie in Ihrer PowerPoint-Präsentation in das Register **Einfügen**. Klicken Sie in der Gruppe **Text** auf das Symbol **Objekt** 1.

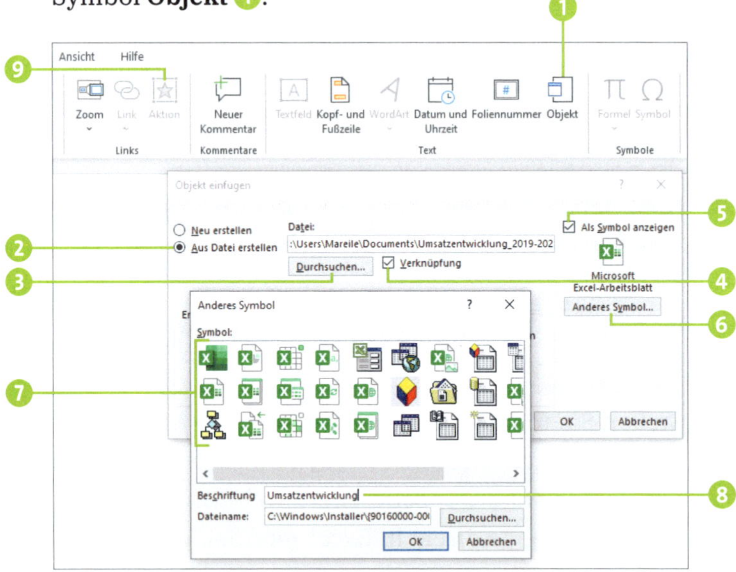

2. Im Dialog **Objekt einfügen** aktivieren Sie die Option **Aus Datei erstellen** 2. Nach einem Klick auf **Durchsuchen** 3 wechseln Sie in den Ordner, in dem sich die gewünschte

Excel-Arbeitsmappe befindet, und markieren die Datei per Doppelklick. Versehen Sie das Kästchen **Verknüpfung** ④ mit einem Häkchen.

3. Aktivieren Sie dann das Kontrollkästchen **Als Symbol anzeigen** ⑤. Über **Anderes Symbol** ⑥ können Sie ein anderes Icon auswählen ⑦ und die Beschriftung ⑧ anpassen. Schließen Sie diesen Dialog sowie den Dialog **Objekt einfügen** jeweils mit **OK**. Das gewählte Symbol wird nun in Ihre Präsentation eingefügt. Sie können es bequem mit gedrückter linker Maustaste verschieben.

4. Um auch während der Bildschirmpräsentation die Excel-Datei öffnen zu können, ist nun noch ein kleiner Schritt nötig. Sollten Sie die Markierung des Symbols in der Zwischenzeit aufgehoben haben, klicken Sie es einmal an. Klicken Sie dann im Register **Einfügen** in der Gruppe **Links** auf **Aktion** ⑨.

5. Im Register **Mausklick** des Dialogs **Aktionseinstellungen** aktivieren Sie die Option **Objektaktion** ⑩. Stellen Sie im Feld direkt darunter **Öffnen** ⑪ ein, und schließen Sie den Dialog mit **OK**.

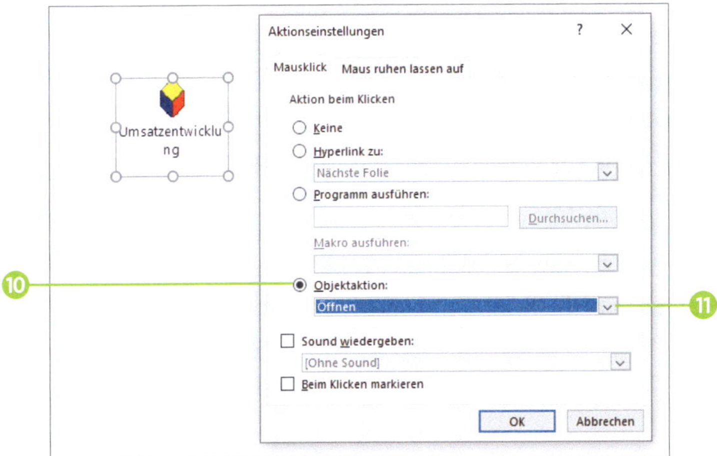

6. Wechseln Sie probeweise in den Modus **Bildschirmpräsentation**. Hierzu reicht ein Klick auf das entsprechende Symbol in der Statusleiste. Klicken Sie nun das Symbol der Excel-Arbeitsmappe an, wird die damit verknüpfte Datei in Excel geöffnet. Über das PowerPoint-Icon in der Taskleiste kehren Sie wieder zur Präsentation zurück. Durch Drücken der Taste Esc beenden Sie den Modus **Bildschirmpräsentation**.

Das passende Dateiformat für die Arbeitsmappe wählen

Geben Sie nichts anderes vor, wird eine Excel-Arbeitsmappe seit Excel 2007 standardmäßig im Format *.xlsx* gespeichert. In älteren Excel-Versionen galt das Format *.xls* als Standard. Das Tabellenkalkulationsprogramm unterstützt aber eine Vielzahl weiterer Formate zur Datensicherung.

Austausch von Dateien zwischen Excel 365 und OpenOffice Calc

Immer mehr Anwender nutzen die kostenlose *OpenOffice Suite* statt Microsofts kostenpflichtiger Office-Suite *Microsoft 365*. Falls Sie eine Excel-Arbeitsmappe einer Person schicken möchten, die das Tabellenkalkulationsprogramm von OpenOffice verwendet, müssen Sie Ihre Datei nicht extra in dessen Standardformat *.ods* (Abkürzung für *OpenDocument Spreadsheet*) speichern. Denn *OpenOffice Calc* ist in der Lage, *.xlsx*-Dateien zu öffnen. Umgekehrt lässt sich in Excel 365 auch problemlos eine Datei im *.ods*-Format öffnen.

Das Dateiformat ändern

Tipp 112

Manchmal ist es nötig, eine Excel-Arbeitsmappe in einem anderen Dateiformat zu speichern, etwa dann, wenn Sie sie jemandem schicken möchten, der Microsoft Excel nicht nutzt. Auch das Importieren von Excel-Daten in andere Programme erfordert häufig ein anderes Format. Um die Arbeitsmappe in einem anderen Dateiformat zu speichern, gehen Sie folgendermaßen vor:

1. Rufen Sie **Datei ▸ Speichern unter** auf ①. Klicken Sie rechts auf **Weitere Optionen** ②, um den Dialog **Speichern unter** zu öffnen.

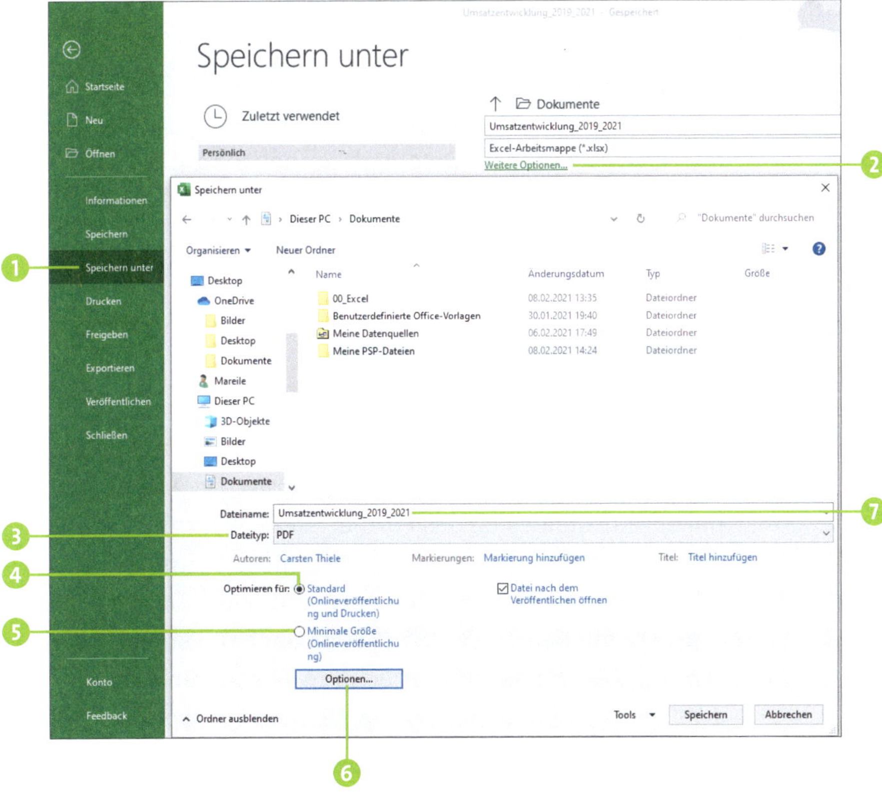

2. Wählen Sie im Feld **Dateityp** das gewünschte Dateiformat aus 3. Muss der Empfänger die Datei z. B. nur betrachten, aber nicht ändern, ist das Format PDF (Abkürzung für *Portable Document Format*) interessant. Denn eine PDF-Datei lässt sich mittlerweile sogar über Browser wie *Mozilla Firefox* oder *Microsoft Edge* öffnen. Zum Bearbeiten eines PDFs ist hingegen ein Programm wie *Adobe Acrobat* oder die kostenlose Alternative *PDF24Creator* nötig.
3. Haben Sie den Dateityp **PDF** gewählt, können Sie noch festlegen, ob die Datei auch für den Ausdruck optimiert werden soll 4 oder ob Ihnen eine geringere Dateigröße wichtiger ist 5. Nach einem Klick auf **Optionen** 6 haben Sie die Möglichkeit, den Bereich der Arbeitsmappe festzulegen, der im PDF-Format veröffentlicht, sprich gespeichert werden soll. Bestätigen Sie diese Einstellungen mit **OK**.
4. Nach Auswahl des Dateityps können Sie auf Wunsch noch einen neuen Dateinamen 7 eingeben. Dies ist aber nicht unbedingt nötig, da die Dateien anhand des Dateityps unterschieden werden.

Tipp 113

Aufgepasst beim CSV-Format

Um z. B. eine in Excel gespeicherte Adressliste in ein Mailprogramm wie *Microsoft Outlook* oder *Mozilla Thunderbird* zu importieren, eignet sich das Format *.csv* (Abkürzung für *comma-separated values*) am besten. Im Grunde genommen reicht es hierzu aus, im Dialog **Speichern unter** als Dateityp (siehe Tipp 112 auf Seite 203) **CSV (Trennzeichen getrennt)** auszuwählen. Allerdings kann es beim Import in ein anderes Programm zu Problemen kommen. Denn auf Computern, auf denen Deutsch als Region eingestellt ist, wird beim Speichern der CSV-Datei das Semikolon (;) als Trennzeichen verwendet. Programme wie Outlook oder Thunderbird nutzen hierfür aber das in den USA übliche Komma (,). Mit einem kleinen Trick lässt sich das Problem umgehen: Passen Sie noch vor dem Speichern der Datei die Region-Einstellung an:

1. Geben Sie dazu im Suchfeld der Taskleiste »Systemsteuerung« ein, und wählen Sie den gleichnamigen Treffer aus.

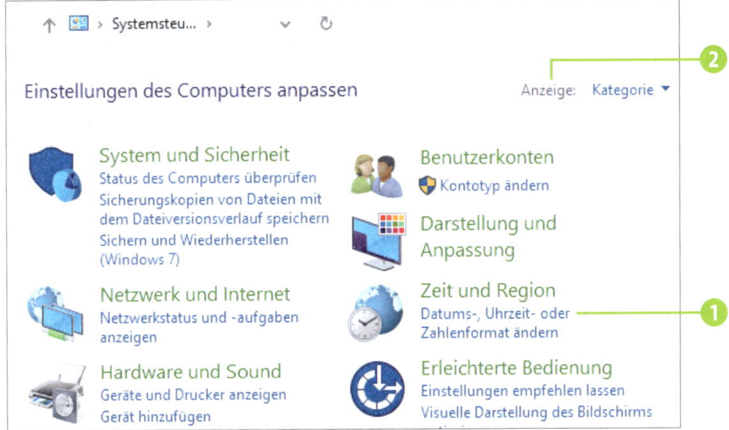

2. Im Dialog **Systemsteuerung** klicken Sie auf **Datums-, Uhrzeit- oder Zahlenformat ändern** (1) bzw. auf **Region**, falls Sie oben bei **Anzeige** (2) Symbole eingestellt haben.

3. Wählen Sie im Register **Formate** des Dialogs **Region** im Feld **Format** den Eintrag **Englisch (Vereinigte Staaten)** (3) aus. Bestätigen Sie mit **OK**.

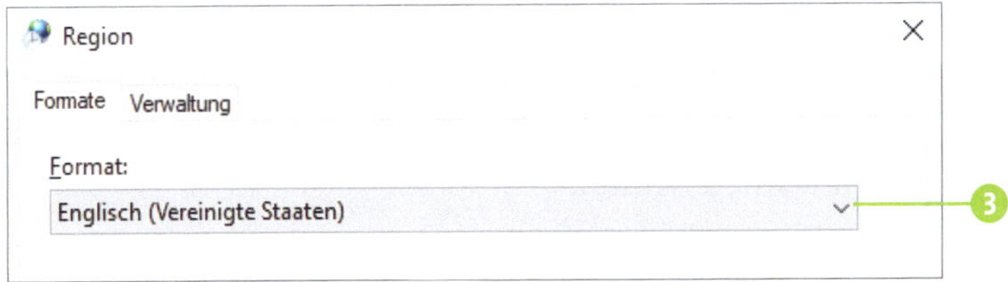

4. Kehren Sie nun zu Excel zurück, und speichern Sie Ihre Adressliste im *.csv*-Format.
5. Ist dies erfolgreich erledigt, rufen Sie erneut den Dialog **Region** auf und stellen im Feld **Format** wieder das ursprüngliche Format ein, für Deutschland also **Deutsch (Deutschland)**.

Tipp 114

Den Standardspeicherort ändern

Das Speichern von Dateien in der *Cloud* erfreut sich großer Beliebtheit. Auch Microsoft folgt diesem Trend. Das zeigt sich z. B. beim Abspeichern einer Excel-Arbeitsmappe, eines Word-Dokuments oder auch einer PowerPoint-Präsentation. Denn als Standardspeicherort wird Ihnen hier Microsofts Online-Speicher *OneDrive* angeboten. So manch einer möchte seine Daten aber lieber, wie von älteren Office-Versionen gewohnt, auf seinem PC sichern und nicht online.

1. Um einen anderen Standardspeicherort festzulegen, rufen Sie in den drei erwähnten Programmen jeweils **Datei ► Optionen** auf.
2. Im Optionen-Dialog markieren Sie links **Speichern** ❶. Setzen Sie dann rechts ein Häkchen vor **Standardmäßig auf Computer speichern** ❷.
3. In der Zeile darunter wird der Standardordner *Dokumente* (auf Englisch *Documents*) in Ihrem Benutzerverzeichnis als Standardspeicherort aufgeführt ❸. Ziehen Sie stattdessen einen anderen Ordner vor, markieren Sie den Dateipfad und überschreiben ihn mit dem Pfad zum gewünschten Ordner.

4. Mit einem Klick auf **OK** übernehmen Sie die Einstellungen im Optionen-Dialog.

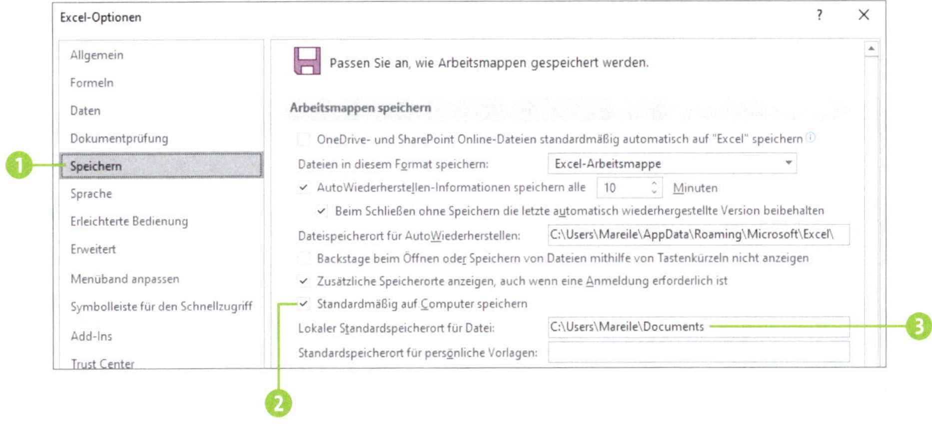

Excel kann noch mehr

Makros erzeugen leicht gemacht

Bei der täglichen Arbeit mit Excel sind häufig immer wieder die gleichen Schritte durchzuführen. Solche Routinearbeiten sind nicht nur lästig, sie kosten auch Zeit. Und genau die können Sie mithilfe von sog. *Makros* einsparen. Hierzu müssen Sie lediglich alle Arbeitsschritte, die später automatisiert erfolgen sollen, einmal durchführen und währenddessen mit dem Makro-Rekorder aufzeichnen. Der Makro-Rekorder erfasst dabei jede Ihrer Tastatureingaben und alle Mausklicks und speichert diese als Anweisungen in der Programmiersprache *Visual Basic for Applications* (VBA). Führen Sie das Makro später aus, werden diese Arbeitsschritte in exakt der von Ihnen zuvor vorgegebenen Reihenfolge wiederholt.

In den folgenden Tipps erfahren Sie anhand einfacher Beispiele, wie das Erzeugen eines Makros und die Wiedergabe funktionieren. Zuvor möchten wir Sie aber auf ein paar Besonderheiten hinweisen, die im Zusammenhang mit Makros zu beachten sind.

Arbeitsmappe im korrekten Dateiformat speichern

Tipp 115

Dateien werden in Excel standardmäßig als *Excel-Arbeitsmappe* mit der Dateiendung *.xlsx* gespeichert. Enthält die Datei Makros, werden diese allerdings in diesem Format nicht berücksichtigt. Sollten Sie die Datei vor der Makroaufzeichnung bereits im Standardformat gesichert haben, werden Sie beim Schließen der Datei gefragt, ob Sie wirklich ein Format verwenden wollen, in dem Makros nicht unterstützt werden. Mit einem Klick auf **Nein** können Sie die Datensicherung abbrechen und anschließend das passende Format wählen, wie im Folgenden gezeigt wird. Falls Sie die Datei noch gar nicht gespeichert haben, sollten Sie dieses Format gleich von Anfang an einstellen:

1. Rufen Sie **Datei ► Speichern unter** auf, und klicken Sie dann rechts auf **Durchsuchen**.
2. Wählen Sie ggf. den gewünschten Speicherort aus. Wurde die Datei zuvor bereits im Standardformat gespeichert, können Sie – sofern gewünscht – den bisherigen Dateinamen beibehalten. Im Feld **Dateityp** stellen Sie **Excel-Arbeitsmappe mit Makros** ein und bestätigen mit **Speichern**. Excel-Arbeitsmappen mit Makros sind im Explorer gut anhand des zusätzlichen Ausrufezeichens im Dateisymbol erkennbar.

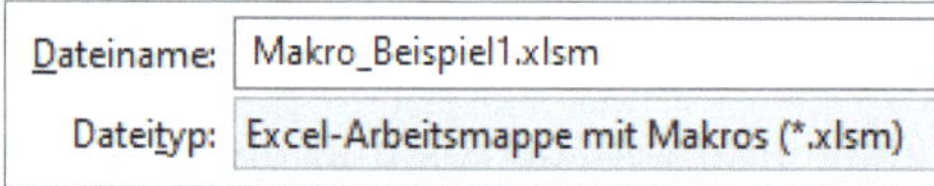

Netz mit doppeltem Boden: Kopie der Datei erstellen

Im Normalfall können Sie in Excel jede Ihrer Aktionen über das Symbol **Rückgängig** in der Symbolleiste für den Schnellzugriff oder über die Tastenkombination Strg + Z rückgängig machen. Für die Arbeitsschritte, die im Rahmen eines Makros ausgeführt werden, gilt dies leider nicht. Wenn Sie bei der Erstellung eines Makros noch nicht so viel Routine haben, sollten Sie deshalb zur Sicherheit eine Kopie Ihrer Excel-Arbeitsmappe erstellen. Speichern Sie hierzu die Datei einfach unter einem neuen Namen ab. Sollte die Ausführung des Makros tatsächlich zu Fehlern führen, können Sie so immer auf eine fehlerfreie Kopie der Arbeitsmappe zurückgreifen.

Excel-Arbeitsmappen mit Makros öffnen

Tipp 116

Makros werden als Code in der Programmiersprache *VBA* erstellt. Ein solcher VBA-Code kann allerdings auch schädlichen Code enthalten, über den Hacker *Malware* (sprich Schadprogramme wie z. B. Viren) auf Ihren Computer einschleusen können. Sehr häufig geschieht dies über Office-Dateien, die per E-Mail verschickt werden. Wird eine solche Datei geöffnet und werden die Makros ausgeführt, nimmt das Drama seinen Lauf.

Zur Sicherheit überprüft Excel deshalb jede Datei vor dem Öffnen auf möglicherweise gefährliche Elemente. Enthält die Datei Makros oder anderen VBA-Code, wird eine entsprechende Sicherheitswarnung eingeblendet und werden die potenziell gefährlichen Elemente deaktiviert. Klicken Sie nur dann auf **Inhalt aktivieren**, wenn Sie sich absolut sicher sind, dass die Datei aus einer vertrauenswürdigen Quelle stammt. Führen Sie den Klick auf diese Schaltfläche nicht durch, ist es nicht möglich, die Makros auszuführen. Lesen Sie hierzu auch den folgenden Kasten »Sicherheitseinstellungen im Trust Center überprüfen«.

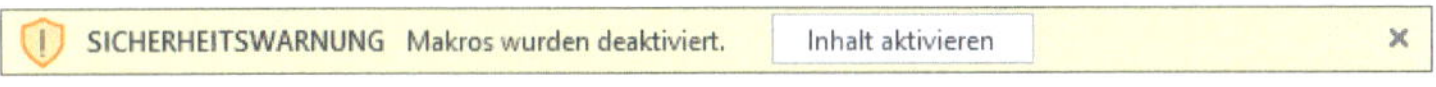

Sicherheitseinstellungen im Trust Center überprüfen

Wie Excel mit Sicherheitsrisiken umgehen soll, wird im sog. *Trust Center* festgehalten, das Sie über **Datei ▸ Optionen ▸ Trust Center ▸ Einstellungen für das Trust Center** öffnen. Voraussetzung hierfür ist allerdings, dass der Systemadministrator Ihres Unternehmens den Anwendern das Öffnen des Trust Centers gestattet. Lässt sich der Dialog **Trust Center** einblenden, markieren Sie links die Kategorie **Makroeinstellungen**. Per Standardeinstellung ist rechts die Option **Alle Ma-**

kros mit Benachrichtigung deaktivieren ausgewählt. Alternativ hierzu können Sie auch festlegen, dass Makros generell deaktiviert oder nur dann ausgeführt werden sollen, wenn sie von vertrauenswürdigen Herausgebern signiert wurden. Von der Option **Alle Makros aktivieren…** ist aus Sicherheitsgründen abzuraten. Bestätigen Sie den Dialog mit **OK**.

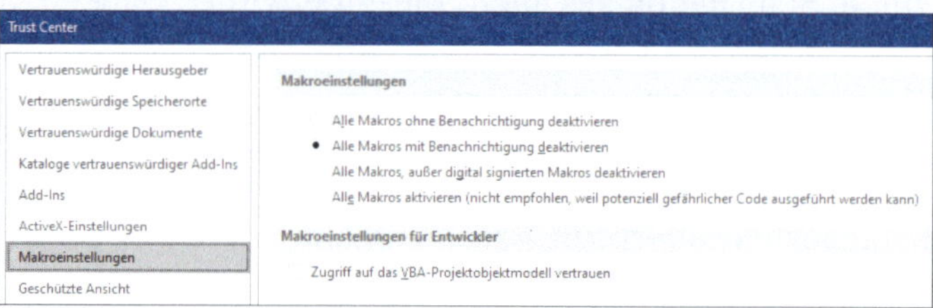

Tipp 117

Registerkarte »Entwicklertools« einblenden

Klicken Sie im Register **Ansicht** in der Gruppe **Makros** auf **Makros**, werden Ihnen bereits drei wichtige Schaltflächen zum Anzeigen und Ausführen von Makros sowie zum Verwenden relativer Zellbezüge angeboten. Was es mit Letzterem auf sich hat, erfahren Sie in Tipp 120 auf Seite 217. Weitaus mehr Werkzeuge bietet das Register **Entwicklertools**, das in Excel allerdings standardmäßig nicht angezeigt wird. Um es einzublenden, gehen Sie so vor:

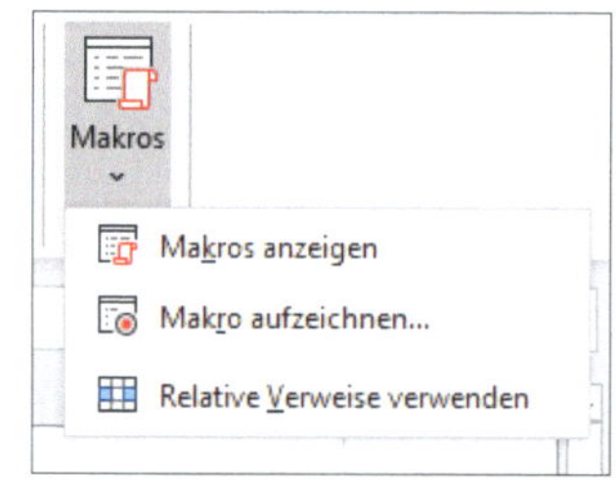

1. Klicken Sie mit der rechten Maustaste auf einen beliebigen Registerreiter im Menüband, und wählen Sie im Kontextmenü **Menüband anpassen**.
2. Im Dialog **Excel-Optionen** versehen Sie in der rechten Spalte das Kontrollkästchen vor **Entwicklertools** mit einem Häkchen ① und bestätigen mit **OK**.

Excel-Optionen

Allgemein
Formeln
Daten
Dokumentprüfung
Speichern
Sprache
Erleichterte Bedienung
Erweitert
Menüband anpassen
Symbolleiste für den Schnellzugriff
Add-Ins
Trust Center

Passen Sie das Menüband an.

Befehle auswählen:
Häufig verwendete Befehle

Absteigend sortieren
Alle aktualisieren
Alle Diagrammtypen...
Aufsteigend sortieren
Ausschneiden
Bedingte Formatierung
Benutzerdefiniertes Sortieren...
Blattspalten einfügen
Blattspalten löschen
Blattzeilen einfügen
Blattzeilen löschen
Druckbereich festlegen
Einfügen
Einfügen
E-Mail

Hinzufügen >>
<< Entfernen

Menüband anpassen:
Hauptregisterkarten

Hauptregisterkarten
Freistellen
Start
Einfügen
Zeichnen
Seitenlayout
Formeln
Daten
Überprüfen
Ansicht
Entwicklertools 1
Add-Ins
Hilfe

Ein Makro aufzeichnen

Tipp 118

Anhand eines kleinen Beispiels zeigen wir Ihnen nun, wie Sie bei der Aufzeichnung eines Makros vorgehen. Als Ausgangsbasis für unser Beispiel dient die Tabelle in der folgenden Abbildung, die abgesehen von einem Titel lediglich zwei Überschriftenzeilen enthält sowie zur besseren Übersicht ein paar Formatierungen:

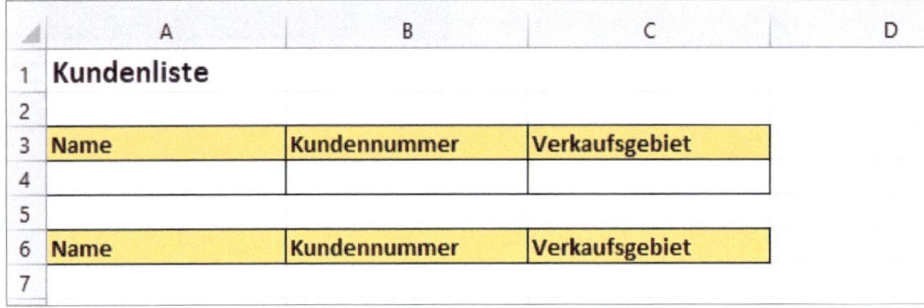

	A	B	C	D
1	**Kundenliste**			
2				
3	**Name**	**Kundennummer**	**Verkaufsgebiet**	
4				
5				
6	**Name**	**Kundennummer**	**Verkaufsgebiet**	
7				

Der Anwender soll später in den Zellen A4 bis C4 den Namen eines Kunden, dessen Kundennummer sowie das Verkaufsgebiet eintragen.

Mithilfe eines Makros werden anschließend folgende Aktionen automatisch erledigt: Zunächst wird der Inhalt der Zellen A4 bis C4 kopiert und in die Zellen A7 bis C7 eingefügt. Der dort bereits vorhandene Inhalt sowie der Zellinhalt aller darunter liegenden Zeilen wird hierbei jeweils eine Zeile nach unten verschoben. Der Inhalt der Zellen A4 bis C4 wird anschließend gelöscht und die Zellmarkierung auf die Zelle A4 gesetzt. All diese Aktionen müssen zunächst einmal durchgeführt und währenddessen mithilfe des Makro-Rekorders aufgezeichnet werden. Hierfür gehen Sie folgendermaßen vor:

1. Markieren Sie eine beliebige Zelle, z. B. Zelle B1. Klicken Sie dann im Register **Entwicklertools** in der Gruppe **Code** auf **Makro aufzeichnen**.

2. Im Dialog **Makro aufzeichnen** tragen Sie im Feld **Makroname** ① einen Namen für das Makro ein, z. B. `Kundenliste`. Im Feld **Makro speichern in** belassen Sie die Voreinstellung **Diese Arbeitsmappe** ② (siehe auch den Kasten »Makros in anderen Arbeitsmappen nutzen« auf Seite 216). Bestätigen Sie mit **OK**.

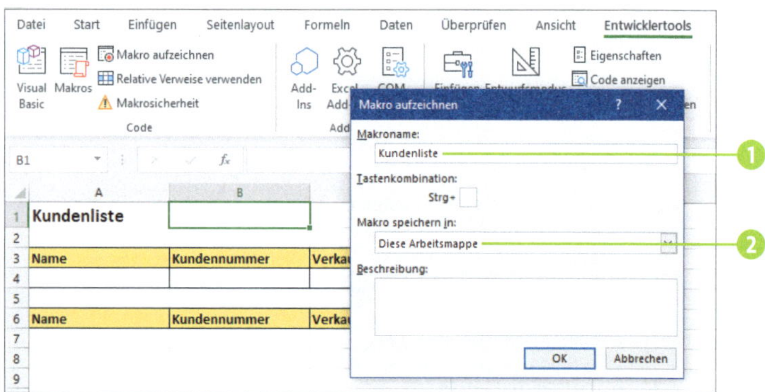

Jeder Mausklick und jede Ihrer Tastatureingaben wird nun vom Makro-Rekorder aufgezeichnet. In unserem Beispiel sind dies folgende Schritte:

3. Markieren Sie den Zellbereich A4 bis C4. Drücken Sie die Tastenkombination [Strg] + [C], um den Zellinhalt zu kopieren. Es ist dabei unerheblich, dass die Zellen derzeit noch keinen Inhalt aufweisen. Der markierte und dann kopierte Zellbereich wird von einem Laufrahmen umgeben (3).

4. Markieren Sie nun den Zellbereich A7 bis C7. Drücken Sie die rechte Maustaste, und wählen Sie im Kontextmenü den Befehl **Kopierte Zellen einfügen**.

5. Im Dialog **Zellen mit Inhalt einfügen** behalten Sie die Option **Zellen nach unten verschieben** (4) bei und bestätigen mit **OK**.

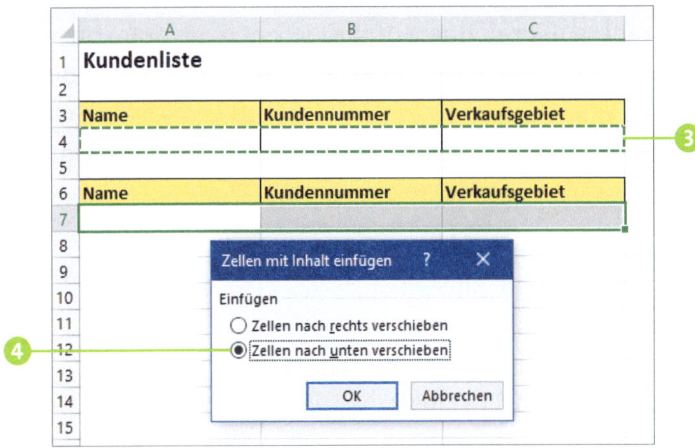

6. Markieren Sie nun erneut die Zellen A4 bis C4, auch wenn hier der Laufrahmen noch eingeblendet wird. Drücken Sie die Taste [Entf]. Markieren Sie die Zelle A4 per Mausklick.

7. Alle Arbeitsschritte, die in dem Makro aufgezeichnet werden sollen, sind damit erledigt. Mit einem Klick auf **Aufzeichnung beenden** im Register **Entwicklertools** schließen Sie die Makroaufzeichnung ab.

Makros in anderen Arbeitsmappen nutzen

Im Feld **Makro speichern in** des Dialogs **Makro aufzeichnen** stehen Ihnen drei verschiedene Optionen zur Auswahl: Mit der Standardeinstellung **Diese Arbeitsmappe** wird das Makro in der aktuell aktiven Arbeitsmappe gespeichert und lässt sich auch nur dort ausführen. Soll das Makro in jeder Excel-Arbeitsmappe zur Verfügung stehen, wählen Sie **Persönliche Makroarbeitsmappe**. Mit **Neue Arbeitsmappe** steht das Makro später in allen neuen Arbeitsmappen zur Nutzung bereit.

Tipp 119

Das Makro ausführen

Das gerade aufgezeichnete Makro können Sie sofort testen. Zuvor sollten Sie lediglich die Rahmen in den Zellen A7 bis C7 entfernen. Dabei handelt es sich nur um eine kleine Schönheitskorrektur, um anschließend besser prüfen zu können, welche Aktionen das Makro durchführt.

1. Markieren Sie die Zellen A7 bis C7, und klicken Sie dann in der Gruppe **Bearbeiten** des Registers **Start** auf **Löschen ▸ Formate löschen** (1).

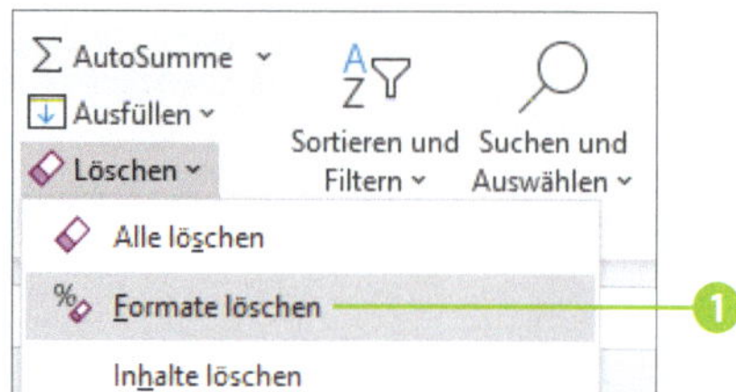

2. Ergänzen Sie nun in den Zellen A4 bis C4 einen Namen, eine Kundennummer und ein Vertriebsgebiet.
3. Klicken Sie im Register **Entwicklertools** in der Gruppe **Code** auf **Makros**. Der Dialog **Makro** wird hierdurch geöffnet.
4. Markieren Sie das Makro, das getestet werden soll, in unserem Beispiel also **Kundenliste**, und klicken Sie auf **Ausführen** (2).

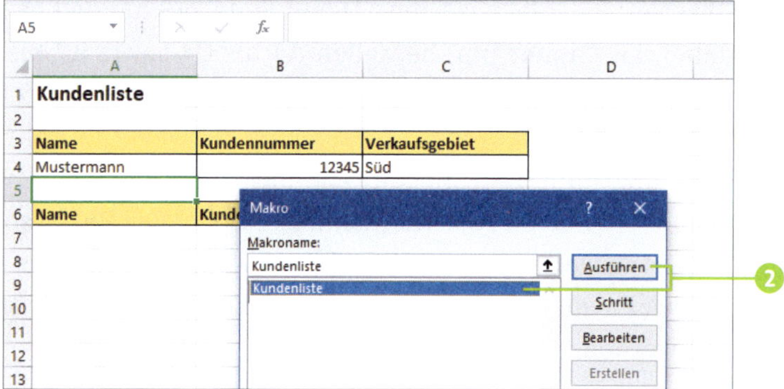

5. Nun werden alle zuvor im Makro festgehaltenen Anweisungen durchgeführt. Anschließend befinden sich die Einträge, die Sie in den Zellen A4 bis C4 vorgenommen haben, in den Zellen A7 bis C7. Die Zellen A4 bis C4 sind wieder leer, die Zellmarkierung befindet sich in Zelle A4, sodass sofort die nächste Eingabe vorgenommen werden kann. Bei jeder weiteren Eingabe und anschließender Makroausführung wird der vorherige Inhalt von Zeile 7 sowie der Inhalt aller darunter befindlichen Zeilen eine Zeile weiter nach unten verschoben.

In Tipp 124 ab Seite 225 werden wir uns ansehen, wie der VBA-Code dieses Beispiels aussieht und wie Sie Änderungen an einem Makro vornehmen können.

Absolute und relative Makros

Tipp 120

Standardmäßig verwendet der Makro-Rekorder in Excel absolute Zellbezüge (siehe hierzu auch Tipp 007 sowie Tipp 008 ab Seite 21). Bei der Ausführung des Makros ist es damit egal, welche Zelle oder auch Zellen beim Start des Makros aktiviert sind, denn es wird immer mit den Zellen gearbeitet, die Sie während der Makroausführung ausgewählt haben. Bei unserem Beispiel aus Tipp 118 auf Seite 213 handelt es sich dabei z.B. immer um die Zellen A4 bis C4 sowie A7 bis C7. Soll ein Makro jeweils in Relation zu der gerade markierten Zelle ausgeführt werden, müssen Sie dies bereits während der Aufzeichnung festlegen. Wie Sie hierzu vorgehen, wird wieder am Beispiel der Kundenliste gezeigt. Per Makro sollen jeweils ausgehend von der markierten Zelle diese Zelle sowie die zwei rechts davon befindlichen Zellen farbig hervorgehoben werden.

1. Markieren Sie zunächst eine Zelle außerhalb der Kundenliste, z.B. die Zelle E2. Klicken Sie dann in der Gruppe **Code** des Registers **Entwicklertools** auf die Schaltfläche **Makro aufzeichnen** ①. Alternativ hierzu können Sie die Makroaufzeichnung auch per Klick auf das Symbol in der Statusleiste starten.
2. Vergeben Sie einen Namen für das Makro ② (beispielsweise `Makro_rel`), und bestätigen Sie mit **OK**.
3. Klicken Sie nun in der Gruppe **Code** auf **Relative Verweise verwenden** ③.

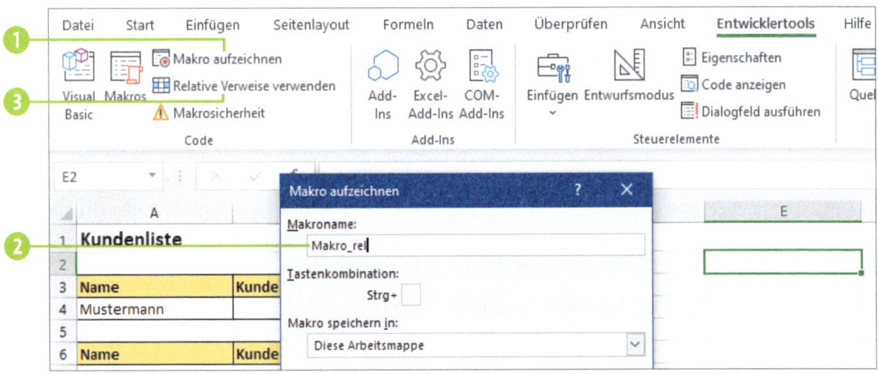

4. Markieren Sie die Zellen E2 bis G2. Wechseln Sie in das Register **Start**, und wählen Sie nach einem Klick auf das Symbol **Füllfarbe** einen Farbton aus.

5. Mit einem Klick auf **Aufzeichnung beenden** schließen Sie die Erstellung des Makros ab. Alternativ nutzen Sie zum Beenden der Aufzeichnung das Symbol ▢ in der Statusleiste.

6. Klicken Sie erneut auf **Relative Verweise verwenden** ③. Bei der nächsten Makroaufzeichnung werden damit standardmäßig wieder absolute Verweise eingesetzt, sofern Sie nichts anderes vorgeben.

7. Bevor Sie das Makro testen, entfernen Sie die Formatierung in den Zellen E2 bis G2 über **Löschen ► Formate löschen** im Register **Start**.

8. Markieren Sie nun z. B. die Zelle A8 ④. Klicken Sie dann im Register **Entwicklertools** auf **Makros** ⑤. Wählen Sie im Dialog **Makro** das soeben erstellte Makro aus, im Beispiel **Makro_rel**, und starten Sie es mit einem Klick auf **Ausführen** ⑥.

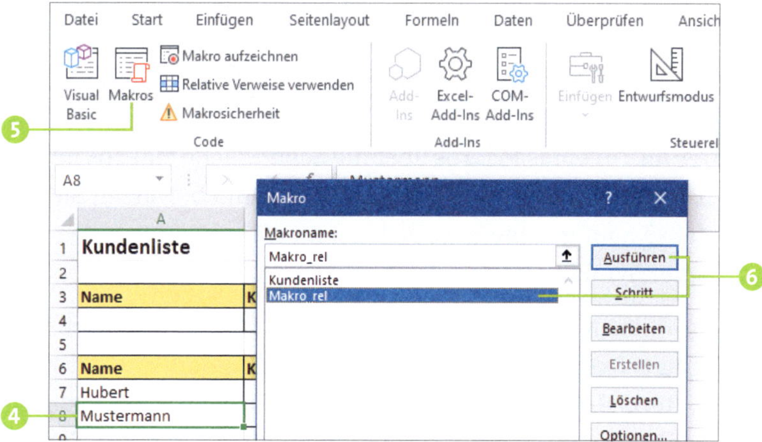

Haben Sie zuvor alles richtig gemacht, werden die Zellen A8 bis C8 im zuvor festgelegten Farbton gefärbt. Sollte Ihnen bei der Makroaufzeichnung ein Fehler unterlaufen sein: In Tipp 122 auf Seite 222 erfahren Sie, wie Sie ein Makro löschen.

Eine Tastenkombination für Ihr Makro?

Im Dialog **Makro aufzeichnen** haben Sie die Möglichkeit, eine Tastenkombination festzulegen, über die sich das Makro später schnell starten lässt. Die Tastenkombination besteht jeweils aus der Kombination der Taste `Strg` und einem von Ihnen frei wählbaren Buchstaben. Was im ersten Moment praktisch klingt, birgt aber eine kleine Gefahr: Falls Sie sich für eine Tastenkombination entscheiden, die bereits vergeben ist, lässt sich dieser Shortcut zukünftig nicht mehr nutzen. Sollten Sie also z. B. den Buchstaben `Z` wählen, der in Kombination mit der Taste `Strg` normalerweise die letzte Aktion rückgängig macht, ist dies zukünftig nicht mehr möglich. Stattdessen wird durch `Strg` + `Z` das Makro ausgeführt, dem Sie diese Tastenkombination zugewiesen haben. Um ein Makro schnell zu starten, sind die in Tipp 121 auf Seite 220 sowie Tipp 126 auf Seite 230 vorgestellten Schaltflächen meist ein besserer Weg.

Tipp 121 Ein Symbol für den Start des Makros erstellen

Der Aufruf eines Makros über die Schaltfläche **Makros** im Register **Entwicklertools** ist recht umständlich. Nutzen Sie ein Makro häufiger, bietet es sich an, hierfür ein eigenes Symbol in der Symbolleiste für den Schnellzugriff zu hinterlegen:

1. Klicken Sie in der Symbolleiste für den Schnellzugriff auf das Symbol ▾ und in der aufklappenden Liste auf **Weitere Befehle**. Der Dialog **Excel-Optionen** wird dadurch direkt mit der Kategorie **Symbolleiste für den Schnellzugriff** geöffnet.
2. Wählen Sie im Feld **Befehle auswählen** den Eintrag **Makros** aus (1). In der Liste unterhalb des Feldes werden nun

alle verfügbaren Makros für die aktuelle Arbeitsmappe angezeigt. Markieren Sie das Makro, für das Sie ein Symbol in der Symbolleiste ergänzen möchten 2, und klicken Sie auf **Hinzufügen** 3.

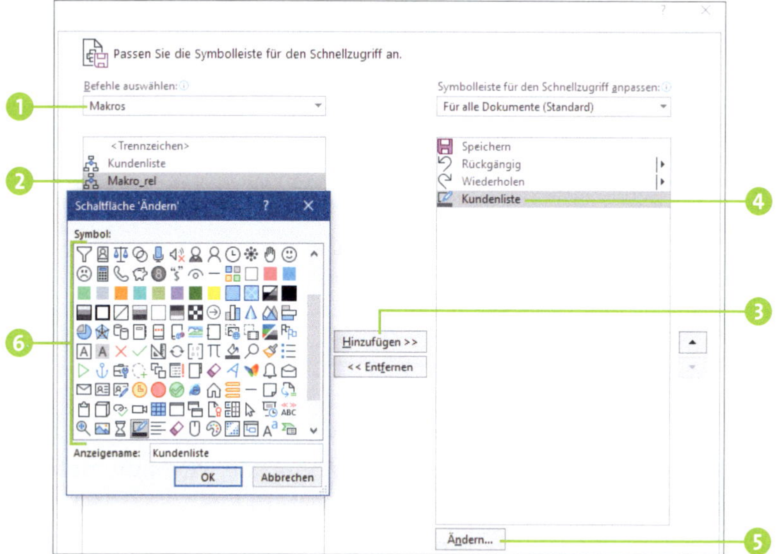

3. Das Makro wird in der rechten Spalte ergänzt. Gefällt Ihnen das Symbol vor dem Makronamen nicht, behalten Sie die Markierung des Makros bei 4 und klicken dann auf **Ändern** 5. Wählen Sie im Dialog **Schaltfläche "Ändern"** ein anderes Symbol aus 6, und bestätigen Sie mit **OK**.
4. Wiederholen Sie die letzten beiden Schritte ggf. für weitere Makros, bevor Sie den Dialog **Excel-Optionen** mit **OK** schließen.
5. In der Symbolleiste für den Schnellzugriff wird nun das entsprechenden Symbol für das Makro eingeblendet 7. Ein Mausklick darauf reicht, und schon wird das entsprechende Makro ausgeführt.

Tipp 122

Ein Makro löschen

Beim Aufzeichnen eines Makros ist Ihnen ein Fehler unterlaufen? Oder benötigen Sie ein Makro einfach nicht mehr? Jedes Makro kann natürlich auch wieder entfernt werden. Klicken Sie hierzu im Register **Entwicklertools** auf **Makros**. Markieren Sie im Dialog **Makro** das Makro, das Sie entfernen wollen. Nach einem Klick auf **Löschen** müssen Sie die folgende Nachfrage nur noch mit **Ja** bestätigen, und schon wird das Makro entfernt.

VBA für Einsteiger

Um ein Makro zu erstellen, benötigen Sie keinerlei VBA-Programmierkenntnisse, denn der VBA-Code wird automatisch erzeugt, wie Sie im vorherigen Abschnitt bereits sehen konnten. Möchten Sie allerdings Änderungen an einem Makro vornehmen, bleibt Ihnen der Blick auf den Code nicht erspart. Hierbei kommt der *Visual Basic-Editor* (VBE) zum Einsatz. Mithilfe dieser Entwicklungsumgebung lässt sich natürlich nicht nur bereits vorhandener VBA-Code bearbeiten, sondern auch eigener Code schreiben. Auf diese Weise lassen sich eigene Berechnungsfunktionen erstellen, Dialogboxen erzeugen und vieles mehr. Mit den folgenden Tipps schnuppern Sie aber nur in die große Welt der VBA-Programmierung hinein; das Thema ist wesentlich umfangreicher, als wir hier darstellen können.

Eine kleine Orientierungshilfe für den Visual Basic-Editor

Tipp 123

Wenn Sie selbst in VBA programmieren oder den VBA-Code eines Makros bearbeiten möchten, brauchen Sie den Visual Basic-Editor. Am schnellsten öffnen Sie ihn über die Tastenkombination [Alt] + [F11]. Sie können aber ebenso im Register **Entwicklertools** in der Gruppe **Code** auf **Visual Basic** klicken.

Im oberen Teil des VBE-Programmfensters finden Sie die Menü- und die Symbolleiste ①. Am linken Rand sollten der *Projekt-Explorer* ② sowie das *Eigenschaftenfenster* ③ angezeigt werden. Ist dies nicht der Fall, klicken Sie auf das Menü **Ansicht** und wählen die entsprechenden Einträge aus.

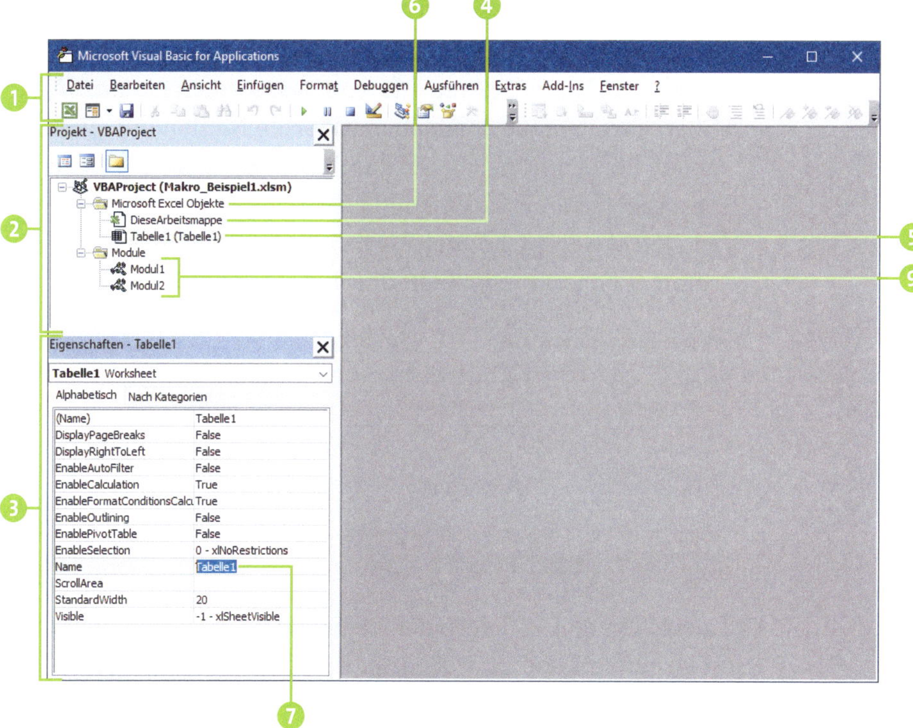

Der Aufbau des Projekt-Explorers ähnelt stark dem Explorer von Windows. In ihm werden alle geöffneten Excel-Dateien angezeigt. Jede Datei besteht aus verschiedenen hierarchisch angeordneten Objekten, etwa aus der Arbeitsmappe 4, einzelnen Tabellenblättern 5 oder auch Zellbereichen bzw. Zellen. Dies alles wird im Ordner **Microsoft Excel Objekte** 6 aufgelistet. Jedes Objekt verfügt über bestimmte Eigenschaften, die im Eigenschaftenfenster angezeigt werden. Hierzu muss das entsprechende Objekt zuvor im Projekt-Explorer markiert werden. Jede Eigenschaft kann hier verändert werden. Möchten Sie z. B. den Namen einer Tabelle ändern, gehen Sie folgendermaßen vor:

1. Markieren Sie die Tabelle zunächst im Projekt-Explorer (hier wird der eigentliche Tabellenname in Klammern angezeigt) 5.
2. Klicken Sie den aktuellen Namen des Tabellenblatts im Eigenschaftenfenster rechts von **Name** doppelt an 7. Überschreiben Sie den blau markierten Namen mit einer neuen Bezeichnung, die Sie durch Drücken der [↵]-Taste bestätigen. Wenn Sie einen Blick in das Programmfenster von Excel werfen, können Sie sehen, dass der neue Name sofort für das Tabellenblatt übernommen wurde 8.

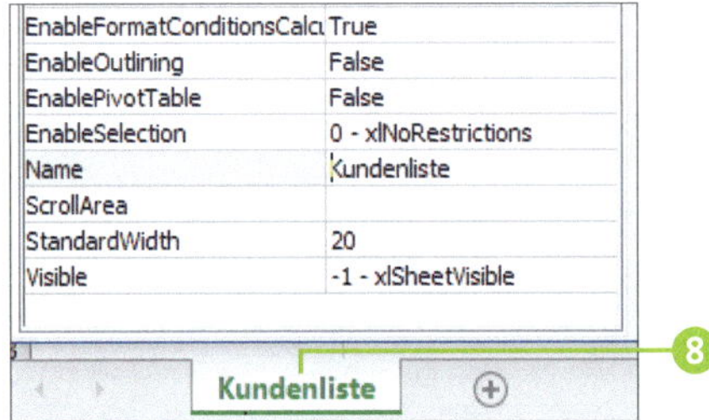

Um zwischen den Fenstern des Visual Basic-Editors und der Excel-Arbeitsmappe zu wechseln, drücken Sie z. B. die Tastenkombination [Alt] + [F11]. Alternativ hierzu können Sie den Mauszeiger auch auf das Excel-Icon in der Taskleiste setzen und dann die Miniaturansicht des gewünschten Fensters markieren.

Alle Anweisungen, die in einem Makro aufgezeichnet wurden oder die Sie selbst in VBA programmiert haben, werden in einem sog. *Modul* gespeichert. Im Projekt-Explorer des Visual Basic-Editors werden diese im Ordner **Module** aufgelistet. Alle Module werden fortlaufend nummeriert, sodass sich als Name jeweils **Modul1**, **Modul2** usw. ergibt (9 auf Seite 223).

Den Visual Basic-Editor schließen

Benötigen Sie den Editor nicht mehr, beenden Sie ihn über **Datei ▸ Schließen** oder einen Klick auf das Schließen-Symbol in der rechten oberen Fensterecke. Das Fenster der Excel-Arbeitsmappe bleibt hierdurch weiterhin geöffnet. Ihre Änderungen, die Sie im VBE vorgenommen haben, werden automatisch beim Speichern der Excel-Arbeitsmappe gesichert.

Den VBA-Code eines Makros ansehen

Tipp 124

Wenn Sie im Projekt-Explorer auf einen Modulnamen doppelklicken, z. B. auf **Modul1**, wird der VBA-Code dieses Moduls in einem eigenen Codefenster angezeigt. In unserem Beispiel handelt es sich dabei um den Code des Makros *Kundenliste* aus Tipp 118 auf Seite 213.

Sehen wir uns die einzelnen Codezeilen an:

1 Alle Anweisungen eines Makros werden in einer sog. Sub-Prozedur zusammengefasst, die mit einem `Sub` beginnt und mit `End Sub` endet. Als Name der Prozedur wird der Name des Makros gewählt (hier `Kundenliste`), gefolgt von den Klammern `()`.

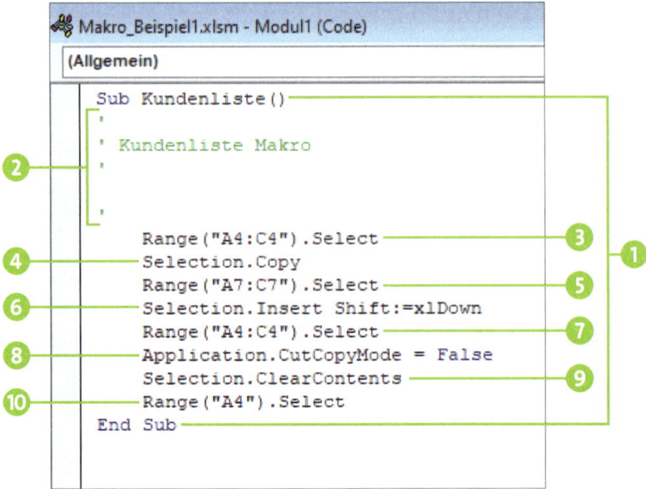

2 Bei den nächsten vier Zeilen handelt es sich um Kommentare. In unserem Beispiel wird nochmals der Name des Makros angezeigt. Kommentare sind gut anhand der grünen Schrift zu erkennen. Sie müssen jeweils mit einem Hochkomma (') beginnen.

3 Mit der Anweisung `Range("A4:C4").Select` wird der Zellbereich A4 bis C4 markiert.

4 Der Inhalt der markierten Zellen soll nun in die Zwischenablage kopiert werden, wie die Anweisung `Selection.Copy` zeigt.

5 Die Anweisung `Range("A7:C7").Select` veranlasst, dass der Zellbereich A7 bis C7 markiert wird.

6 Mit `Selection.Insert  Shift:=xlDown` werden gleich mehrere Aktionen in einem Rutsch durchgeführt: Zum einem wird der Inhalt der Zwischenablage in die zuvor markierten Zellen eingefügt, zum anderen werden alle Zeilen unterhalb des markierten Zellbereichs jeweils um eine Zeile nach unten verschoben.

7 Mit `Range("A4:C4").Select` wird wieder der Zellbereich A4 bis C4 markiert.

8 Die Anweisung `Application.CutCopyMode = False` veranlasst, dass der Laufrahmen um den zuvor kopierten Zellbereich verschwindet und der Kopiermodus beendet wird.

9 Mit `Selection.ClearContents` wird der Inhalt des Zellbereichs A4 bis C4 gelöscht.

10 Zu guter Letzt wird mit der Anweisung `Range("A4").Select` die Zelle A4 markiert.

Ein Makro bearbeiten

Tipp 125

In Tipp 118 auf Seite 213 haben Sie erfahren, wie Sie ein eigenes Makro aufzeichnen. Sollten Sie die darin enthaltenen Anweisungen verändern wollen, ist es häufig einfacher, den VBA-Code des Makros entsprechend anzupassen, statt das Makro neu aufzuzeichnen.

An einem einfachen Beispiel werden wir Ihnen in den folgenden Schritten zeigen, wie Sie hierzu vorgehen. Als Basis dient wieder die Kundenliste aus Tipp 118 auf Seite 213, die um eine weitere Spalte **Vertriebsmitarbeiter** erweitert wird 1. Damit ändern sich die ursprünglich im Makro *Kundenliste* festgehaltenen Zellmarkierungen und müssen nun korrigiert werden. Um sich den Code anzusehen, müssen Sie nicht erst den Visual Basic-Editor öffnen und das entsprechende Modul auswählen, wie im vorigen Tipp beschrieben. Das entsprechende Codefenster lässt sich stattdessen auch schnell gezielt aus dem Programmfenster von Excel heraus aufrufen.

1. Stellen Sie dazu zunächst sicher, dass die Arbeitsmappe geöffnet ist, die das zu bearbeitende Makro enthält. Klicken Sie im Register **Entwicklertools** in der Gruppe **Code** auf **Makros** 2.

2. Markieren Sie im Dialog **Makro** das gewünschte Makro ❸, und klicken Sie auf **Bearbeiten** ❹. Hierdurch wird automatisch der VBE mit dem Codefenster des Makros geöffnet.

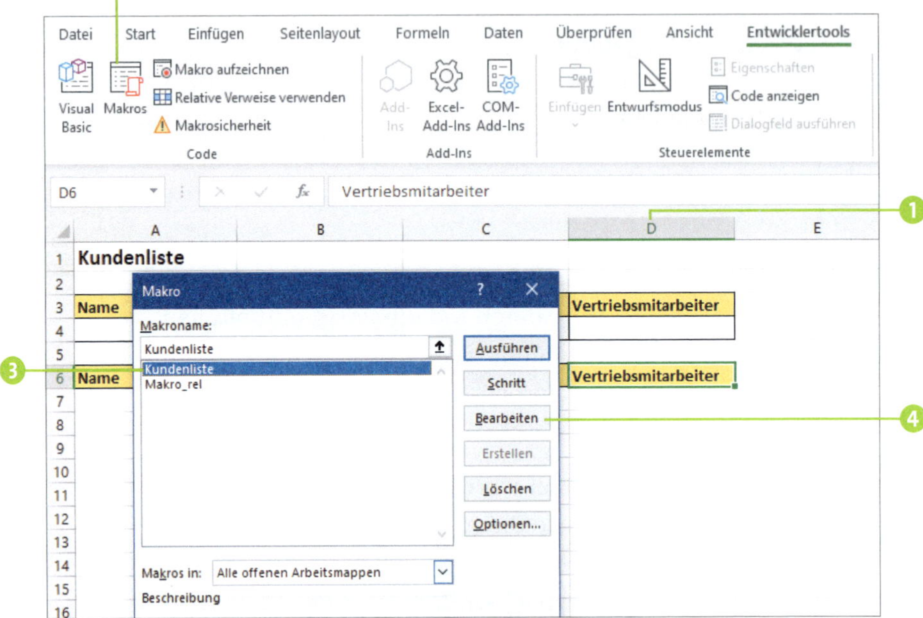

3. Den Code selbst haben wir bereits in Tipp 124 auf Seite 225 unter die Lupe genommen. Die Änderungen, die in unserem Beispiel vorgenommen werden sollen, sind recht einfach: Die Zellbereiche A4 bis C4 sowie A7 bis C7 müssen jeweils so angepasst werden, dass auch die Spalte **Vertriebsmitarbeiter** einbezogen wird. Hierzu reicht es, dass Sie jeweils die Zelladresse C4 mit D4 überschreiben ❺ und analog C7 durch D7 ❻ ersetzen.

4. Probieren Sie Ihre Korrekturen nun aus, indem Sie zur Excel-Arbeitsmappe wechseln, in den Zellen A4 bis D4 probeweise Daten eingeben und dann das Makro ausführen (siehe hierzu auch Tipp 119 auf Seite 216).

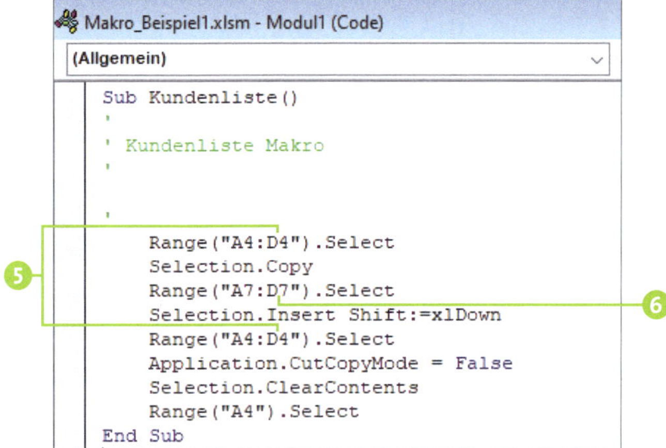

Die Bearbeitung des VBA-Codes in unserem Beispiel ist sehr einfach gehalten und damit auch schnell erledigt. Jedes Makro bzw. jede Sub-Prozedur kann aber selbstverständlich z. B. um weitere Anweisungen ergänzt werden.

Den passenden VBA-Code durch Ausprobieren in Erfahrung bringen

Nehmen wir an, Sie hätten während der Makroaufzeichnung vergessen, eine bestimmte Aktion durchzuführen (z. B. das Färben eines Zellbereichs). Nun möchten Sie das Makro gerne um diese Anweisung erweitern, wissen aber nicht, wie der entsprechende VBA-Code hierfür lautet. Mit einem kleinen Trick lässt sich dieser schnell in Erfahrung bringen: Zeichnen Sie einfach ein neues Makro auf, in dem Sie lediglich diese eine Anweisung (im Beispiel also das Formatieren des Zellbereichs) durchführen. Sehen Sie sich dann den VBA-Code dieses Makros an, kopieren Sie die relevante Code-Zeile, und ergänzen Sie sie in dem Makro, in dem Sie sie eigentlich benötigen. Das testweise aufgenommene Makro können Sie anschließend löschen.

Tipp 126 Befehlsschaltfläche zum Start des Makros erzeugen

In Tipp 121 auf Seite 220 haben Sie erfahren, wie Sie in der Symbolleiste für den Schnellzugriff ein Symbol ergänzen, über das sich ein Makro schnell ausführen lässt. Manche Anwender bevorzugen stattdessen eine Schaltfläche, die beschriftet werden kann und deutlich in einem Tabellenblatt zu sehen ist. Eine solche Befehlsschaltfläche ist schnell erstellt. Als Beispiel dient uns wieder das Makro *Kundenliste* aus Tipp 118 auf Seite 213.

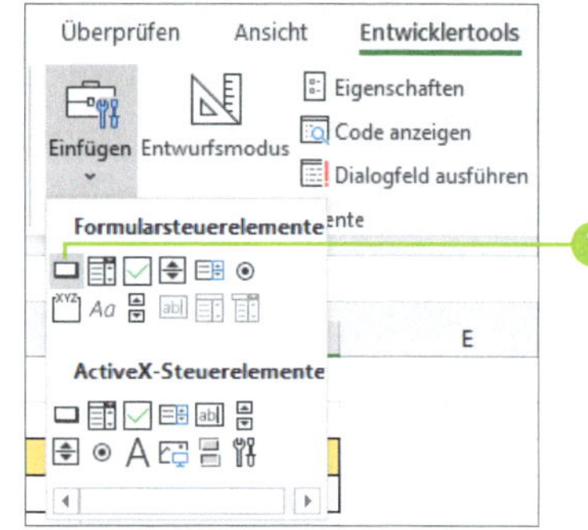

1. Blenden Sie in der Excel-Arbeitsmappe das Tabellenblatt ein, auf dem die Schaltfläche eingefügt werden soll.
2. Klicken Sie in der Gruppe **Steuerelemente** des Registers **Entwicklertools** auf **Einfügen**. In der aufklappenden Liste markieren Sie das gewünschte Steuerelement. Für unser Beispiel ist dies gleich die erste Option, also die Schaltfläche ▭ links unterhalb von **Formularsteuerelemente** ①.
3. Bewegen Sie den Mauszeiger nun auf das Tabellenblatt, weist er die Form eines Plussymbols auf. Positionieren Sie ihn an der Stelle, an der die Schaltfläche eingefügt werden soll. Ziehen Sie dann mit gedrückter linker Maustaste einen rechteckigen Rahmen auf ②. Ist die gewünschte Größe ungefähr erreicht, drücken Sie die linke Maustaste.

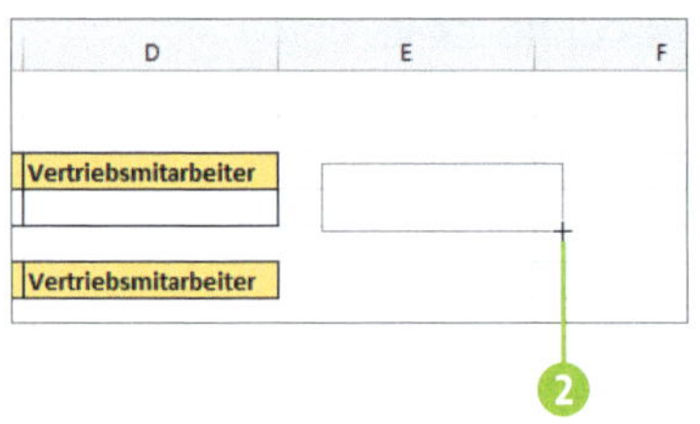

4. Der Dialog **Makro zuweisen** wird geöffnet. Markieren Sie das Makro, das per Klick auf die Schaltfläche ausgeführt werden soll, im Beispiel **Kundenliste** ③. Bestätigen Sie mit **OK**.

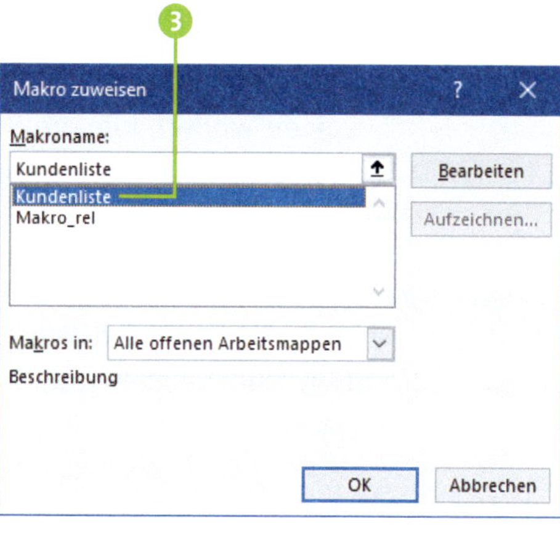

5. Die Schaltfläche trägt zunächst die Beschriftung **Schaltfläche 1**. Löschen Sie den Text, und überschreiben Sie ihn mit einem eigenen Namen, z.B. mit `Daten übernehmen`. Sollten Sie die Markierung der Schaltfläche zuvor bereits mit einem Klick außerhalb des Rechtecks aufgehoben haben, führen Sie einen Rechtsklick auf der Schaltfläche aus und wählen **Text bearbeiten**.

6. Über die Markierungspunkte können Sie die Größe der Schaltfläche noch anpassen. Um sie zu verschieben, positionieren Sie den Mauszeiger auf einem der vier Ränder. Nimmt der Zeiger die Form eines Vierfachpfeils an, ziehen Sie die Schaltfläche mit gedrückter linker Maustaste an die gewünschte Position.

7. Testen Sie die Schaltfläche, indem Sie Daten in den Zellen A4 bis D4 eingeben und dann die Schaltfläche ④ anklicken.

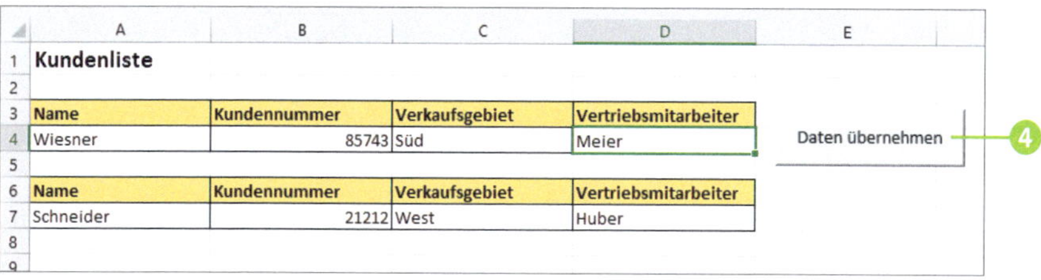

8. Sollten Sie der Schaltfläche später ein anderes Makro zuweisen wollen, klicken Sie sie mit der rechten Maustaste an und wählen im Kontextmenü den Befehl **Makro zuweisen**. Gehen Sie dann so vor, wie in Schritt 4 gezeigt wurde.
9. Wählen Sie im Kontextmenü den Befehl **Steuerelement formatieren**, wird der gleichnamige Dialog geöffnet, in dem Sie die Schriftart, Schriftgröße und mehr ändern können.

Tipp 127

Eine Dialogbox erzeugen

Das Ausfüllen von Tabellen stellt manch einen Nutzer vor eine Herausforderung. Nicht selten werden die Werte in falschen Zellen eingegeben. Sie können dies abfangen, indem Sie Benutzereingaben mithilfe einer Dialogbox abfragen. Anhand eines einfachen Beispiels zeigen wir Ihnen, wie Sie hierzu vorgehen. Die Ausgangsbasis unserer Beispieltabelle inklusive fertiger Dialogbox sehen Sie in der folgenden Abbildung. Der Benutzer soll in dieser Dialogbox seinen Namen eingeben. Nach einem Klick auf die Schaltfläche **OK** wird der Name in der Zelle B1 ausgegeben. Klickt der Benutzer hingegen auf **Abbrechen**, bleibt die Zelle leer.

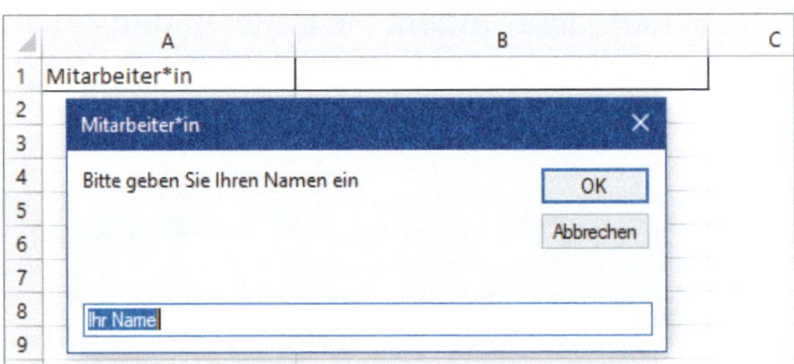

Im Gegensatz zu den zuvor behandelten Makros, für die der VBA-Code automatisch erstellt wird, geben Sie den Code für diese Dialogbox selbst ein. Führen Sie folgende Schritte aus:

1. Öffnen Sie die Excel-Arbeitsmappe, für die Sie die Dialogbox erstellen möchten. Speichern Sie die Datei, falls noch nicht geschehen, im Format **Excel-Arbeitsmappe mit Makros (*.xlsm)** ab (siehe hierzu Tipp 115 auf Seite 209).

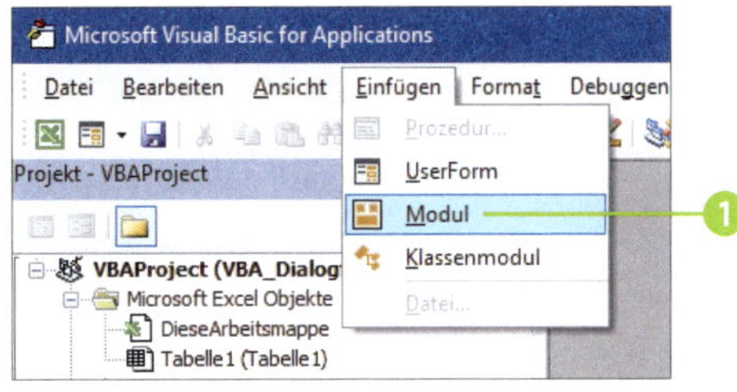

2. Rufen Sie über die Tastenkombination Alt + F11 den Visual Basic-Editor auf. Hier legen Sie zunächst ein neues Modul an. Klicken Sie hierzu auf das Menü **Einfügen**, und wählen Sie den Befehl **Modul** (1). Es wird ein neues Modul erzeugt, dessen Codefenster direkt geöffnet wird.

3. Im Codefenster beginnen Sie nun mit der Eingabe des VBA-Codes. Schreiben Sie in die erste Zeile:

```
Sub DialogName
```
(2)

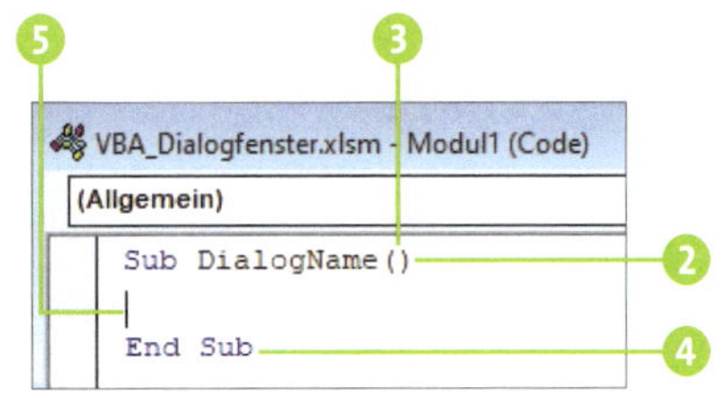

Drücken Sie dann die Taste ↵. Der Visual Basic-Editor ergänzt nun automatisch für Sie die Klammern (3) hinter dem Namen der Sub-Prozedur `DialogName`. Außerdem wird die Zeile `End Sub` (4) eingefügt. Die Einfügemarke (5) befindet sich anschließend zwischen diesen beiden Zeilen, sodass Sie direkt mit der Eingabe des weiteren Codes fortfahren können.

4. Als Nächstes deklarieren Sie mit `Dim` die Variable `eingabe` und weisen ihr den Datentyp `String` zu. Bei `String` handelt es sich um eine Zeichenfolge. Die Codezeile hierfür lautet:

```
Dim eingabe As String
```

5. Der Variablen wird als Nächstes ein Wert zugewiesen. In unserem Beispiel handelt es sich dabei bereits um die

Funktion InputBox, die bei Ausführung des Codes die Dialogbox erzeugt. Die Codezeile lautet folgendermaßen:

```
eingabe = InputBox("Bitte geben Sie Ihren Namen ein", "Mitarbeiter*in", "Ihr Name")
```

Wie Sie sehen, sind innerhalb der Klammern der Funktion InputBox drei sog. Argumente in Anführungszeichen gesetzt, die wiederum durch Kommata voneinander getrennt werden. Beim ersten Argument "Bitte geben Sie Ihren Namen ein" handelt es sich um den Text, der innerhalb der Dialogbox angezeigt wird. Durch das zweite Argument ("Mitarbeiter*in") wird der Titel der Dialogbox festgelegt. Mithilfe des dritten Arguments ("Ihr Name") können Sie einen Beispieltext in dem Feld vorgeben, in das der Benutzer später etwas eingeben soll. Alle drei Elemente finden Sie in der zu Beginn des Tipps auf Seite 232 gezeigten Dialogbox.

6. Nun sind Sie fast fertig. Es fehlt nur noch die Angabe der Zelle, in die die vom Benutzer vorgenommene Eingabe (sprich der eingegebene Name) ausgegeben werden soll. Hierfür geben Sie in die nächste Zeile folgenden Code ein:

```
Range("B1").Value = eingabe
```

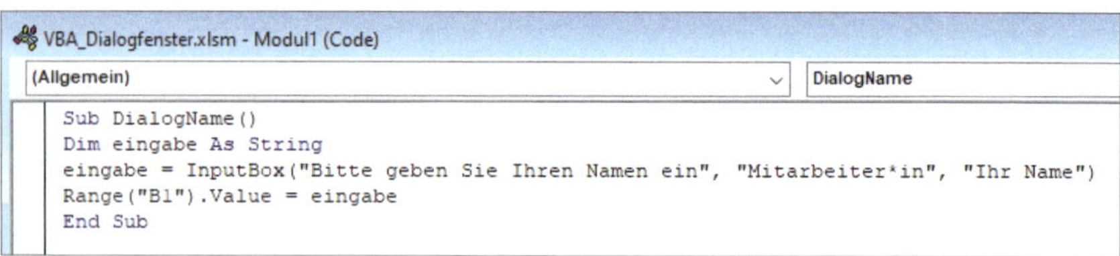

7. Im Codefenster sollten nun die Zeilen wie in der Abbildung oben zu sehen sein. Testen Sie jetzt, ob Sie den VBA-Code richtig eingegeben haben. Hierzu reicht ein Klick auf das Symbol ▸ 6 in der Symbolleiste des Visual Basic-Editors.

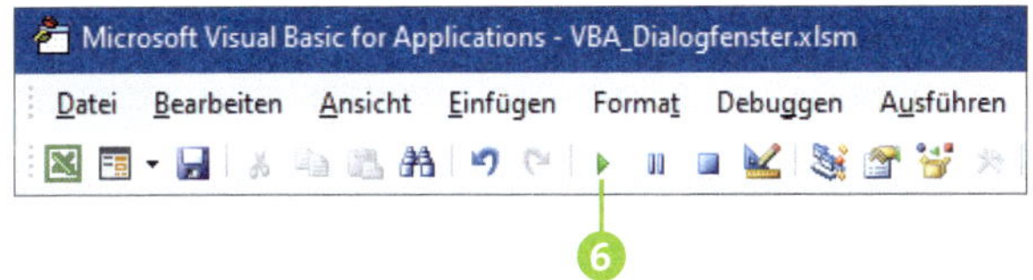

8. Wenn alles glattgeht, sollte nun automatisch das Fenster der Excel-Arbeitsmappe mit der Dialogbox angezeigt werden, wie es in der Abbildung zu Beginn dieses Tipps zu sehen ist. Ab und an unterläuft einem jedoch einmal ein Tippfehler. Im Code in der folgenden Abbildung wurde z. B. eine Klammer vergessen. In diesem Fall wird im Visual Basic-Editor ein entsprechender Hinweis eingeblendet, der meist einen guten Anhaltspunkt liefert, um dem Fehler auf die Spur zu kommen 7. Korrigieren Sie den Code entsprechend, und testen Sie ihn erneut per Klick auf das Symbol ▶.

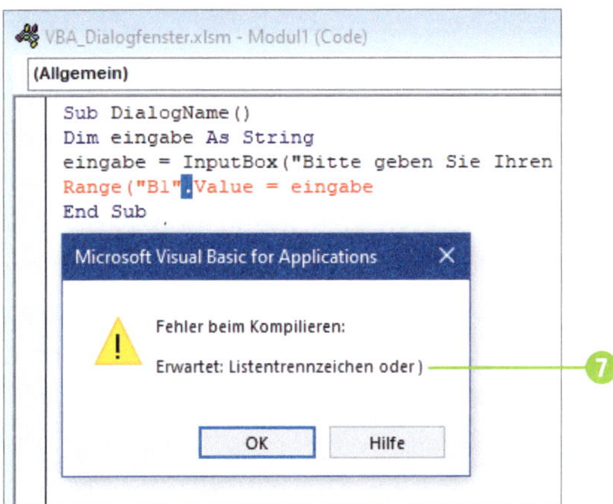

9. Um den VBA-Code etwas übersichtlicher zu gestalten, können Sie nun noch Kommentare ergänzen, die die Codezeilen beschreiben. Dies ist vor allem bei umfangreichen VBA-Codes sinnvoll. Denn so können Sie auch später noch nachvollziehen, was Sie hier im Einzelnen programmiert haben. Um einen Kommentar zu ergänzen, fügen

Sie eine Leerzeile ein. Geben Sie dort ein Hochkomma (') ein und anschließend den gewünschten Kommentartext. Drücken Sie dann die [↵]-Taste. Der Kommentar wird nun in grüner Schrift angezeigt 8. Um die Lesbarkeit noch zu verbessern, können Sie, wie in unserem Beispiel gezeigt, noch weitere Leerzeilen ergänzen.

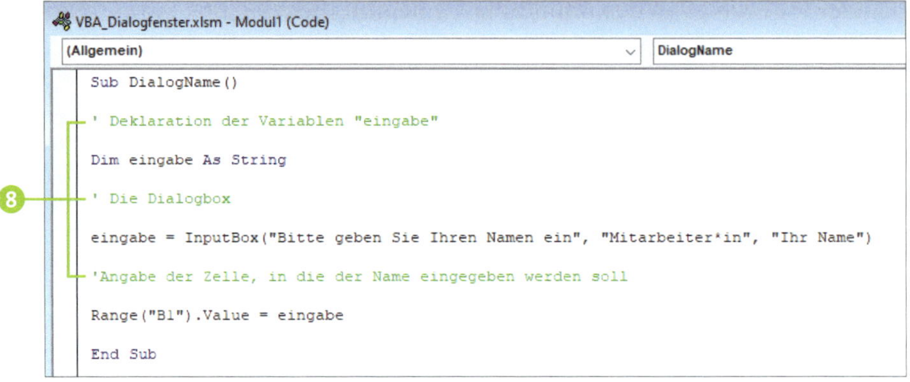

Schaltfläche für die Dialogbox ergänzen

Wenn Sie möchten, können Sie zum Aufruf der Dialogbox noch eine eigene Schaltfläche ergänzen, wie in Tipp 126 auf Seite 230 gezeigt. Im Dialog **Makro zuweisen** (siehe Schritt 4 auf Seite 231) wird Ihnen bereits der Name Ihrer Sub-Prozedur **DialogName** angezeigt, den Sie nur noch markieren und mit **OK** übernehmen müssen.

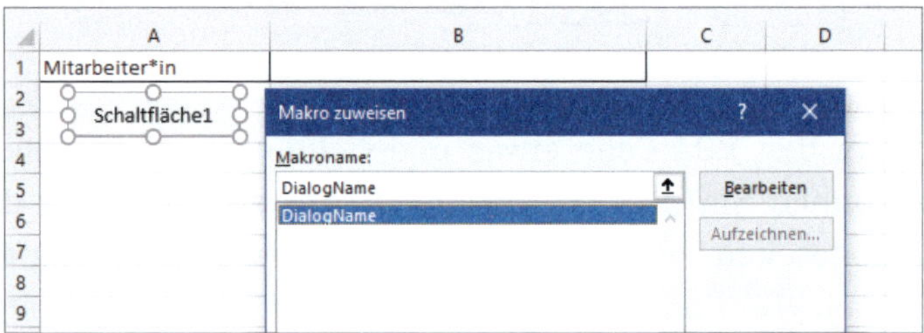

Deklaration von Variablen sicherstellen

Programmieren Sie häufiger mit dem Visual Basic-Editor, sollten Sie eine wichtige Einstellung vornehmen. Rufen Sie über das Menü **Extras** den Befehl **Optionen** auf, um den gleichnamigen Dialog zu öffnen. Im Register **Editor** versehen Sie das Kontrollkästchen vor **Variablendeklaration erforderlich** mit einem Häkchen. Bestätigen Sie mit **OK**. Zukünftig erscheint in jedem Modul noch vor dem eigentlichen VBA-Code die Zeile `Option Explicit`. Damit wird sichergestellt, dass jede Variable deklariert wird, bevor sie genutzt wird. Auf diese Weise können Sie sich so manch eine Fehlermeldung sparen, denn die Deklaration von Variablen vergisst man schnell einmal.

Eine eigene Berechnungsfunktion erzeugen und nutzen

Tipp 128

In Excel sind bereits vielfältige Funktionen enthalten. Einen kleinen Eindruck von ihnen konnten Sie sich im Kapitel »Daten auswerten und visualisieren« ab Seite 123 verschaffen. Sollte Ihnen dennoch eine Funktion fehlen, haben Sie mit VBA die Möglichkeit, eine eigene Berechnungsfunktion zu erzeugen. Wie Sie hierzu vorgehen, zeigen wir wieder anhand eines kleinen Beispiels. Dabei werden Sie eine Funktion namens *Mwst* erstellen, die für einen vom Nutzer eingegebenen Nettobetrag die Mehrwertsteuer (19 %) berechnet.

1. Öffnen Sie, falls noch nicht geschehen, eine neue Excel-Arbeitsmappe. Klicken Sie im Register **Entwicklertools** in der Gruppe **Code** auf **Visual Basic**. Alternativ können Sie auch die Tastenkombination `Alt` + `F11` drücken.
2. Stellen Sie sicher, dass im Projekt-Explorer das **VBAProject (Mappe…)** ❶ markiert ist. Rufen Sie dann über das

Menü **Einfügen** den Befehl **Modul** 2 auf. Hierdurch wird ein neues Modul erstellt, dessen Codefenster auch sofort geöffnet wird.

3. Sollten Sie, wie im Kasten »Deklaration von Variablen sicherstellen« auf Seite 237 beschrieben, die Variablendeklaration aktiviert haben, wird in der ersten Zeile des Codes `Option Explicit` eingeblendet 3. Löschen Sie diese Angabe.

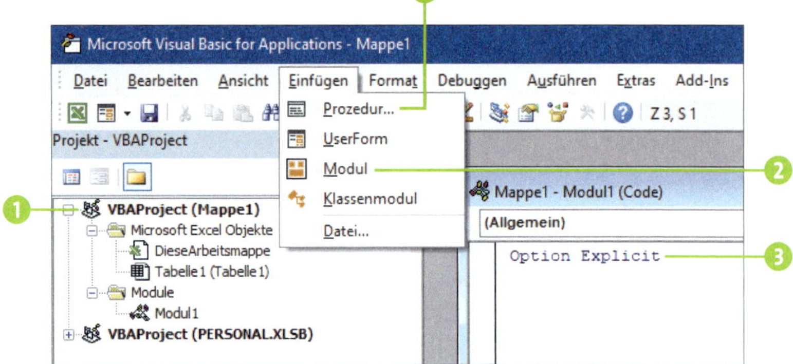

4. Rufen Sie nun über das Menü **Einfügen** den Befehl **Prozedur** 4 auf.

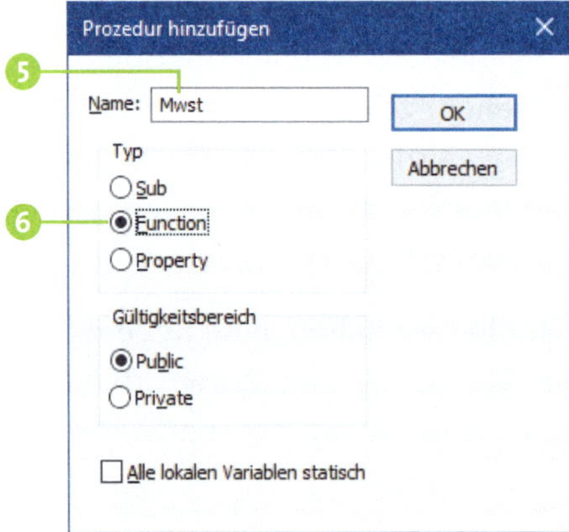

Im Dialog **Prozedur hinzufügen** tragen Sie im Feld **Name** den gewünschten Namen für Ihre Funktion ein. Für unser Beispiel eignet sich `Mwst` 5. Aktivieren Sie dann die Option **Function** 6, und bestätigen Sie den Dialog mit **OK**.

5. Im Codefenster werden automatisch die beiden Codezeilen `Public Function Mwst()` sowie `End Function` eingefügt. Ergänzen Sie als Nächstes zwischen den beiden Klammern () hinter `Mwst` die Variablenbezeichnung `Betrag` 7. In der folgenden Zeile geben Sie die eigentliche Berechnung an 8. In unserem Mehrwertsteuer-Beispiel lautet die Formel hierfür:

   ```
   Mwst = Betrag * 0.19
   ```

   Achten Sie hier unbedingt auf den Punkt bei `0.19`.

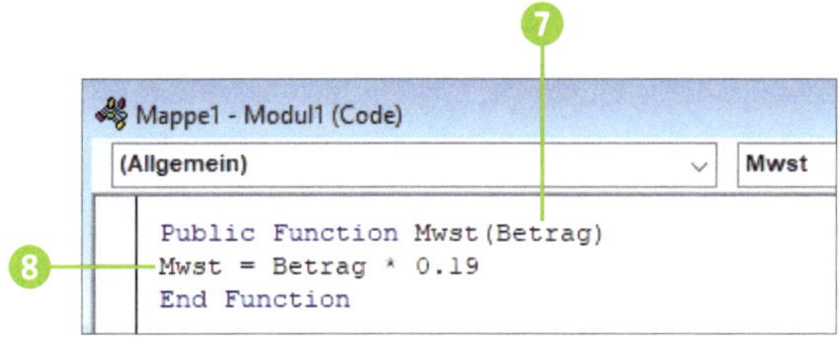

6. Damit ist die Funktion auch schon fertig. Mit der Tastenkombination Strg + S können Sie Ihre Excel-Arbeitsmappe nun speichern. Da es sich hierbei um eine neue Arbeitsmappe handelt, wird automatisch der Dialog **Speichern unter** eingeblendet. Achten Sie darauf, dass Sie als Dateiformat auch hier **Excel-Arbeitsmappe mit Makros (*.xlsm)** auswählen, bevor Sie auf **Speichern** klicken.

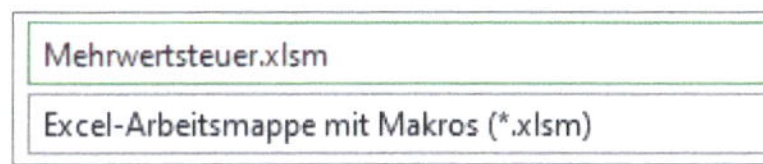

7. Den Visual Basic-Editor können Sie jetzt schließen. Testen Sie nun die gerade erstellte Funktion. Wie Sie in der

folgenden Abbildung sehen, soll in unserem Beispiel für den in der Zelle B1 eingetragenen Nettobetrag in der Zelle B2 die Mehrwertsteuer ausgegeben werden. Klicken Sie hierzu in die Zelle B2, und geben Sie ein Gleichheitszeichen (=) ein. Sobald Sie nun die ersten Buchstaben des Funktionsnamens eintippen, schlägt Excel Ihnen bereits die Funktion **Mwst** 9 vor.

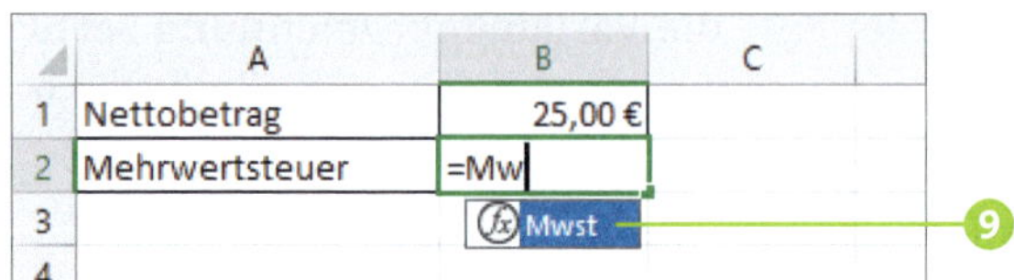

8. Vervollständigen Sie die Formel. Die gesamte Eingabe lautet also `=Mwst(B1)`. Wenn Sie die [↵]-Taste drücken, berechnet Excel für Sie wie gewünscht die Mehrwertsteuer.

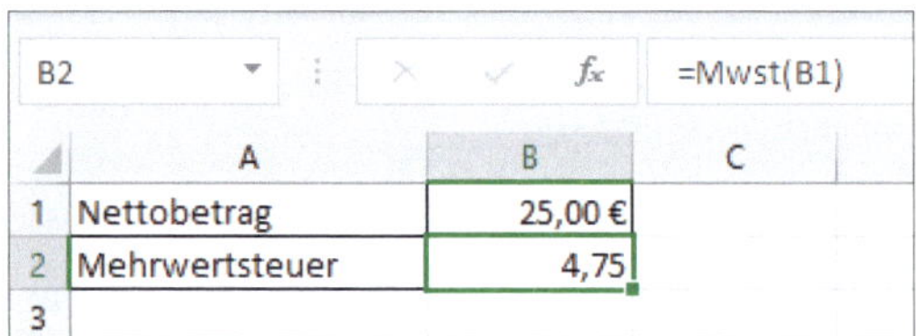

VBA-Code in anderen Arbeitsmappen nutzen

Die eigene Funktion steht zunächst nur in der Excel-Arbeitsmappe zur Verfügung, in der Sie sie erstellt haben. Falls Sie sie auch in anderen Arbeitsmappen benötigen, exportieren Sie das entsprechende Modul einfach. Hierzu klicken Sie im Projekt-Explorer des Visual Basic-Editors mit der rechten Maustaste auf das Modul und wählen im Kontextmenü den Befehl **Datei exportieren**. Wählen Sie den gewünschten Speicherort aus, und geben Sie einen Dateinamen für das Modul an. Bestätigen Sie mit **Speichern**. In der Arbeitsmappe, in der Sie die

Funktion nutzen möchten, blenden Sie über die Tastenkombination [Alt] + [F11] zunächst den Visual Basic-Editor ein. Rufen Sie dann im Menü **Datei** den Befehl **Datei importieren** auf. Im folgenden Dialog wechseln Sie in den Ordner, in dem Sie die Datei des Moduls abgelegt haben, markieren diese und bestätigen mit **Öffnen**. Nun können Sie die Funktion auch in dieser Arbeitsmappe nutzen. Das Vorgehen lässt sich natürlich für alle Module anwenden, also auch für all Ihre Makros, die Sie aufgezeichnet haben.

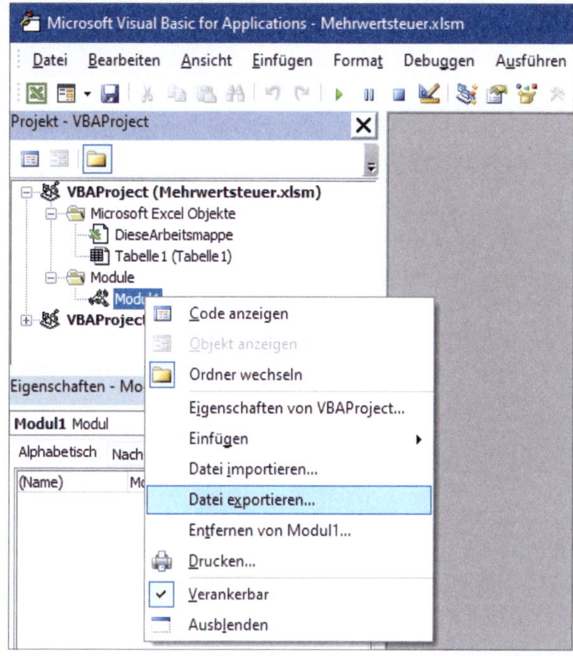

Schnelle Wege

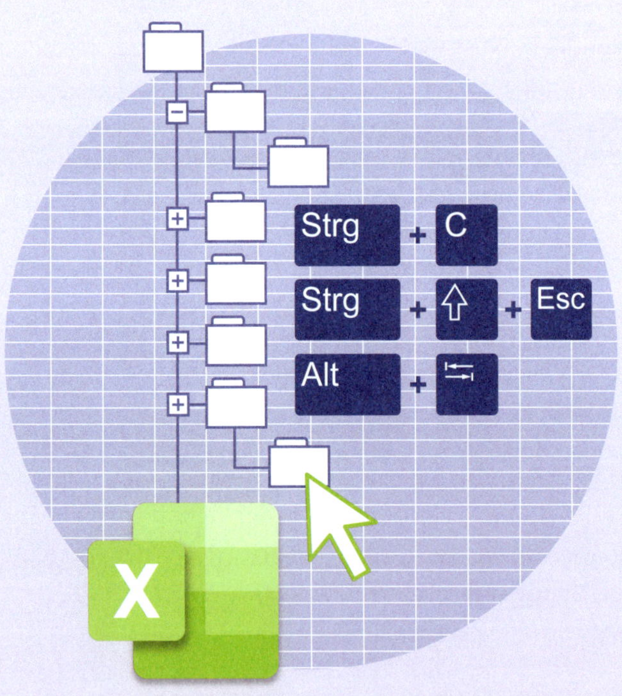

Excel individuell anpassen

Excel verfügt über eine Fülle an Funktionen, die über diverse Registerkarten verteilt sind. Manche der Funktionen nutzt man häufig, andere recht selten. Wer sich nicht nur das Suchen, sondern auch den ewigen Wechsel zwischen den Registern sparen möchte, stellt sich am besten eine eigene Registerkarte mit den am häufigsten benötigten Befehlen zusammen.

Neue Registerkarte anlegen

Tipp 129

Als Erstes legen Sie eine neue Registerkarte an. Das Vorgehen funktioniert nicht nur, wie hier gezeigt, in Excel, sondern lässt sich analog auch in Word, PowerPoint und Outlook anwenden:

1. Klicken Sie mit der rechten Maustaste auf eine der vorhandenen Registerkarten, z.B. **Start**. Im Kontextmenü wählen Sie **Menüband anpassen** (1).

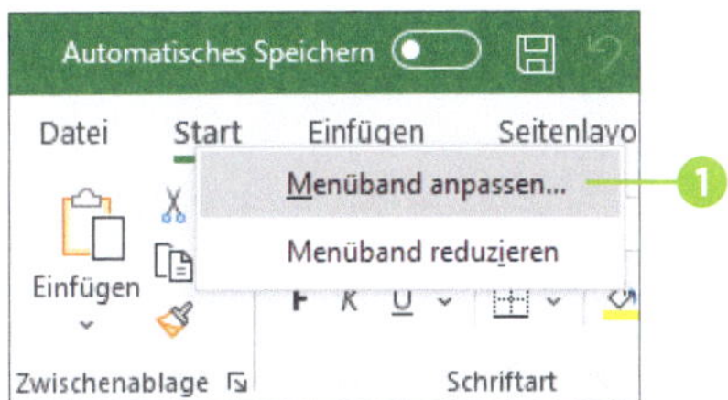

2. Klicken Sie im Dialog **Excel-Optionen** auf **Neue Registerkarte** (2). In der Liste **Hauptregisterkarten** wird der Eintrag **Neue Registerkarte (Benutzerdefiniert)** inklusive **Neue Gruppe (Benutzerdefiniert)** (3) hinzugefügt.

3. Markieren Sie die **Neue Registerkarte**, klicken Sie auf **Umbenennen**, und vergeben Sie einen Namen, z. B. »Favoriten«. Benennen Sie analog auch die **Neue Gruppe** um. Hier können Sie auch ein Symbol auswählen, das im Register erscheint, wenn der Gruppenname aus Platzgründen nicht vollständig eingeblendet werden kann.

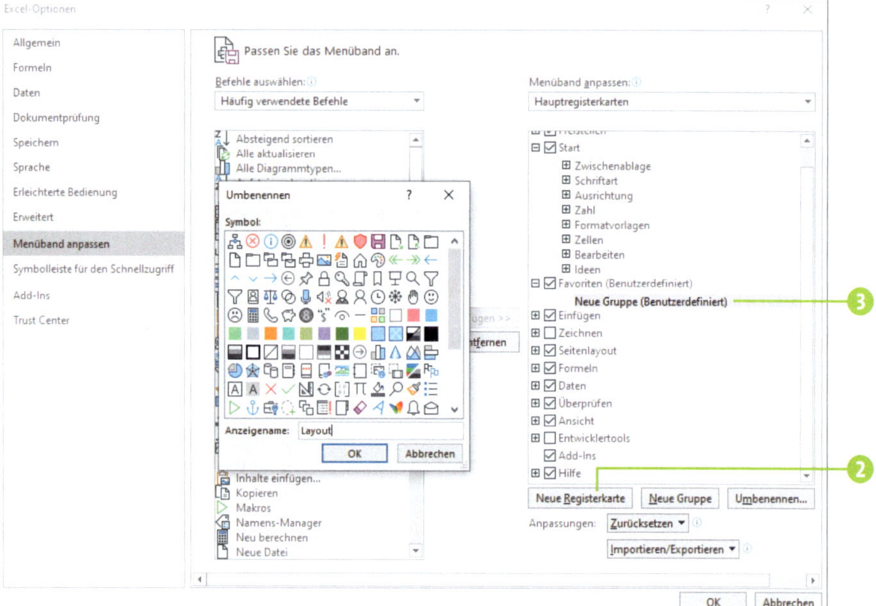

Tipp 130 Schaltflächen hinzufügen

Als Nächstes ergänzen Sie im eigenen Register die Befehle, die Sie häufig benötigen. Als Beispiel wählen wir den Befehl **Seitenumbrüche**, den Sie sonst über das Register **Seitenlayout** in der Gruppe **Seite einrichten** erreichen. Dieser Befehl ist vor allem dann praktisch, wenn Sie Ihre Excel-Tabellen häufiger ausdrucken müssen.

1. Wählen Sie im Feld **Befehle auswählen** den Eintrag **Alle Registerkarten** ① aus.
2. In der Liste darunter werden nun alle Registerkarten aufgeführt. Für unser Beispiel blenden Sie per Klick auf das Plussymbol vor dem Registernamen **Seitenlayout** ② die Gruppen des Registers ein.
3. Analog lassen Sie sich per Klick auf das Plussymbol vor **Seite einrichten** ③ die Befehle dieser Gruppe anzeigen.
4. Markieren Sie den Befehl **Seitenumbrüche** ④. Ein Klick auf **Hinzufügen** ⑤, und der Befehl wird rechts unterhalb der gerade erzeugten Gruppe aufgelistet. Wiederholen Sie die Schritte 2 bis 4 für alle weiteren Befehle, die Sie häufig nutzen.

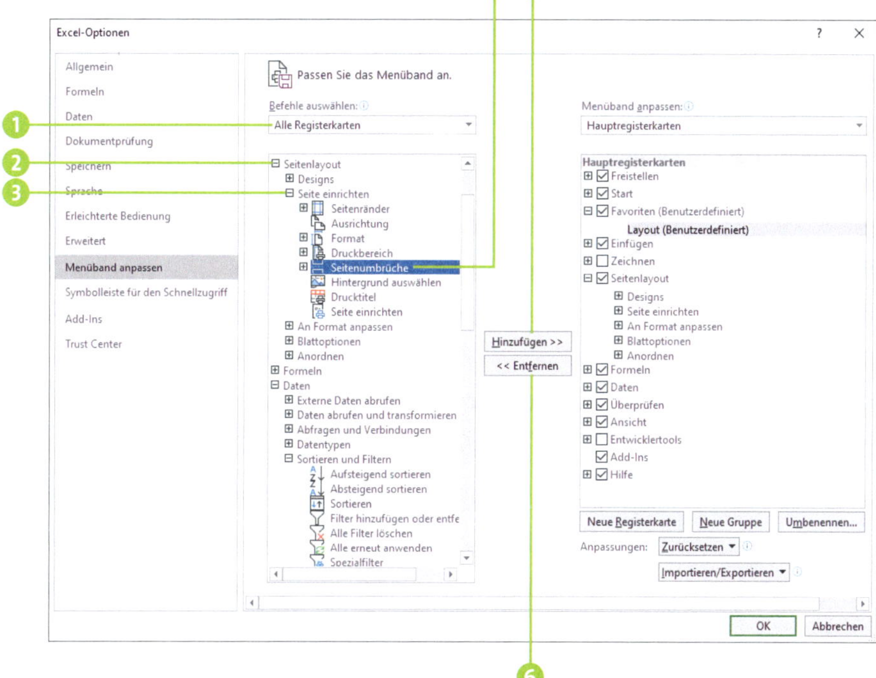

5. Um eine Schaltfläche wieder aus Ihrer Registerkarte zu entfernen, markieren Sie den entsprechenden Befehl rechts und klicken dann auf **Entfernen** (6) sowie auf **OK**.

Tipp 131

Reihenfolge von Befehlen, Gruppen und Registerkarten anpassen

Wünschen Sie eine andere Reihenfolge, in der die Befehle innerhalb einer Gruppe angezeigt werden, dann verschieben Sie einen Befehl einfach mit gedrückter linker Maustaste. Analog können Sie auch die Anordnung von Gruppen innerhalb einer Registerkarte sowie die Reihenfolge der Registerkarten selbst anpassen. Haben Sie alle Einstellungen vorgenommen, schließen Sie den Dialog mit **OK**.

Tipp 132

Eigene Registerkarte entfernen

Falls Sie die eigene Registerkarte irgendwann doch nicht mehr benötigen, lässt sie sich auch schnell wieder entfernen. Rufen Sie hierzu erneut den Dialog **Excel-Optionen** per Rechtsklick auf eine Registerkarte auf, und wählen Sie **Menüband anpassen**. Klicken Sie nun mit der rechten Maustaste auf Ihre Registerkarte, und wählen Sie **Entfernen**. Soll die Registerkarte lediglich ausgeblendet, nicht aber gelöscht werden, reicht es, wenn Sie das Häkchen im Kontrollkästchen vor dem Registernamen entfernen.

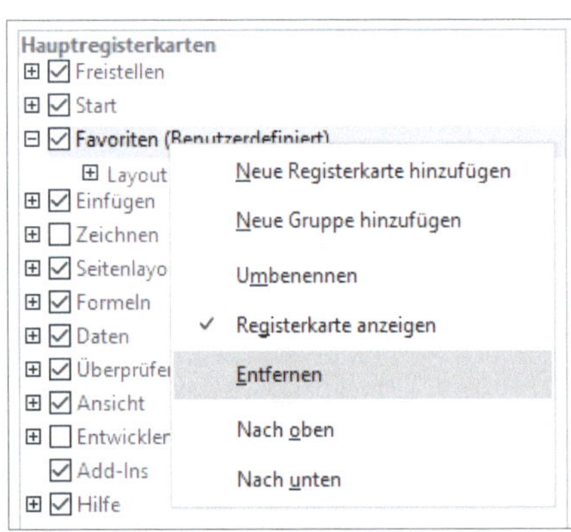

Pfiffige Tastenkombinationen in der Übersicht

Mit den richtigen Tastenkombinationen (auch *Shortcuts* genannt) lassen sich so manche Funktionen blitzschnell über die Tastatur aufrufen und durchführen. Die in der folgenden Tabelle aufgeführten Shortcuts können Sie nicht nur in Excel nutzen, sondern auch in Word und PowerPoint:

Shortcut	Wirkung
Strg + S	Datei speichern
F12	Dialog **Speichern unter** öffnen
Strg + N	Neue Datei öffnen
Strg + O	Dialog **Öffnen** aufrufen
Strg + W (Alternative: Strg + F4)	Datei schließen
Strg + P	Dialog **Drucken** öffnen
Strg + Z	Letzte Aktion rückgängig machen
Strg + Y (Alternative: F4)	Letzte Aktion wiederholen
F7	Rechtschreibprüfung starten
Strg + F	Dialog **Suchen** öffnen
Strg + H	Dialog **Ersetzen** öffnen
Alt + F4	Programm schließen

Allgemeine Tastenkombinationen für Excel sowie Word und PowerPoint

Die folgende Tabelle enthält Tastenkombinationen zum Markieren von Zellen sowie zum Kopieren und Einfügen von Zellinhalten:

Shortcut	Wirkung
Strg + Leertaste	Gesamte Spalte auswählen
⇧ + Leertaste	Gesamte Zeile auswählen
Strg + ⇧ + Ende	Markiert alle Zellen beginnend mit der markierten Zelle bis hin zur letzten gefüllten Zelle unten rechts im Tabellenblatt.
Strg + A	Markiert den gesamten Inhalt des Tabellenblatts.
Strg + C (Alternative: Strg + Einfg)	Kopiert den markierten Inhalt in die Zwischenablage.
Strg + V (Alternative: ⇧ + Einfg)	Fügt den Inhalt der Zwischenablage ein.
Strg + X	Schneidet den markierten Inhalt aus.
Entf	Entfernt den Zellinhalt, Formatierungen bleiben erhalten.
Strg + U	Kopiert den Inhalt der darüberliegenden Zelle in die markierte Zelle.
⇧ + →/←/↑/↓	Zellmarkierung nach rechts / links / oben / unten erweitern
Strg + + (Pluszeichen)	Dialog **Zellen einfügen** einblenden
Strg + - (Minuszeichen)	Dialog **Zellen löschen** einblenden
⇧ + F11	Neues Tabellenblatt einfügen
Strg + . (Punkt)	Aktuelles Datum einfügen

Shortcut	Wirkung
Strg + ⇧ + : (Doppelpunkt)	Aktuelle Uhrzeit einfügen
Strg + K	Dialog **Link einfügen** einblenden
Strg + ⇧ + , (Komma)	Kopiert den Inhalt aus der darüberliegenden Zelle in die aktuelle Zelle.
Strg + U	Kopiert den Inhalt inklusive Format der ersten Zelle des markierten Bereichs in die darunterliegende Zelle.
Strg + R	Kopiert den Inhalt inklusive Format der ersten Zelle des markierten Bereichs in die angrenzende Zelle rechts.

Tastenkombinationen zum Markieren, Kopieren und Einfügen in Excel

Drücken Sie in Excel die ↵-Taste, springt die Zellmarkierung per Standardeinstellung automatisch eine Zelle tiefer. Falls Sie der Taste eine andere Richtung zuweisen möchten (z. B. eine Zelle nach rechts), rufen Sie **Datei ▸ Optionen ▸ Erweitert** auf und treffen im Feld **Richtung** die gewünschte Auswahl. Die folgende Tabelle zeigt einige interessante Tastenkombinationen zur Navigation in Tabellen:

Shortcut	Wirkung
→, ←, ↑, ↓	Eine Zelle nach rechts, links, oben bzw. unten springen
Strg + →/←/↑/↓	Zellmarkierung springt zum rechten, linken, oberen bzw. unteren Rand des Datenbereichs.

Shortcut	Wirkung
⇧ + ↵	Eingabe in einer Zelle abschließen und Zellmarkierung eine Zelle nach oben bewegen
⇆	Eingabe abschließen und Zellmarkierung eine Zelle nach rechts bewegen
⇧ + ⇆	Eingabe abschließen und Zellmarkierung eine Zelle nach links bewegen
Strg + ↵	Eingabe abschließen und in der gleichen Zelle bleiben **oder** gleiche Daten in alle zuvor markierten Zellen einfügen
Pos1	Springt zur ersten Zelle innerhalb einer Zeile.
Strg + Pos1	Springt zur ersten Zelle innerhalb des Tabellenblatts.
Strg + Ende	Springt zur letzten Zelle innerhalb des Tabellenblatts.

Shortcuts zum Navigieren in Tabellenblättern

Mit den folgenden Tastenkombinationen lassen sich zuvor markierte Zellen formatieren:

Shortcut	Wirkung
Strg + 1 (nicht auf dem Nummernblock)	Dialog **Zellen formatieren** öffnen
Strg + ⇧ + F	Markierten Text fetten oder Fettung aufheben
Strg + ⇧ + K	Markierten Text kursiv formatieren oder Kursivschreibung aufheben

Shortcut	Wirkung
Strg + ⇧ + U	Markierten Text unterstreichen oder Unterstreichung aufheben
Strg + 5	Markierten Text durchstreichen oder Durchstreichung aufheben
Alt + R R Z	Inhalt der markierten Zelle zentrieren
Alt + R I I	Inhalt der markierten Zelle linksbündig ausrichten
Alt + R R E	Inhalt der markierten Zelle rechtsbündig ausrichten
Strg + ⇧ + &	Standardformat zuweisen
Strg + ⇧ + 1	Zahlenformat zuweisen
Strg + ⇧ + !	Mit zwei Dezimalstellen formatieren
Strg + ⇧ + $	Währungsformat zuweisen
Strg + ⇧ + %	Prozentformat zuweisen
Strg + #	Datumsformat zuweisen (TT.MM.JJJJ)
Strg + °	Datumsformat und Uhrzeit zuweisen
Strg + ⇧ + -	Rahmenlinie außen hinzufügen
Alt + R R R M	Rahmenlinie rechts hinzufügen
Alt + R R R S	Rahmenlinie links hinzufügen
Alt + R R R O	Rahmenlinie oben hinzufügen
Alt + R R R U	Rahmenlinie unten hinzufügen
Alt + R R R A	Alle Rahmenlinien hinzufügen
Alt + R R R K	Rahmenlinien entfernen

Tastenkombinationen zum Formatieren der markierten Zellen

Und hier folgt noch eine Auswahl an Tastenkombinationen zum Editieren von Zellen. Für die Zelle muss der Bearbeitungsmodus aktiviert sein. Dies erfolgt z. B. über die Funktionstaste [F2] oder alternativ per Doppelklick auf die zu bearbeitende Zelle.

Shortcut	Wirkung
[F2]	Aktive Zelle bearbeiten
[⇧] + [F2]	Kommentar einfügen bzw. bearbeiten
[Strg] + [→]	Den Cursor eine Zeichenfolge nach rechts verschieben
[Strg] + [←]	Den Cursor eine Zeichenfolge nach links verschieben
[⇧] + [→]	Markierung des Zellinhalts um ein Zeichen nach rechts erweitern
[⇧] + [←]	Markierung des Zellinhalts um ein Zeichen nach links erweitern
[Strg] + [⇧] + [←]	Markierung des Zellinhalts um eine Zeichenfolge nach links erweitern
[⇧] + [Pos1]	Alles links vom Cursor bis zum Anfang der Zelle markieren
[⇧] + [Ende]	Alles rechts vom Cursor bis zum Ende der Zelle markieren
[Strg] + [Entf]	Alles rechts vom Cursor bis zum Ende der Zelle löschen
[Esc]	Eingabe in Zelle abbrechen
[Alt] + [↵]	Führt einen Zeilenumbruch durch, falls mehrzeiliger Inhalt innerhalb einer einzelnen Zelle eingegeben werden soll.

Shortcuts zum schnellen Editieren von Zellen

Stichwortverzeichnis

E

F

G

H

I

J

K

L

M

N

O

P

Q

R

S

T

U

V

W

X

Z